海洋旅游安全管理

黄蔚艳　朱晓辉　编

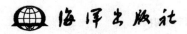

海洋出版社

2017 年·北京

内 容 简 介

主要内容：全书共分为七章，内容主要包括海洋旅游安全管理理论与实践应用两部分。海洋旅游安全管理理论主要介绍海洋旅游安全概念、海洋旅游安全认知、海洋旅游安全管理体系、海洋旅游安全事故的调查与处理；实践应用主要介绍海洋性自然灾害的防范与应对、海洋旅游事故的防范与应对、海洋旅游目的地社会文化事件的防范与应对。本书理论性与实践性兼备，简明通俗，力求为读者提供比较宽广的、能涵盖旅游安全理论研究与实践应用等方面的概论性知识，从而实现兼顾能力培养与服务社会的目标。

适用范围：本书既可作为高等学校旅游管理专业教材，也可供相关从业人员参考使用。

图书在版编目（CIP）数据

海洋旅游安全管理/黄蔚艳，朱晓辉编.—北京：海洋出版社，2017.12
ISBN 978-7-5027-9965-6

Ⅰ.①海… Ⅱ.①黄…②朱… Ⅲ.①海洋—旅游安全—安全研究—中国 Ⅳ.①F592.6

中国版本图书馆 CIP 数据核字（2017）第 267689 号

责 任 编 辑：张鹤凌 张翠嫘	发 行 部：（010）62174379（010）68038093
责 任 校 对：肖新民	总 编 室：（010）62114335
责 任 印 制：赵麟苏	网 址：www.oceanpress.com.cn
排 版：晓阳	承 印：北京朝阳印刷厂有限责任公司
出版发行：海洋出版社	版 次：2017 年 12 月第 1 版
	2017 年 12 月第 1 次印刷
地 址：北京市海淀区大慧寺路 8 号（716 房间）	开 本：787mm×1092mm 1/16
100081	印 张：15.5
经 销：新华书店	字 数：340 千字
技术支持：（010）62100059	定 价：36.00 元

本书如有印、装质量问题可与发行部调换

本社教材出版中心诚征教材选题及优秀作者，邮件发至 hyjccb@sina.com

前　言

　　旅游安全是旅游业发展的基础，更是旅游业发展的生命线。一次旅游安全事件的发生，往往立刻会让旅游者绷紧了心弦，但是即使是重大的旅游安全事件发生，也并不能改变人们的旅游习惯，更何况有些旅游安全事件的发生纯属偶然。因此，当旅游成为世界各国人们的一种常规生活方式之后，现实中的人们似乎就是这样两种人，即正在旅途当中的人和将待踏上旅途的人。正是旅游活动的日常化，旅游安全事件也逐渐开始变得与每个人息息相关。社会风险理论认为，现代社会是一个具有高度风险的社会，自然的、社会的不可预测或难以预测的因素，使得我们的社会运行正处于一种脆弱的"高风险"状态。一方面，地震、海啸、风暴潮等残酷无情的"天灾"不可抗拒地改变我们人类社会的文明形态；另一方面，治安犯罪、恐怖活动等一些"人祸"对社会的破坏力也越来越具有不可预见性。旅游安全问题就是在一次次意外事件之后被不断提及，并逐渐将其提到重要位置上。

　　海洋旅游是与陆地旅游相对应的一种旅游方式，它是指在一定社会经济条件下，以海洋为依托，以海水、阳光、沙滩为主要内容，为满足人们的精神和物质需求为目的而进行的海洋游览、娱乐、体育活动和疗养活动所产生的现象和关系的总和。海洋旅游作为旅游的一种主要活动形式，在世界范围内得到迅速发展，成为国际旅游的主流。近几十年，众多曾经名不见经传的海洋旅游地快速成长，发展为热门的旅游目的地，每年吸引大量游客到访，带来了可观的经济收益。以此同时，海洋旅游安全事件的发生频度也明显增大。

　　现实中的人们对旅游安全往往有所疏忽，人们总是在旅游活动出现了安全事件之后，才会顿悟安全的问题，人们对旅游与安全的这种认识顺序，也许正是旅游安全事件不断出现的主要原因之一。而我们对旅游安全的重视，很大程度上也是由于旅游安全事件的不断发生。实际上，我们虽然需要不断加强对旅游安全的重视，但在对旅游安全的认识问题上，一定要保持冷静、客观，因为许多意外事件原本是可以避免的。

　　旅游安全观念凝聚的是一种成熟的思考，体现的是一种忧患意识。在中国的传统文化中，其实并不缺乏"忧患意识"的智慧因子 ，"居安思危""未雨绸缪"等就是很好的说明。当人们思想中有了忧患意识，以旅游安全观念来指导旅游过程的时候，就已经在思想上树立起了安全的盾牌，那么旅游中的安全事件就一定会少很多。

本书的特点如下：第一，在研究视角上，汲取旅游安全的最新研究成果，围绕海洋旅游活动及其特点进行，使读者能清楚地了解海洋旅游安全管理。第二，在编写理念上，注重理念与实践的结合。写作中不只限于对理论的阐述，更注重实际指导与应用，力图为旅游从业人员、海洋旅游者提供关于海洋旅游安全所面临的基本问题及其基本解决方案的知识内容。第三，资料翔实、内容丰富。每章开篇都有结合本章内容的一个导入案例，章节中有小知识、章末附有阅读材料加以拓展。

本书共七章分为两大部分，第1~4章为第一部分，主要对海洋旅游安全、海洋旅游安全管理体系、海洋旅游安全认知和海洋旅游安全事故的调查与处理进行阐述。第5~7章为第二部分，主要对海洋性自然灾害、海洋旅游事故、海洋旅游目的地社会文化事件的防范与应对进行阐述。

本书的具体编写分工为：第1章、第2章、第4章由浙江海洋大学黄蔚艳编写完成，第3章由浙江海洋大学张敏红编写完成，第5章、第6章、第7章由浙江海洋大学朱晓辉编写完成，最终由黄蔚艳编撰统稿。在此向付出辛勤劳动的全体编写老师表示感谢！海洋出版社的编辑为本教材的出版付出了辛勤的劳动，在此一并表示感谢！

由于篇幅所限，我们将涉及旅游安全相关的部分法律法规整理成电子版，连同课件生成了二维码以方便读者使用。

本书由浙江海洋大学教材出版基金资助出版。

在本书编写过程中，我们吸收了大量国内外有关的最新研究成果和实际案例，限于篇幅并未在参考文献中全部列出，在此对诸多一直孜孜耕耘在旅游安全研究和实践领域的专家、学者和企业家表示衷心的感谢！

限于我们的能力和时间，书中仍有许多不尽如人意之处，敬请读者指正。

《海洋旅游安全管理》教材编写组

2017年6月于浙江舟山

目　录

第一章　海洋旅游安全概述　　　　　　　　　　　　1

第一节　海洋旅游安全概念　　　　　　　　　　　　3

一、安全的相关概念　　　　　　　　　　　　3

二、海洋旅游安全的相关概念　　　　　　　　5

三、海洋旅游安全管理的范畴与主体　　　　　6

四、海洋旅游安全管理特点　　　　　　　　　9

五、国际社会中的旅游安全警示　　　　　　　10

第二节　海洋旅游安全事件的表现形态　　　　　　　13

一、事故灾难　　　　　　　　　　　　　　　13

二、海洋自然灾害事件　　　　　　　　　　　14

三、公共卫生事件　　　　　　　　　　　　　14

四、社会安全事件　　　　　　　　　　　　　15

第三节　海洋旅游安全事件形成机理　　　　　　　　18

一、海洋旅游安全事件成因　　　　　　　　　19

二、海洋旅游安全事件发生机制　　　　　　　22

第四节　海洋旅游安全事件的特点　　　　　　　　　22

一、风险难以识别且受气候气象、地质地貌等
　　自然因素影响显著　　　　　　　　　　　23

二、海洋旅游安全问题的季节性强　　　　　　23

三、海上交通事故常伴随次生危险　　　　　　23

四、症状显现时间的滞后性　　　　　　　　　24

五、海洋旅游活动空间的立体化使防控、救援更加困难　24

第五节　海洋旅游安全事件的发生规律　　　　　　　25

一、空间性规律　　　　　　　　　　　　　　25

二、时间性规律　　　　　　　　　　　　　　26

三、活动性规律　　　　　　　　　　　　　　26

四、阶段性规律　　　　　　　　　　　　　　27

本章小结   27

复习思考题   27

第二章　海洋旅游安全管理体系   31

第一节　海洋旅游安全管理机构及关系   35

    一、海洋旅游安全管理机构   35

    二、海洋旅游安全防控与管理网络   42

    三、政府、旅游经营者、旅游者在海洋旅游安全
       管理中的行为要求   42

第二节　海洋旅游安全风险的监测与预警   44

    一、海洋旅游安全风险监测与预警的基本原则   44

    二、海洋旅游安全风险提示等级   45

    三、海洋旅游安全风险监测与预警系统构建   45

第三节　海洋旅游安全事件的处置与救援   46

    一、海洋旅游安全事件应急处置的基本原则   47

    二、海洋旅游安全事件组织领导   47

    三、海洋旅游安全事件处置程序   48

    四、海洋旅游安全事件救援系统   51

第四节　海洋旅游安全事件的影响消除   59

    一、海洋旅游安全事件影响消除的基本任务   59

    二、旅游安全事件中的旅游者心理   60

    三、理性对待旅游安全事件的发生   61

本章小结   61

复习思考题   62

第三章　海洋旅游安全认知   67

第一节　海洋旅游者安全认知   70

    一、安全认知的构成与特点   71

    二、海洋旅游者安全认知表现   73

    三、海洋旅游者旅游安全认知影响因素   75

    四、海洋旅游安全管理的对策与建议   76

第二节　海洋旅游企业与从业人员安全认知　　　　77
　　一、海洋旅游企业与从业人员安全认知培育和管理的意义 77
　　二、海洋旅游企业与从业人员安全认知表现　　79
　　三、海洋旅游企业与从业人员安全认知影响因素　81
　　四、海洋旅游安全管理的对策与建议　　　　84
第三节　海洋旅游地社区旅游安全认知　　　　87
　　一、社区与社区旅游安全　　　　87
　　二、社区旅游安全认知表现与影响　　　　90
　　三、海洋旅游安全管理的对策与建议　　　　91
本章小结　　　　94
复习思考题　　　　94

第四章　海洋旅游安全事件的调查与处理　　96

第一节　海洋旅游安全事件调查　　　　99
　　一、海洋旅游安全事件分级　　　　99
　　二、海洋旅游安全事件报告制度　　　　100
　　三、海洋旅游安全事故调查组的组成及职责　　102
　　四、海洋旅游安全事件调查取证　　　　105
　　五、海洋旅游安全事件调查报告撰写　　　　107
第二节　海洋旅游安全事件评估与处理　　　　110
　　一、海洋旅游安全事件评估　　　　110
　　二、海洋旅游安全事件处理　　　　115
　　三、旅游者伤亡赔付　　　　116
本章小结　　　　118
复习思考题　　　　118

第五章　海洋性自然灾害的防范与应对　　122

第一节　风暴潮　　　　125
　　一、风暴潮的基本知识　　　　125
　　二、风暴潮的防范　　　　127
第二节　海啸　　　　131

一、海啸的基本知识 　　　　　　　　　　131

二、海啸的危害及灾害分级 　　　　　　　133

三、海啸的应急与逃生 　　　　　　　　　134

第三节　海浪 　　　　　　　　　　　　　137

一、海浪的基本知识 　　　　　　　　　　138

二、灾害性海浪的危害 　　　　　　　　　140

三、海浪灾害的防御 　　　　　　　　　　140

第四节　赤潮 　　　　　　　　　　　　　143

一、赤潮的基本知识 　　　　　　　　　　143

二、赤潮的危害 　　　　　　　　　　　　145

三、赤潮灾害的防御 　　　　　　　　　　146

第五节　海岸带灾害 　　　　　　　　　　146

一、海岸带灾害产生的原因 　　　　　　　147

二、海岸带灾害的危害与预防 　　　　　　148

本章小结 　　　　　　　　　　　　　　　149

复习思考题 　　　　　　　　　　　　　　149

第六章　海洋旅游事故的防范与应对　　153

第一节　海难事故 　　　　　　　　　　　155

一、世界海难事故现状 　　　　　　　　　155

二、海难事故的原因 　　　　　　　　　　157

三、海难事故的避险 　　　　　　　　　　158

第二节　海洋生物侵袭与防御 　　　　　　160

一、海洋生物的侵袭 　　　　　　　　　　160

二、海洋生物侵袭的防御 　　　　　　　　162

第三节　海鲜中毒 　　　　　　　　　　　165

一、海鲜概述 　　　　　　　　　　　　　166

二、易出现食物中毒或过敏的海鲜及中毒或过敏症状 　166

三、海鲜中毒的处理 　　　　　　　　　　168

第四节　紫外线灼伤 　　　　　　　　　　170

一、紫外线灼伤 　　　　　　　　　　　　170

　　二、紫外线灼伤的预防　　　　　　　　　　　　　172

　　三、紫外线灼伤后的处理　　　　　　　　　　　　173

第五节　消防事故　　　　　　　　　　　　　　　　173

　　一、燃烧与火灾　　　　　　　　　　　　　　　　174

　　二、海洋旅游场所存在的消防安全隐患与处理方法　177

　　三、海洋旅游场所的消防安全管理　　　　　　　　180

第六节　游乐设施事故　　　　　　　　　　　　　　183

　　一、游乐设施概述　　　　　　　　　　　　　　　183

　　二、游乐设施事故的预防与应急管理　　　　　　　186

　　三、游客在参与海洋类游乐活动中自身安全防护　　191

本章小结　　　　　　　　　　　　　　　　　　　　192

复习思考题　　　　　　　　　　　　　　　　　　　192

第七章　海洋旅游目的地社会文化事件的防范与应对　196

第一节　海洋旅游目的地社会文化安全概述　　　　　199

　　一、海洋旅游目的地社会文化安全事件类型及特点　199

　　二、海洋旅游目的地社会文化安全事件带来的冲击　201

　　三、海洋旅游目的地社会文化安全管理策略　　　　203

第二节　海洋旅游目的地政治社会安全事件防范与应对　206

　　一、政治社会安全事件及其影响　　　　　　　　　206

　　二、政治社会安全事件的自我防范　　　　　　　　207

第三节　海洋旅游目的地刑事治安事件的防范与应对　210

　　一、海洋旅游目的地刑事治安事件的处理程序　　　210

　　二、海洋旅游目的地刑事治安事件的一般性防范与应对措施　210

　　三、盗窃的自我防范与应对　　　　　　　　　　　213

　　四、行骗的自我防范与应对　　　　　　　　　　　213

　　五、抢劫的自我防范与应对　　　　　　　　　　　214

　　六、绑架劫持的自我防范与应对　　　　　　　　　215

第四节　海洋旅游目的地群体事件防范与应对　　　　219

　　一、群体事件发生机制　　　　　　　　　　　　　219

　　二、旅游群体事件的防范与应对　　　　　　　　　220

　　　三、群体事件的自我防范与应对　　　　　　　　　223

第五节　海洋旅游目的地文化习俗冲突的防范与应对　　224

　　　一、文化习俗差异　　　　　　　　　　　　　　224

　　　二、避免文化习俗冲突的措施　　　　　　　　　227

本章小结　　　　　　　　　　　　　　　　　　　　228

复习思考题　　　　　　　　　　　　　　　　　　　228

参考文献　　　　　　　　　　　　　　　　　　　235

第一章 海洋旅游安全概述

教学目标

● 理解海洋旅游安全的内涵。
● 掌握海洋旅游安全管理的基本任务，熟悉海洋旅游安全管理的范畴与主体。
● 熟悉海洋旅游安全管理主体的主要职责要求。
● 熟悉国际社会中的旅游安全警示。
● 熟悉海洋旅游安全事件的表现形态和特点。
● 掌握海洋旅游安全事件发生规律与形成机理。

计划学时：6学时。

导入案例

2014年4月16日上午08时58分许（韩国当地时间，下同），韩国一艘载有476人的"世越"号（SEWOL）（原译为"岁月"号）客轮在全罗南道珍岛郡海域发生浸水事故，客轮逐渐倾斜，之后沉没。韩国海警方面表示，客轮是从韩国仁川出发驶往济州岛的。船上约350人中，许多是前往济州岛修学旅行的学生。该事故造成294人死亡，172人受伤，另有11人下落不明。

08时58分，韩国海岸警卫队在收到这艘客轮发出的求救信号后，立刻展开搜救活动。韩国海警一艘救生船于09时30分最先抵达事发地点。但此后，韩国海警展开的海上救援工作不尽如人意，以至众多遇难者家属指责海警救援不力。

事后调查发现：

（1）事故发生时，事故客轮上的44个救生筏只有2个自动充气上浮。但是，这44个救生筏却在之前韩国船级社的定期检查中被认定为合格。韩国船级社是韩国的非营利性质的船舶技术检验机构，也是韩国唯一从事船舶入级检验业务的专业机构。

（2）事故客轮上的货物严重超载，且原本应该固定好的货物并没有被固定好，客轮在航行途中突然改变航向，导致船载货物移位而发生倾斜沉没。但之前负责进行检查的韩国海运工会却在这种状况下同意了客轮出港。

（3）接救援命令后半小时内未及时疏散乘客。据韩联社报道，韩国检方和警方联合调查本部（以下简称"调查本部"）20日消息，失事客轮"世越"号在16日上午08时58分许先向济州交通管制中心（VTS）汇报船体倾斜事实后，09时06分许与珍岛VTS取得联系，直到09时37分保持联系并进行了11次沟通。调查发现，珍岛VTS方面在第一次沟通时已指示"世越"号的航海师紧急采取救援措施，但"世越"号方面则在31分钟后才开始采取相关措施。

据悉，"世越"号在事故发生之前一直与济州VTS进行沟通，而在接到海警方面的救援指示后才与珍岛VTS取得联系。事故地点屏风岛以北3千米海域是珍岛VTS的管辖海域，而"世越"号的目的地为济州，因此事发当时的通信频道被定为济州VTS。珍岛VTS方面表示，在16日与"世越"号取得联系时，曾向航海师提问客轮是否正在倾斜，而航海师回答说"是"，因此珍岛VTS指示航海师赶紧将救生衣和救生筏投向海里。然后于09时37分，"世越"号与珍岛VTS失去联系。3分钟后，乘客和乘务员等150~160人跳入海中，此时"世越"号已倾斜60°以上。然而，在珍岛VTS指示紧急采取救援措施的情况下，船长李某仍未发出紧急疏散令，导致大量人员伤亡。据悉，当时与珍岛VTS进行沟通的人员是"世越"号的高级航海师。

此前，船长李某在接受调查时主张，事故发生当时海水流速很快，水温又低，因此没有立刻发出疏散令。

（4）船长和船员在没有及时疏散乘客的情况下，乘坐最先到达事发地点的救生船逃离客轮，导致大量乘客错过最佳逃生时间。经过核实，"世越"号15名核心船员全部获救。

4月18日韩国检方和警方联合调查本部正式提请逮捕失事客轮"世越"号船长李某、三级航海师朴某、舵手3人。船长李某涉嫌没有尽到船长或乘务员的职责而使乘客遇难。另外，他还涉嫌遗弃致死、因工作过失导致客轮沉没、违反《海难救助法》。根据2013年7月新增的相关法律条例，船长李某最高可能会面临无期徒刑或5年以上的有期徒刑。航海师朴某和舵手2人涉嫌遗弃致死、因工作过失导致客轮沉没、违反《海难救助法》。

4月19日，韩国珍岛，沉没的"世越"号客轮流出的油带开始出现在海面上。

4月27日上午时任韩国总理郑烘原召开紧急发布会，表示对韩国"世越"号沉船事件负责，宣布引咎辞职。郑烘原承认，初期的救援应对方面有很多问题发生，就此向国民表达深深歉意；自己作为国务总理应对此负全责，所以应该从这个位置退下来。

5月19日时任韩国总统朴槿惠在青瓦台就"世越"号沉船事故发表《对国民谈

话》，她在谈话中就事故向国民道歉，并表示将解散韩国海洋警察。朴槿惠说，政府将彻查是否存在与清海镇海运公司勾结的势力，并严厉打击在社会各界蔓延的贪污腐败现象，确保国民生命和安全不再受到威胁。提出了《政府组织法》修订案，其主要内容为，重组国家灾难系统、解散海洋警察厅、新设"安全控制塔"——国家安全处。

11 月 11 日，韩国法院 11 日判处失事客轮"世越"号船长李俊锡犯遗弃致死伤罪等，判处其有期徒刑 36 年。裁定轮机长犯杀人罪，判处其有期徒刑 30 年，其余 13 名船员被判有期徒刑 5~20 年。

11 月 20 日，韩国光州地方法院 20 日以业务过失致死罪等判处"世越"号沉没客轮运营商——清海镇海运公司首席执行官金汉植（音译）有期徒刑 10 年，并处罚金 200 万韩元（约合人民币 1.1 万元）。

除了对弃船逃生的船员进行审判外，韩国方面还围绕韩国海警是否援救得力，政府相关部门是否监管到位等，均进行了相关惩罚和措施决定。

[作者根据相关新闻报道整理]

海洋旅游是与陆地旅游相对应的一种旅游方式，其活动涉及海滨、海域、沿海城市、岛屿等区域，活动空间涉及海底、海面、海空，是一种水生性、开放性、衍生活动丰富、综合性强的活动。海洋旅游几乎成为了每个人都喜爱的一项旅游方式，在世界范围内得到普遍重视和迅速发展，成为国际旅游的主流。而海洋旅游业的发展，又为旅游者提供了更多的选择。当海洋旅游成为世界旅游者追求活动方式后，海洋旅游的安全事件也渐渐不断被提及，海洋旅游的安全也被提到重要的位置。在现实中我们固然要加强对旅游安全重视，在对旅游安全认识问题上，也一定要冷静、客观，因为有一些意外很可能是料之不及，但有许多意外事件是可以避免的。

第一节　海洋旅游安全概念

安全是海洋旅游活动的前提与质量的重要保证，也是影响海洋旅游可持续发展的重要因素。

一、安全的相关概念

与安全相关的概念主要涉及安全、事故、风险等。

（一）安全

安全是指不受威胁，没有危险、危害、损失。它是在人类生产或活动过程中，将系统的运行状态对人类的生命、财产、环境可能产生的损害控制在人类能接受水平以下的状态。威胁、不可接受（承受）的风险，通常会带来人员伤害或物的损失，因而，避免此类事件发生的过程和结果称为安全。

安全就是没有危险的客观状态。其中既包括外在威胁的消解，也包括内在隐患的消解。

（二）事故

事故是指造成主观上不希望出现的结果意外发生的事件，其发生的后果可分为死亡、疾病、伤害、财产损失或其他损失。

事故是一种发生在人类生产、生活活动中的特殊事件，在人类的任何生产、生活活动过程中都可能发生。事故总是突然发生、出乎人们意料。由于导致事故发生的原因非常复杂，往往包含许多偶然因素，因而事故的发生具有随机性。在事故发生之前，人们无法准确地预测什么时候、什么地方、发生什么样的事故。由于事故迫使正在进行着的生产、生活活动暂时或永久停止，必然给人们的生产、生活带来某种形式的影响。因此，事故是一种违背人们意志的事件，是人们不希望发生的事件。

国务院 2007 年 6 月 1 日公布施行的《生产安全事故报告和调查处案例》中，根据生产安全事故造成的人员伤亡或者直接经济损失，将事故分为以下几类。

一般事故，是指造成 3 人以下死亡，或者 10 人以下重伤，或者 1000 万元人民币以下直接经济损失的事故。

较大事故，是指造成 3 人以上 10 人以下死亡，或者 10 人以上 50 人以下重伤，或者 1000 万元以上 5000 万元以下直接经济损失的事故。

重大事故，是指造成 10 人以上 30 人以下死亡，或者 50 人以上 100 人以下重伤，或者 5000 万元以上 1 亿元以下直接经济损失的事故。

特别重大事故，是指造成 30 人以上死亡，或者 100 人以上重伤（包括急性工业中毒，上同），或者 1 亿元以上直接经济损失的事故。

（三）风险

风险是指在某一特定环境下，在某一特定时间段内，某种损失发生的可能性，由风险因素、风险事故和风险损失等要素组成。风险表示行为与结果之间的不确定性，有两层含义：一是风险表现为结果收益的不确定性；二是表现为行为成本或代价的不确定性。换句话说，风险就是在某一个特定时间段里，人们所期望达到的目标与实际出现的结果之间产生的距离。从广义上讲，只要某一事件或行为的发生存在着两种或两种以上的可能性，就可认为该事件或行为存在着风险。

风险具有客观性、损失性、不确定性、普遍性、可变性、可识别性、可控性和社会性。

二、海洋旅游安全的相关概念

（一）海洋旅游安全突发事件

国家旅游局 2016 年 12 月 1 日起颁布实施的《旅游安全管理办法》指出，旅游突发事件是指突然发生，造成或者可能造成旅游者人身伤亡、财产损失，需要采取应急处置措施予以应对的自然灾害、事故灾难、公共卫生事件和社会安全事件。

根据旅游突发事件的性质、危害程度、可控性以及造成或者可能造成的影响，旅游突发事件一般分为特别重大、重大、较大和一般四级。

特别重大旅游突发事件，是指下列情形：

（1）造成或者可能造成人员死亡（含失踪）30 人以上，或者重伤 100 人以上；

（2）旅游者 500 人以上滞留超过 24 小时，并对当地生产生活秩序造成严重影响；

（3）其他在境内外产生特别重大影响，并对旅游者人身、财产安全造成特别重大威胁的事件。

重大旅游突发事件，是指下列情形：

（1）造成或者可能造成人员死亡（含失踪）10 人以上 30 人以下，或者重伤 50 人以上、100 人以下；

（2）旅游者 200 人以上滞留超过 24 小时，对当地生产生活秩序造成较严重影响；

（3）其他在境内外产生重大影响，并对旅游者人身、财产安全造成重大威胁的事件。

较大旅游突发事件，是指下列情形：

（1）造成或者可能造成人员死亡（含失踪）3 人以上 10 人以下，或者重伤 10 人以上、50 人以下；

（2）旅游者 50 人以上 200 人以下滞留超过 24 小时，并对当地生产生活秩序造成较大影响；

（3）其他在境内外产生较大影响，并对旅游者人身、财产安全造成较大威胁的事件。

一般旅游突发事件，是指下列情形：

（1）造成或者可能造成人员死亡（含失踪）3 人以下，或者重伤 10 人以下；

（2）旅游者 50 人以下滞留超过 24 小时，并对当地生产生活秩序造成一定影响；

（3）其他在境内外产生一定影响，并对旅游者人身、财产安全造成一定威胁的事件。

（二）海洋旅游安全

海洋旅游安全是指海洋旅游活动中各相关主体的一切安全现象的总称。它包括海洋旅游活动各环节的相关安全现象，也包括海洋旅游活动中涉及的人、设备、环境等相关主体的安全现象。

通俗地讲，海洋旅游安全是指海洋活动可以容忍的风险程度，它是对海洋旅游活动处于平衡、稳定、正常发展状态的一种统称，表现为旅游者、旅游企业和海洋旅游地等主体不受外界因素干扰而免于承受身心压力、伤害或财物损失的一种自然状态。海洋旅游安全是海洋旅游业的生命线，是海洋旅游业发展的基础和保障，没有安全，便没有海洋旅游。

海洋旅游安全是一种需要保护、保障和管理的和谐状态。犯罪、恐怖主义，自然灾害等各类安全隐患因素都可能导致海洋旅游安全状态的破坏，发生海洋旅游安全事故。然而，海洋旅游安全工作需要应对广泛的隐患因素，既包括旅游活动中的安全观念、意识培育、思想建设与安全理论等"上层建筑"，也包括旅游活动中安全的防控、保障与管理等"物质基础"，因此海洋旅游安全工作是一项系统工程。

（三）海洋旅游安全管理

海洋旅游安全管理是指为了保障海洋旅游活动平安、无危险、不受威胁、不出事故，避免或降低因旅游安全事件造成的人员伤亡、财产损失而有意识、有计划地对海洋旅游活动中的各种风险进行预防、警示、控制和处置的活动及相关活动的总称。这些活动既包括安全的宣传与教育，安全管理方针、政策、法规、条例的制定与实施，也包括安全防控、管理措施的制定与安全保障体系的构建与运作。

三、海洋旅游安全管理的范畴与主体

明晰海洋旅游安全管理的范畴与主体是海洋旅游管理实施的保证。

（一）海洋旅游安全管理范畴

海洋旅游安全管理范畴非常广泛，为此按照海洋旅游活动的组成要素、安全管理的运作过程、旅游产业构成进行划分。

1. **基于海洋旅游活动要素划分**

从海洋旅游活动要素构成看，海洋旅游安全管理主要涉及海洋旅游饮食安全管理、海洋旅游住宿安全管理、海洋旅游交通安全管理、景区游览安全管理、海洋旅游购物安全管理、海洋旅游娱乐安全管理等内容。

2. **基于海洋旅游安全管理运作过程划分**

从海洋旅游安全管理的运作过程看，海洋旅游安全管理包括海洋旅游安全事故与突发事件的日常防范、风险监测与预警、应对处理、恢复与重建等内容。

3. **基于海洋旅游产业构成划分**

从海洋旅游产业构成看，海洋旅游安全管理主要涉及旅游者安全管理、海洋旅游资源与海洋旅游目的地安全以及包括饭店、景区、旅行社等的旅游企业与从业人员的安全内容。

（二）海洋旅游安全管理的主体

海洋旅游安全管理的参与主体主要包括旅游行政主管部门、旅游企业、旅游者以及其他利益相关方。

1. **旅游行政主管部门**

旅游行政主管部门主要是指国家旅游局和地方各级旅游行政主管部门。它们承担着旅游安全政策的制定和宣传贯彻、旅游企业安全监管、旅游突发事件处置等管理责任。在我国现行的管理体制下，旅游安全管理存在众多相关的主管部门，包括交通、公安、消防、卫生、质监、工商、环保等 10 多个部门，这些部门承担着专项安全管理责任，旅游行政主管部门需要协调相关部门共同承担旅游安全的监管责任。

此外，旅游行业协会在旅游安全管理中将扮演越来越重要角色。

2. **旅游企业**

旅游企业是海洋旅游活动的组织者和提供者，它们负有海洋旅游安全管理的主体责任，是旅游安全管理工作的基层单位，在海洋旅游安全管理中承担着最主要的任务和角色。旅游企业要把安全教育、职工培训制度化、经常化，培养职工的安全意识，普及安全常识，提高安全技能，坚持日常的安全检查工作，重点检查安全规章制度的落实情况和安全管理漏洞，及时消除安全隐患，防止安全事故发生，避免或减少旅游突发事件产生的负面影响。

3. **海洋旅游者**

海洋旅游者是海洋旅游活动的主体和旅游行为的具体决策者，这也决定了海洋旅游安全管理是以旅游者安全为中心。

由于旅游本质决定旅游者追求精神愉悦与放松的特征与目的，致使旅游者放松安全防范，导致安全与风险问题的增加。也就是说，海洋旅游安全与风险本身就是一种矛盾现象。旅游者既需要旅游安全，又放松旅游安全风险防范，使安全与风险问题客观存在。因此，旅游者自身的安全素质、安全问题应对能力对于规避旅游安全事故具有重要影响。

4. 其他相关利益者

其他利益相关者主要包括非营利组织、相关外围服务提供商、新闻媒体、高校、当地居民等。利益相关者承担着安全宣传、监督和安全服务提供等相关责任。

（三）海洋旅游安全管理主体的主要职责

1. 旅游行政主管理部门

（1）加强海洋旅游安全管理的制度建设，为海洋旅游安全管理提供法制与政策基础。

（2）建立和健全安全检查工作制度，指导、督促、检查本地区旅游企事业单位贯彻执行涉及旅游安全的各项法规的情况，定期召开安全工作会议。会同有关部门对旅游企事业单位进行开业前的安全设施检查验收工作。

（3）建立、健全海洋旅游安全公共服务体系，为旅游者提供安全服务和保障。

（4）引导和监督旅游企业安全生产经营行为，规范旅游市场的安全运营。

（5）建立旅游突发事件的应急机制，保障旅游安全，维护旅游地安全形象。

（6）组织、实施旅游安全教育和宣传。

（7）受理旅游者有关安全问题的投诉，参与涉及旅游者人身、财物安全的事故处理，并会同有关部门妥善处理。

2. 旅游企业

（1）贯彻执行国家的法律法规和旅游业的行业规范与标准，制定本单位（景区、场所）的安全管理规章和制度，成立安全管理小组，统筹安全管理工作。

（2）向旅游者提供规范、安全的海洋旅游产品和环境，保障旅游者的旅游安全。

（3）培养和提高旅游从业人员的安全素质和技能，提高对安全事件的防范与处置能力。

（4）保障旅游从业人员安全。

（5）引导规范旅游者的旅游安全行为，重视旅游者安全意识和应急处置能力培育和提升。

（6）协助有关部门做好旅游安全事件的现场与处理工作。

3. 海洋旅游者

（1）增强自身旅游安全意识，掌握必要的安全与应对技能。

（2）遵守有关法律、法规，尊重旅游目的地的风俗习惯和宗教禁忌。

（3）在旅游过程中，遵守相关旅游安全规定，按照旅游产品提供者明示的安全要求使用旅游产品，并积极配合其采取安全防范措施，避免安全事件发生。

（4）积极向相关部门反馈旅游安全信息，协助其他部门进行事故处理，以促进旅游安全管理部门提高安全管理水平。

（5）遭遇重大旅游突发事件时，在积极保护自身安全的同时，应具有互助友爱精神，积极协助和帮助其他旅游者。

四、海洋旅游安全管理特点

海洋旅游安全管理具有其自身特点，主要表现在以下几方面。

（一）旅游安全管理本质是旅游者安全

海洋旅游安全管理涉及旅游者、旅游行政主管部门、旅游企业、旅游资源、旅游目的地等方面，但核心是旅游者，旅游业的存在和发展是以旅游者旅游活动的存在为基础的，其他方面的都是围绕着旅游者转。事实上，旅游者自身往往一方面缺乏一定的旅游风险认知，却又对旅游安全事件十分敏感，一旦有旅游安全事件发生，就会引起旅游市场的重大波动。因此旅游安全管理从根本上看是旅游者安全管理，旅游安全管理的根本宗旨在于将旅游者的安全放在第一位，尽一切努力防止任何危及旅游者安全的事件发生。

（二）旅游安全管理是一个系统工程

旅游业的行业特性决定了旅游安全不是一个单纯的行业安全，而是一个复杂的系统工程。旅游安全在人（旅游者、旅游服务者和管理者）、机（运载工具和游乐设施、设备）、环境（旅游地、游乐场所、住宿和饮食、服务场所等）三个方面以及海底、海面、海空三维立体空间，涵盖了安全减灾的诸多领域，如交通运输安全、人员密集场所消防安全、特种设备安全、游乐设施安全、用电安全、食品安全、景点环境安全以及各类旅游项目的安全等。

（三）旅游安全管理是动态的安全保障

旅游的基本特征是亲历性。旅游安全是保障旅游者在食、宿、行、购、游、娱等一系列旅游活动中的安全，是动态状况下的安全保障。旅游安全的这一特征，决定了其安全监控和管理工作的特殊性，要求负有安全管理和监督职责的各方应加强工作联动，对旅游安全所涉及的各个方面、各个环节采取针对性的管理办法和措施，对旅游活动实施全过程的安全监控和动态管理。

（四）旅游安全管理关系经济、社会和人文的健康发展

旅游业的高度关联带动功能和直接面对消费市场的产业特性，可以直接或者间接地带动、推进建筑、交通、饭店、餐饮、娱乐、商贸、工艺美术以及工农业等相关社会生产活动的不断深化和发展。旅游的休闲性、考察性、商贸性等，与政治、经济、文化、科学均有关系。因此，保障旅游安全，促进旅游业快速、协调和可持续发展，能够全面推进经济、社会、人文的健康发展。

五、国际社会中的旅游安全警示

旅游安全警示通常以警告、提醒等各种形式，把可能的风险事先向旅游者传达，这些风险包括战争、地区冲突、动乱、暴乱、流行性疾病、瘟疫、自然灾害、犯罪活动（例如扒窃、抢劫等）以及其他风险，告知其可能面临的旅游安全问题。旅游安全警示体现了对旅游者的关怀，是一种社会进步的表现。

世界旅游组织在《全球旅游伦理规范》（1999 年）中指出，政府有权利和责任，特别是处于危机的情况下——通告其公民关于他们到国外旅行时可能会遇到的困境甚至是危险的信息；不过他们的责任是，在发布这些信息时避免以不公正或夸大其词的方式妨碍东道国家的旅游业和他们自己国家旅游经营者的利益。旅游警告的内容应当事先与相关国家政府和有关专业人员商讨。旅游警告应针对特定的区域而非整个国家，待情况恢复正常就应及时取消。要避免报复性的旅游警告。

世界旅游组织

世界旅游组织（World Tourism Organization，UNWTO）是联合国系统的政府间国际组织，是旅游领域的领导性国际组织。成立于 1975 年 1 月，总部设在西班牙首都马德里。其前身是始创于 1925 年的国际官方旅游宣传组织联盟，于第二次世界大

战后更名为国际官方旅游组织联盟（IUOTO）。1969年联合国大会通过决议，正式承认这个组织为政府间机构，1975年正式改称现名。2003年12月23日联合国第58次全会通过决议，正式确定世界旅游组织为联合国的专门机构。

世界旅游组织的组织机构包括全体大会、执行委员会、秘书处及地区委员会。全体大会为最高权力机构，大会的常设机构为执行委员会，日常工作机构为秘书处。全体大会每两年召开一次，批准预算和工作方案，审议该组织重大问题等。执行委员会下设5个委员会：计划和协调技术委员会、预算和财政委员会、环境保护委员会、简化手续委员会、旅游安全委员会。执行委员会每年至少召开两次会议。成员数量为该组织成员总数的1/5。成员由地区委员会推选，执委会提名，大会通过。联系成员及附属成员委员会可各推选一位代表参加执行委员会的工作，但无投票权。秘书处负责日常工作，秘书长（Secretary-General）是世界旅游组织的主要负责人，由执委会推荐、大会选举产生，任期4年，可连任两次。地区委员会系非常设机构，负责协调、组织本地区的研讨会、工作项目和地区性活动。每年召开一次会议。共有非洲、美洲、东亚和太平洋、南亚、欧洲和中东6个地区委员会。

世界旅游组织的宗旨是促进与发展世界旅游事业，即通过旅游促进经济发展，创造就业机会，保护目的地的环境和遗产以及促进世界所有国家之间的相互了解、和平与繁荣。该组织确定每年的9月27日为世界旅游日。

1975年5月，世界旅游组织承认中华人民共和国为中国唯一合法代表。1983年中国正式加入这一组织并成为它的第106个正式会员，世界旅游组织第15次大会于2003年10月17日在中国首都北京举行。2007年11月，第17次全体大会在哥伦比亚卡塔赫纳市召开。大会一致通过将中文列为世界旅游组织官方语言的提议，并同意对世界旅游组织章程进行相应修改。

出版刊物以英语、法语、西班牙语出版。主要出版刊物有《世界旅游组织消息》《旅游发展报告（政策与趋势）》《旅游统计年鉴》《旅游统计手册》和《旅游及旅游动态》。

［资料来源：360百科.世界旅游组织[EB/OL]. https://baike.so.com/doc/2299289-2432296.html.］

在国际社会中，用以作为旅游安全警示的词语，通常有：旅游警告（Travel Warning、Travel Caution）；旅游劝告（Travel Advice、Travel Advisory、Travel Expostulation）；旅游忠告（Travel Advice、Travel Counsel）；旅游建议（Travel Advice、Travel Instance）；旅游提醒（Travel Attention; Travel Alert、Travel Notice）。

要说明的是，汉语层面中的"旅游警告""旅游劝告""旅游忠告""旅游建议""旅游提醒"等词语，均是独立存在并在词义上互不混淆，并且这些词语不仅字面含义各自不同，所表达出来的对旅游安全的警示程度也有较明显的区别，但这只是基于汉语层面的理解。因为原本在英语表达中并没有像汉语这么多的语义区别，多数情况下是作为旅游安全警示的一个宽泛概念来使用，并不是用以表达旅游警示的等级或危险程度。只是因为英语单词有一词多义的现象，因而造成了汉语译名的多样化。这在不同国家发出的旅游警示中，经常可以见到混用的例子。如英国外交部所发布的旅游警示，在"Travel Advice"的标题下，也能找到"Travel Warning"的内容阐释。

在全球范围内，联合国所发布的旅游警告，以其标准尺度掌握最规范、公信力最强而受到全世界关注。许多国家的旅游警告，都会随同联合国机构发布的旅游警告而发布。

本着《联合国宪章》精神，联合国从来都十分注意国际间的关系平衡，在对旅游警告的发布方面，一贯秉持沉稳、有序，联合国虽然也很注重反对恐怖主义，但也从未把恐怖主义活动、反政府武装与政府军的武装冲突及各类地区战争、种族纷争等作为发布旅游警告的理由。以往已发布的所有旅游警告，都与政治、经济、国家关系、种族冲突、宗教信仰、文化习俗等因素无关，只是针对公共卫生事件而发布的。受命发布旅游警告的是联合国的一个下属分管专责机构——世界卫生组织。

世界旅游组织在加入到联合国行列中后，也并未对外发布过任何旅游警告。世界旅游组织的网站与联合国及其联合国其他各个机构一样，其载录的旅游警告，均会注明世界卫生组织网站的来源，甚至会将"旅游警告"的按钮点击直接链接到世界卫生组织网站。

我国在2006年4月国家旅游局、外交部发布的《中国公民出境旅游突发事件应急预案》中第一次提出旅游警示，明确规定我国将按照旅游安全的轻重程度，采用提示、劝告、警告三种警示等级。

提示：提示中国公民前往某国（地区）旅游应注意的事项。

劝告：劝告中国公民不要前往某国（地区）旅游。

警告：警告中国公民一定时期内在任何情况下都不要前往某国（地区）旅游。

2006年7月，青藏铁路正式开通，在开往西藏的火车票背面，印有汉藏两种文字的"高原旅行提示"，内容包括乘坐火车赴西藏的高原旅行注意事项，什么样的身体状况和疾病不适合高原旅行等。这是旅行安全警示信息在火车票上的呈现。

第二节　海洋旅游安全事件的表现形态

海洋旅游安全事件尽管各种各样，但根据其发生的根源可将其归纳为事故灾难、海洋自然灾害事件、公共卫生事件和社会安全事件四类表现形态。

一、事故灾难

海洋旅游安全事故是海洋旅游经营者在海洋旅游经营或与海洋旅游经营有关的活动中发生的，造成旅游者、旅游从业人员或旅游经营组织人员伤亡或财产损失，导致该海洋旅游经营活动或有关活动中止或永久终止，并由此导致有关当事人承担相应法律责任的事件。

海洋旅游事故灾难是具有灾难性后果的事故，是在旅游活动提供、消费过程中发生的，直接由人的生产、活动引发的、违反人们意志的、迫使旅游活动暂时或永久停止，并且造成人员伤亡、经济损失或环境污染的意外事件。海洋旅游事故灾难是由人为原因或技术性过错引发的安全事故，主要包括海洋旅游交通安全事故、游乐设备设施事故、海洋生物侵袭、火灾、爆炸、踩踏事故等。

从管理角度来看，海洋旅游事故灾难主要由以下三方面失职造成的。

（一）旅游企业管理失职

旅游企业安全意识不强、安全设施配置不当、安全人员配置不足、员工缺乏操作规范等都可能促使旅游企业发生不安全事故。特别是海洋旅游地滨海环境、设备设施受海水、海风侵袭，其使用寿命不能与内陆地区等同，否则易发生安全事故。

（二）旅游监管部门失职

旅游监管部门的失职会使旅游企业放松旅游安全意识，甚至进行违规操作，从而导致旅游安全事故发生。

（三）旅游者自身失职

旅游者在旅游中虽然是以非在职工作状态，但旅游者负有对自身安全的职责。具体表现为缺乏安全意识，出游前缺少对海洋旅游知识学习，缺乏对自身适海状况的正确了解，缺乏对自身旅游安全行为的把控，不愿听从工作人员劝告，无视警示牌的警示而一味寻求刺激，导致旅游安全事故发生。

二、海洋自然灾害事件

海洋自然环境发生异常或激烈变化，导致在海上或海岸发生的灾害称为海洋灾害。海洋灾害主要有灾害性海浪、海冰、赤潮、海啸和风暴潮以及海洋与大气相关的灾害性现象包括"厄尔尼诺"现象、"拉尼娜"现象和台风等。引发海洋灾害的原因主要有大气的强烈扰动，如热带气旋、温带气旋；海洋水体本身的扰动或状态骤变，如风暴潮；海底地壳变动引起的地震、火山爆发及其伴生的海底滑坡、地裂缝等。海洋自然灾害破坏性极大，而且不仅威胁海上及海岸的旅游活动，有些还危及沿岸城乡区域的旅游活动安全。

海洋自然灾害还会在受灾地区引起许多次生灾害和衍生灾害，如风暴潮引起海岸侵蚀、土地盐碱化；海洋污染引起生物毒素灾害等。海洋自然灾害破坏性极大，目前，对海洋自然灾害事件还不能阻止其发生，只能通过预防来降低灾害程度。

三、公共卫生事件

公共卫生事件是指已经发生或者可能发生的、对旅游者健康造成或者可能造成重大损害的传染性疫病、群体性不明原因疾病、重大食物中毒以及其他严重影响旅游者健康的卫生事件。

公共卫生事件对旅游安全的威胁常常会处在最小端和最大端。小的公共卫生事件多以饮食不洁、肠道疾病为主要表现形式，对旅游者的主体生活影响相对较小，因而常常被忽略防范；大的公共卫生事件可以让正常的社会生活停止，旅游者身处其中很难躲避，各方对公共卫生事件都应保持高度重视。

与其他造成海洋旅游安全事件的因素不同，公共卫生事件的影响经常不是以外部张扬的形式容易被旅游者发现，而是以潜伏的形式躲藏在旅游者周围。旅游者对它的防范应当从细枝末节点滴入手，不可大意。

阿姆斯特丹市旗

阿姆斯特丹（Amsterdam），是荷兰首都及最大城市，是繁华知名的国际大都市，位于该国西部省份北荷兰省。

荷兰约 1/4 的国土在海平面以下，阿姆斯特丹的地势更是低于海平面 1~5 米，是个典型的"水下城市"。"丹"在荷兰语中就是水坝的意思。阿姆斯特丹城里河网密布，全市共有160多条大小水道，由1200多座桥梁相连，运河贯穿其中，有"北方威尼斯"之称。

阿姆斯特丹的市旗（图1-1）很特别，是3个并列的"×"。这三个"×"分别代表了水、火和黑死病三种灾难。这三样东西都曾给阿姆斯特丹带来过毁灭性的打击。阿姆斯特丹地势低洼，曾多受水灾之患；火灾对

图1-1　阿姆斯特丹市旗

阿姆斯特丹伤害更大，15世纪的几场大火，几乎将阿姆斯特丹当时所有的木制房屋烧光；当时，而被称为黑死病的鼠疫，曾经在中世纪夺走了整个欧洲几乎一半人口的生命，阿姆斯特丹在那场灾难中也未能幸免于难，几乎让阿姆斯特丹变成死城。阿姆斯特丹选用三个"×"作为市旗的主要内容，而且在城市各处都可以看到这三个"×"的标志，表达了城市的勇气，也时刻提醒人们时刻警惕远离灾祸。

［根据资料http://baike.baidu.com/subview/31504/5040805.htm?fr=aladdin，http://www.easecard.com/newsletter/open_200603.htm 整理而得］

四、社会安全事件

社会安全事件是指在一定区域内，由于人为因素造成或者可能造成严重社会危害，并产生重大社会影响，需要采取应急处置措施的突发事件。主要包括发生港澳台同胞和外国游客死亡事件，在大型旅游节庆活动中由于人群过度拥挤、火灾、建筑物倒塌等造成人员伤亡的突发事件以及针对旅游者的刑事犯罪事件和恐怖袭击事件。

针对旅游者的刑事犯罪事件数量众多，但大体可分为以下三大类。

（1）侵犯公、私财产类犯罪。这类犯罪数量较多，作案范围广，包括盗窃、诈骗、抢劫、抢夺、敲诈勒索罪等，其核心目的就是非法获取旅游者的钱财。

（2）危害人身安全的犯罪。海洋旅游活动中危害旅游者人身安全的暴力犯罪与财产性犯罪的实施密切相关，即在侵犯财产的同时侵犯了旅游者的人身安全。

（3）性犯罪和与毒品、赌博、淫秽有关的犯罪。毒品、赌博、淫秽有时并不一定给旅游者带来直接的安全威胁，但毒品、赌博、淫秽本身是犯罪的温床，是威胁旅游安全的潜在因素之一。

从18世纪的小说中经常可以读到海盗的故事。几百年过去了，海盗并没有消

失，旅游者乘坐现代豪华邮轮在海上旅行时，也一样有可能遇到海盗和海上恐怖分子袭击。

美国海境邮轮公司的"海精灵"号堪称世界上最豪华的邮轮之一，在巴哈马注册，于1989年开始服役。2005年11月"海精灵"号豪华邮轮从埃及开往肯尼亚的蒙巴萨，长达16天的豪华海上旅程吸引了不少欧美游客。然而11月5日"海精灵"轮正在距索马里海岸86海里处行驶时，两艘装备有榴弹发射器（RPG）和机关枪的船只突然向"海精灵"号逼近，船上的海盗成员使用火箭弹助推榴弹和机枪发起袭击，明显试图登上邮轮抢劫。但"海精灵"号在加速行驶和改变航线后最终逃脱了。海境邮轮公司发言人古德说，这艘邮轮有151位来自美国、澳大利亚和欧洲的乘客，161名乘务员，这些游客都没有受伤，但有一名乘务员受了轻伤。这艘有134米长、1万吨排水量的邮轮只受到了轻微的损伤。

当时据目击者回忆，邮轮被至少3枚火箭弹击中，其中一枚火箭弹落在一个特等舱内。船上人员通过舷窗可以清晰地看到海盗。来自英国的乘客费希尔说："早上05时50分左右，我听到了一声巨响，透过窗户，看到一艘载有约5人的小充气船正在距离我们约18米处。他们向我们的船开火并发射榴弹，其中一颗榴弹穿过船体、击中了一名乘客的套房。但幸运的是，住在这间套房里的乘客已经离开。"

当时的澳大利亚外交部长亚历山大·唐纳7日说，5日在东非水域遭到武装分子袭击的美国"海精灵"号豪华邮轮上仍有没有爆炸的火箭弹。"海精灵"号豪华邮轮原预计于7日抵达塞舌尔。但唐纳表示，由于一些客舱内仍嵌有火箭弹，目前尚不能确定轮船是否能顺利停靠港口。美国官员将上船处理此事。唐纳还说，现在不能肯定攻击邮轮的武装分子是通常在索马里附近作案的海盗还是专门袭击美国船的恐怖分子。

然而，美联社援引肯尼亚官员的话报道称，这批劫船分子可能是一伙组织非常严密的海盗。报道称，就航运安全而言，目前索马里沿海已经成为全球最危险的水域。

近年来，专门针对旅游者的社会安全事件逐年上升，究其原因主要有以下五个方面。

（一）旅游者缺乏对不同宗教、风俗习惯的尊重

1999年10月1日，在智利圣地亚哥的世界旅游组织第十三届大会上通过的《全球旅游伦理规范》明确指出："……抱着对不同宗教信仰、哲学观点和伦理观念容忍和尊重的态度，了解并促进和人性一样的伦理标准，既是负责任旅游的基础，又是负责任旅游的归宿；旅游发展中的利益相关者和旅游者本身都应当遵守各个民族——包

括那些少数民族和土著民族的社会文化传统和习俗，并承认其价值……"可惜的是，在现实当中做到这些却十分艰难。

（二）刑事犯罪的增加对旅游者安全构成威胁

受经济和其他因素影响，近些年一些西方国家的恶性犯罪事件一直呈现上升趋势，从而殃及旅游者安全，就连人们印象中社会治安一向良好瑞士、新西兰等国家，近年来针对旅游者的案件也时有发生。

（三）一些国家政局不稳定导致旅游者危险

从整体上来说，一个国家政局不稳定并不会给旅游者带来太大的影响，因为各派力量都十分清楚，旅游业发展会增加国家经济收入，"旅游者是上帝"起码在以旅游为重要经济支柱的国家已经达成共识。但是也有例外，一些对现状或政府持不满态度的人也会将旅游者作为不满情绪的发泄对象。

2003 年 8 月，时值西班牙的旅游旺季，西班牙恐怖组织"埃塔"在巴斯克当地一家报纸上发表声明，声称要对西班牙的一系列经济中心和旅游景点发动恐怖袭击。为此，他们警告外国旅游者"不要到西班牙来"。2004 年 2 月 5 日，"埃塔"又致信政府，扬言将把针对国内旅游景点的袭击行动从夏季扩展至全年，以沉重打击西班牙旅游业。

（四）旅游者往往成为恐怖行为的实施目标

旅游者之所以成为恐怖恐怖分子袭击对象，主要原因有以下四个方面。

（1）恐怖分子在继续袭击重要的政治、军事目标的同时，又开始注意度假胜地和娱乐场所等经济目标，因此旅游者成为主要受害者；而以观光、度假旅游为经济支柱的国家也因恐怖活动遭遇严重打击，从而累及旅游者。

（2）恐怖分子的行动动机就是由贫穷、落后、差别、歧视或者说掠夺和霸权带来的心理上的不平衡，这种不平衡通过极端的行为表现出来的就是各种恐怖活动。而旅游者的傲慢、富有和享乐主义正是恐怖分子所深恶痛绝的。

（3）旅游者往往会被视为代表其母国的"外交大使"。因一些国家、政府、民族间的矛盾和仇恨，加之广泛的媒体报道和多国政府针对恐怖分子的政策，而旅游者在外旅游，非常容易遭到袭击，这促使了恐怖分子更加频繁地拿该国的旅游者作为袭击目标。如美军在攻打了阿富汗、伊拉克后，所有美国旅游者在世界范围内，尤其是在一些国家可能遇到的袭击，远远高于其他国家的旅游者。

（4）一些恐怖组织为表达对本国政治不满、向政府发泄等目的，在公众场合下展示暴力，因旅游地通常集聚较多旅游者能产生大的影响而实施恐怖活动。

（五）旅游者自身警惕性缺乏

旅游者在外旅游人地生疏，身上又带有一定钱款，所以犯罪分子往往选择旅游者，尤其是外国旅游者作为袭击目标。

炫耀性消费容易引起犯罪分子的注意。"炫耀性消费"一词是由加拿大经济学家的约翰·雷（John Rae，1796—1872 年）首次提出的。这说明"炫耀性消费"是一种悠久的、在 18 世纪的时候就已经具有普遍意义的行为。约翰·雷对"炫耀性消费"的阐释是从人类虚荣心的角度开始进行的，他认为，虚荣心是一种超越他人的欲望，目的是占有他人不曾占有的东西。美国社会学家、经济学家托斯丹·凡勃伦（Thorstein Veblen，1857—1929 年）在 1899 年出版的《有闲阶级论——关于制度的经济研究》一书中对"炫耀性消费"有过这样的描述："一个人要使他日常生活中遇到的那些漠不关心的观察者对他的金钱力量留下印象，唯一可行的办法就是不断地显示他的支付能力。"中国旅游者喜欢购物，还大都喜欢带现金而不喜欢使用信用卡，因而更容易成为犯罪分子的目标。

另外，旅游者自身缺乏应有的警觉性、不文明行为以及因缺乏对旅游地法律常识了解而引起的误会冲突等都可能给旅游安全带来影响。2005 年 7 月英国伦敦发生了一系列恐怖爆炸之后，正处在一片恐慌之中，警察也处于高度戒备状态。7 月 22 日，一位名叫梅内塞斯的巴西年轻人，在其上午离开伦敦南部已受监视的住所时便已被便衣警察跟踪。在他进入附近的斯托克韦尔地铁站，跑向地铁列车时，便衣警察在近距离内向他头部连开 5 枪将其击毙。警方谈到"误杀"他的原因时说，由于梅内塞斯的衣着和在地铁站的行为十分可疑，而且与警察发生激烈争执并拒绝听从警方指令，因此被警方当场击毙。假如这位巴西青年听从警察的指令，不与警察发生争执，也许就能躲过此劫。

第三节　海洋旅游安全事件形成机理

随着海洋旅游发展，安全问题愈来愈受到人们重视。1931 年美国工业安全先锋海因里希首次提出了事故因果连锁论。该理论曾被称作"工业安全公理"，作为世界上广大安全人员从事安全工作的理论基础。

事故因果连锁理论认为，伤亡事故的发生不是孤立事件，尽管伤害可能在某瞬间突然发生，但却是一系列时间相继发生的结果。即事故的发生是由于人的不安全行为和物的不安全状态引起的。海洋旅游安全事件的发生也是一样（图 1-2）。

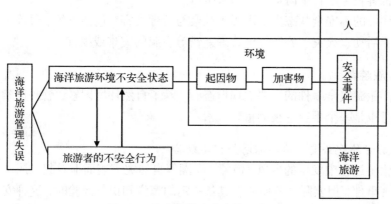

图 1-2　海洋旅游安全事件形成机理

在图 1-2 中，起因物是指导致海洋旅游安全事件发生的物、事件或环境。加害物是指直接作用于人体并造成一定伤害的能量载体或危险物质。管理的欠缺是事故发生的间接因素，但却是重要因素，因为管理对人、物、环境都会产生作用和影响，海洋旅游安全管理的过程就是对安全问题的控制过程，就是通过安全管理对人、物、环境这三个因素产生作用，从而改善和控制旅游安全问题的发生。

一、海洋旅游安全事件成因

安全事件尽管可能在某一瞬间突然发生，但却是一系列事件积累的结果，了解并分析海洋旅游安全事件成因，有利于防范与控制安全事件的发生。

（一）旅游环境状态

海洋旅游活动的开展需要一定的自然环境和社会环境基础。而这个基础却存在许多不稳定因素，表现出旅游环境的不安全状态。旅游环境的不安全状态主要包括自然环境的不安全状态和社会环境的不安全状态两大方面。

自然环境的不安全状态主要来源于各种自然灾害产生的危险。自然灾害可分为骤发自然灾害和长期自然灾害两大类。常见的骤发自然灾害包括地震、火山爆发、塌陷、滑坡、泥石流、暴雨、洪水、海啸等。长期自然灾害包括水土流失、海侵、大气污染、瘟疫等。这些自然灾害组合构成了旅游自然环境的不安全状态。一旦旅游活动面临自然灾害尤其是骤发性自然灾害时，安全事故将不可避免地发生。

部分凶猛野生动物、有毒植物、昆虫等也对旅游者形成一定威胁。1990—1993年有 7 名游客丧生于日本海上的"杀人蟹"。

社会环境的不安全状态主要来源于社会与管理灾害，包括战争、恐怖主义、社会动乱、犯罪活动、火灾、旅游设施管理差错等引起的灾难或损害。

（二）旅游者

从海洋旅游安全事件的主要表现形态看，除了自然环境因素、管理因素外，海洋旅游者自身也是一个不容忽视的重要因素。

1. 旅游者缺乏必要的海洋旅游知识与经验

海洋旅游过程中发生的台风、海啸、海潮等自然灾害表面上看起来属于不可抗拒的自然灾害事件，但实际中若旅游者具备一定的海洋知识与经验时，这种安全事件也不是不可预防的。事实上，地震引发的海啸登陆之前，会有一些非常明显的宏观前兆现象，如：海水异常地暴退或暴涨；离海岸不远的浅海区，海面突然变成白色，其前方出现一道长长的明亮水墙；位于浅海区的船只突然剧烈地上下颠簸；突然从海上传来异常的巨大响声，在夜间尤为令人警觉。这些现象在海边游玩的人们只要稍加注意就可以发现。因此有海啸前兆知识的旅游者在海边游玩的时候，如果发现眼前的海水突然不见、或前方有大的波浪掀起、或前方出现一道长长明亮的水墙的时候就绝不会冲到前面去看稀奇，而是会立即撤退。

由于海洋旅游地一般远离中心城市往往保留有浓郁的当地特有人文民俗宗教习惯，旅游者由于缺乏对海洋旅游地的经济、社会文化、民俗民风、宗教习俗等方面的了解，可能在旅游过程中一些无意识的不恰当行为引发与当地居民的冲突。

2. 旅游者缺乏海洋旅游安全的认知意识

海洋旅游活动与陆地旅游活动相比不仅丰富多彩，而且海洋旅游者普遍喜好水生性、参与性、体验性较强的活动，但缺少对海洋旅游安全认知意识，不注意或无视所立的安全警示标志，甚至有些游客明明知道海上交通因天气原因已关闭，仍然私自出海。更有旅游者喜好刺激性强、带有冒险性的旅游行为，不愿听从工作人员安排，或者是明知有风险却仍然追求刺激，前往未开发的海洋景区进行探险等；特别是有些海钓、冲浪、探险爱好者更是因为追求效果、刺激而忽视自身行为的安全性。

3. 旅游者缺乏对自身适海状况的正确了解

旅游者自身适海状况包括先天适应海洋环境的生理条件、体质、体力储备、海洋技能与状态。海洋旅游安全事件发生往往与旅游者个体有关，发生在 A 旅游者身上的安全事件并不一定会发生在 B 旅游者，如是否过敏体质对食用海鲜的反应会不同。对同一旅游者来说，适海状况也因不同阶段而会发生变化，如以游泳来说，不同体能状况时的泳技发挥是不同的，在游泳池、水库、河流与在大海中游泳是完全不同的。来自于海滨浴场救生队的调查证实了这点：他们最怕一些自恃水性好的游客，从外地来不熟本地的险情，独自游到安全区以外，就是遇险也难以发现。

（三）海洋旅游管理者

1. 安全管理手段与方法

有效的安全管理手段与方法是旅游安全控制的实施保证。海洋旅游安全管理的手段与方法主要有以下几项。

（1）设立旅游安全管理机构。根据我国有关政策和法规，除国家旅游局外，旅游业正常运作尚有其他主管机构。例如，旅游景区的主管机构有旅游局、建委、林业厅、环保局、消防队、公安局等。这些部门共同形成了旅游安全管理的外围机构群体，能比较有效地抑制安全问题的发生。但也容易因主管机构多且分散而形成多头管理和管理的"真空地带"，造成旅游安全管理的低效。

（2）旅游安全法规。旅游安全法规是从政策法律制度的权威性和强制性的角度来规范和控制旅游行业安全行为，强化和提高旅游企业和从业人员的行为意识，为海洋旅游安全提供法律依据。

（3）旅游安全配套设施。由于海洋旅游安全事件的难以识别、不易察觉性，海洋旅游安全控制还需要有先进的设备设施支持，方能使有关部门提高对安全事件信息判断的正确率，并对安全事件做出迅捷、快速的反应，提高处置安全事件的效率。

2. 安全协调管理能力

海洋旅游活动空间的立体化，使海洋旅游活动涉及面广，人员复杂，环境多变。一次旅游活动涉及多个企业、多种岗位和众多服务人员。安全问题常隐含在这种众多企业、众多岗位、众多服务人员的服务过程的衔接与协调中，因此，企业必须加强衔接过程的安全协调管理能力。

3. 安全预警能力

预警是预防安全事件的一种有效手段，它是度量某种状态偏离预警线的强弱程度、发出预警信号的过程。海洋旅游安全预警就是在对海洋旅游安全事件大小、程度、发生概率等进行分析和评价基础上与安全指标的界限值进行比较，利用先行指标和发展趋势预测未来的发展状况，度量未来的风险强弱程度，并通知相关人员及时采取应对措施以规避风险，减少损失。

（四）管理失误、环境状态与旅游者行为的相互影响关系

管理失误加重了旅游环境的不安全。如过度、不当的旅游开发在一定程度上破坏了旅游地的山体、水体、大气、动植物群落及其他生态环境，引发一些自然灾害，这些自然灾害已成为旅游活动中的安全隐患。同时，管理疏忽和失误也会使社会环境恶化，引发针对旅游者的各种犯罪活动增加，尤其在旅游旺季时表现更加明显。包括抢劫杀人、敲诈勒索、行窃、诈骗、色情、赌博等在内的各种犯罪活动极大地威胁到旅游者的生命财产安全。其次，管理失误或不当加剧了旅游行为的不安全。此外，不完善的安全警示牌标志、对安全事故的掩盖等也会加剧旅游者的不安全行为的发生。

在实际旅游活动中，旅游环境状态与旅游者行为之间存在双向影响，且两者互为因果关系。环境的不安全状态会干扰旅游者的正常思维，使其失去应有的判断能力，刺激并诱发旅游者产生不安全行为，从而加剧安全事故的发生。反过来，旅游者的不安全行为也会对环境产生影响，引发新的不安全环境状态。

二、海洋旅游安全事件发生机制

由图1-2可知，当旅游者的不安全行为和环境的不安全状态发生于同一时间和同一空间时，也就是旅游者的一切不安全行为与旅游环境的不安全状态交叉相遇时，旅游安全事件将会在该时间和空间内发生。换言之，旅游安全事件的发生必须同时具备三个要素：不安全的旅游环境、不安全的旅游行为、不安全的环境和行为在同一时空相遇。在此姑且将这三个要素称作"安全事件三要素"。任何安全事件的发生，三个要素缺一不可。

第四节　海洋旅游安全事件的特点

海洋旅游安全具有客观存在的两面性。一方面，旅游安全问题始终依附和伴随在海洋旅游活动之中，但海洋旅游安全管理又以旅游的审美、愉悦社会性本质为基础。另一方面，旅游安全客观性又决定了海洋旅游体验实现，旅游安全风险决定了旅游时的审美、愉悦本质能否得以体现。由此，海洋旅游愉悦与旅游安全的关系也产生了关

于海洋旅游愉悦与旅游安全风险的悖论：海洋旅游的流动性、异地性、暂时性使旅游者在旅游活动中处于完全陌生的环境中，从而产生不安全感，对安全的需求必然上升。而同时，海洋旅游本质决定旅游者追求精神愉悦与放松致使旅游者放松安全防范，导致安全与风险问题的增加。也就是说，海洋旅游安全风险本身就是一种矛盾现象。旅游者既需要旅游安全，又放松旅游安全风险防范，使安全风险客观存在。而安全风险的存在又会刺激新的旅游安全需求的产生。就是在这样的悖论和循环中，旅游安全风险始终贯穿于海洋旅游活动的始末。

海洋旅游属于旅游的一种。因此，海洋旅游安全具有旅游安全的一般特征。但海洋相对于陆地，环境比较多变。一方面，人作为陆上动物，对于海洋活动的适应能力较弱。当海洋环境发生变化时，旅游者难以迅速适应变化，制定出相应策略，从而导致海洋旅游者较陆地旅游者的安全隐患更多。另一方面，海洋旅游中参与性项目多，惊险刺激，导致游客更易出现意外事故。因此，相对于陆地旅游安全，海洋旅游安全还呈现出自身独具的特征。

一、风险难以识别且受气候气象、地质地貌等自然因素影响显著

海洋旅游对海洋水体的依赖性大，而海洋水运动变幻莫测，除了周期性的潮汐变化，还受各种自然因素影响，这种变化并不受人为控制，加之海底地形复杂，尽管海洋表面看起来风平浪静，但实际上却暗流汹涌，旅游者往往不易识别风险所在。同时，海洋灾害，如台风、海冰、海啸等的发生，不仅对当地的海洋旅游资源和设施设备造成破坏，还对海洋旅游者的生命安全造成威胁。

二、海洋旅游安全问题的季节性强

海洋灾害多发生在台风季节，台风引起的海浪往往会对海洋旅游产生重大影响。在我国东南沿海夏秋季节经常有台风登陆，而此时却是我国海洋旅游旺季，旅游者较多，如果安全防范措施不够，很可能导致旅游者安全事件发生，从而使得海洋旅游安全问题呈现出较强的季节性，集中发生在夏秋季节。

三、海上交通事故常伴随次生危险

海洋旅游交通发生后，往往还会伴随着溺水等次生危险，导致海难事件常常有大

23

量的人员伤亡。如 2008 年 6 月 21 日，菲律宾"群星公主"号客轮受到热带风暴"风神"袭击，在锡布延岛附近海域沉没，船上有 862 人，只有 57 人生还。

四、症状显现时间的滞后性

海鲜中毒、日晒伤往往是旅游者在食用海鲜或日光浴一段时间后才开始出现症状，这种症状显现时间的滞后性，不仅会使旅游者放松警觉，有时还会因旅游者的继续旅游而给治疗带来不便，甚至延误治疗造成更为严重的后果。长期以来大海（Sea）、沙滩（Sand）和阳光（Sun）一直是海洋旅游所推崇的"3S"产品，人们喜欢把日光浴作为一种健身和健美的旅游活动，可是，近些年来越来越多医学研究人员指出，不适当的日光浴会带来很大的危害，可能导致皮肤癌和提前衰老（如色斑、皱纹、皮肤松弛和毛细血管破裂等）。尽管没有人能够证明日光浴本身与皮肤癌有多大程度的直接因果关系，但研究表明那些有曾经被日光灼伤经历的人罹患黑色素瘤（皮肤癌中死亡率最高的一种）的几率要高于其他人。而从被日光灼伤到发生皮肤癌，其间会有 10～30 年的潜伏期。

五、海洋旅游活动空间的立体化使防控、救援更加困难

海洋旅游活动空间涉及海底、海面、海空，活动范围广，相对分散，是一种水生性、开放性的、综合性强的活动，现有的海洋旅游监测站、监测设施一般只能对海面、陆地进行监控，无法对海空、海底进行监测，从而使得管理部门很难采取有针对性、全方位的管理办法和措施进行保障。

另外，海洋旅游区域与城市相比，其交通、通信条件相对不便，海岛的救援设施设备相对薄弱，当海洋旅游安全事故发生后，难以及时呼救和开展施救。并且海洋旅游安全事故常发生在环境恶劣的情况下，救援船只难以及时到达，直升机也难以降低高度飞行，从而使得救援工作难以开展。

 小 知 识

防晒霜如何涂抹防晒效果好

澳大利亚癌症委员会国家皮肤癌中心的辛克莱说，从理论上讲 SPF 值越高，防晒效果越好，这是正确的，但人们很少足量使用，因此通常达不到产品宣传中所描述的

效果。

SPF 值在理论上是一种衡量人们享受日光浴多久后不会被晒伤的指标，举例来说，SPF20 的防晒霜其保护效果应该相当于 SPF10 的两倍。但是，在防晒霜得不到足量涂抹的情况下，差别并不大。

真正的窍门在于，要每隔 2 小时涂抹一次，而且要足量涂抹。新加坡国家皮肤中心的皮肤科医生 Colin Theng 说，对低 SPF 值的防晒霜增加用量，其保护效果要好于少量涂抹高 SPF 值防晒霜。在脸部、手臂、背部和颈部，更要全部涂满。

"SPF30 就足以让你得到必要的保护了。"辛克莱说，这一点适用于所有人，包括儿童。

其次，涂抹防晒霜至少要在出门前 10 分钟涂上，才能保证防晒霜中的功效充分发挥出来，因为防晒产品 需要一定时间才能被肌肤吸收，而里面的有效成分必须渗透至角质表层后，才具有长时间的保护效果。

[资料来源：王健民.聚焦旅游安全[M].北京：旅游教育出版社，2007.]

第五节　海洋旅游安全事件的发生规律

海洋旅游安全事件具有明显的规律性。认识旅游安全事件发生规律，对明确旅游安全事件的发生、发展、深化原理，从而有效控制旅游安全事件具有重要的意义。

一、空间性规律

海洋旅游安全事件的空间发生规律与海洋旅游空间聚集性的特点关系密切，旅游安全事件表现形态也因旅游资源类型而具有差异性及空间规律性。

（一）与资源类型关系密切

海洋旅游资源总体分为自然旅游资源和人文旅游资源两大类。一般来说，在自然旅游资源地，尤其是海滨水文地，旅游安全事件发生的频率明显高于其他类型资源地。在人文旅游资源地，因主客冲突而发生的欺诈等安全事件相对较多。

（二）与旅游业发展给当地带来的影响有关

如果旅游业发展能给当地居民带来较多的积极影响，则会鼓励当地居民积极参与旅游业支持行为，旅游者治安事件通常较少，旅游者和当地居民的主客冲突也较少，旅游者容易感受到安全的旅游氛围。

而如果当地居民很少能分享到旅游业发展的成果,同时,却要承受旅游业发展带来的高物价、社区拥挤、环境杂乱等社会成本,则往往会对旅游业发展采取消极态度,从而,容易爆发各种主客冲突,较易发生安全事件。

二、时间性规律

海洋旅游安全事件与旅游流、旅游季节存在一定的联系,表现出明显的时间规律性。海洋旅游地相对于其他旅游地来说,环境承载能力弱,旅游者集聚不易疏散,常会超负荷接待,带来了旅游接待与管理方面的难题;同时也给不法分子以可乘之机,导致旅游安全问题的增加。

(一)季节规律性

旅游活动集聚时间规律性是因为旅游者外出旅游有着明显的季节规律性,高峰出游时间有一定程度的集中分布,从而带来了旅游淡、旺季的时间规律性。由此,导致海洋旅游安全事件存在着季节规律性。一般说,海洋旅游安全事件更多地发生在旅游旺季,特别是"黄金周"期间;而旅游淡季旅游安全事件数量较少。

(二)昼夜规律性

旅游安全事件发生的昼夜分布规律与旅游者在旅游活动中的行为作息时间有较大关系。如果把一天 24 小时分为清晨、上午、中午、下午、黄昏、晚上及深夜 7 个时间段,那么晚上(19:00—23:00)和深夜(23:00—次日 03:00)是旅游安全事件的多发时段,特别是犯罪等治安事件常常发生在晚上与深夜。

三、活动性规律

海洋旅游安全事件的发生与旅游活动类型有关,在旅游活动六环节中表现出较大的差异性,并呈现极端的复杂性。一般而言,饮食安全事件主要是食品卫生问题及由此引发的食物中毒等;住宿安全事件具有综合性,其中防火、防盗比较突出;旅行安全事件主要表现为旅游交通安全问题;游览安全事件比较复杂,与海洋旅游地当地社会文化背景有关,并主要表现为景区犯罪、活动损伤、活动事故与自然灾害等;购物安全事件主要表现为欺诈、纠纷等消费安全问题;娱乐安全事件则表现为溺水、海洋生物侵袭、盗窃、纠纷、斗殴、设施设备故障引发的事故等。

四、阶段性规律

旅游安全在旅游发展的不同时期表现出不同形态与规律。同样，海洋旅游安全事件的发生也存在着阶段性规律。相对而言，发展比较成熟的海洋旅游地，其相应的制度、管理、设施较完善，旅游安全事件的发生频率要明显低于新兴的海洋旅游地。

海洋旅游发展初期，因旅游设施设备尚不完善，安全事件往往属于自然原因或设备方面的原因，这一阶段，旅游地居民以欢迎态度对待旅游者，主客冲突出现得较少。

在发展阶段，旅游设施设备相对完善，管理水平不断提高，这一阶段设施设备造成的安全事件急剧下降。然而，大批旅游者的涌入对旅游地居民居住环境造成影响，文化差异的客观存在，导致旅游地居民与旅游者产生冲突。同时，受旅游者及其所带来思想文化冲击和旅游发展带来的经济利益驱使，旅游地的价值标准和道德产生了变化，出现了诸如卖淫、赌博、犯罪等社会问题，因此，犯罪等人为旅游安全事件明显上升。

旅游发展的成熟阶段，管理日臻完善，相对稳定与安全，但由于各种工作按部就班，趋于常规，往往导致对安全细节的疏忽，容易出现各种意外安全事故。

而衰退阶段则又可能因设施设备老化造成安全风险问题。

本章小结

海洋旅游安全是包括海洋旅游活动中各相关主体的一切安全现象的总称。明晰海洋旅游安全管理的范畴与主体及其职责是海洋旅游管理实施的保证。海洋旅游安全事件尽管各种各样，但根据其发生的根源可将其归纳为事故灾难、海洋自然灾害事件、公共卫生事件和社会安全事件四类表现形态。海洋旅游安全事件除具有旅游安全事件的一般特点外，有其自身独具的特点，也有其一定的发生规律和形成机理。

复习思考题

1. 什么是海洋旅游安全？
2. 海洋旅游安全管理的主体主要有哪些？

3. 海洋旅游安全事件的表现形态有哪些?

4. 旅游者如何防范旅游过程中社会安全事件的发生?

5. 海洋旅游安全事件有哪些特点?

6. 根据海洋旅游安全事件形成机理谈谈海洋旅游安全管理的思路。

阅读材料

旅游时请用手机保持与外界联系

当你旅游时请用手机保持与外界的联系畅通。

保持与外界的联系畅通,在通信科技发达的今天,已经是不难做到的一件事了。今天的旅游者出行,几乎人人都会携带手机,通过手机与外界联系,是最简单实用的一种方法。依靠手机联系获得帮助,因而脱离危险的事例,无论中外都曾有过许多。

2002年10月6日10:20,位于北京的全国假日办(全称为"全国假日旅游部际协调会议办公室")突然接到一位桂林游客用手机从越南下龙湾打来的电话,说他乘坐的一艘载有130名左右中国游客的越南快艇在越南海面触礁,情况紧急,请全国假日办联系救助。全国假日办立即将此情况通报广西旅游局,请其迅即了解情况,并联络越南有关方面立即采取救助措施。11:50,广西假日办给全国假日办打来电话,报告他们已经给越南海防市旅游局和广平省旅游局打通了电话,要求越方组织营救;并已给防城港市海事局打了电话,让其作好营救准备。广西假日办还通知中国游客,在营救船只未抵达之前保持情绪稳定,并组织游客自救。14:03,越方营救船只抵达出事地点。14:15,广西假日办组织外事、旅游、医护人员赶往越南芒街口岸万柱码头。18:00左右,所有中国游客安全返回万柱码头。在这次事件中,只有12人在触礁时轻微受伤,其余均安然无恙。

使这场意外化险为夷的重要工具,就是一部手机。遇险当天,向国内旅游机构拨打求救电话的邓先生告诉记者:"如果手机没有信号,如果我不知道旅游界朋友的电话,我不知道'泰坦尼克'号的悲剧是不是会在我们这些中国游客身上重演。我们乘坐的快艇上没有任何急救电话设备,船上也没有张贴越南当地的求救电话号码。我开始疯狂地向国内拨求救电话。9点左右,我开始拨出第一个电话,我联系到了在桂林旅游局值班科任科长的朋友,然后我又打给《中国旅游报》的社长助理,然后通过他,找到全国假日办,我还打到了广西旅游局。"

移动通信公司也为此事而振奋不已,主动免掉了邓先生手机通话费。

手机的功能不仅在于与外界联系,还可以通过其定位功能确定方位。

2005 年 10 月 2 日早上 5 点多钟，8 名海南大学学生在没有请导游引路的情况下，开始攀登森林茂盛、道路崎岖危险的五指山。早上 7 点多，这 8 名学生与具有同样热情、同样没有请导游引路的另外 5 名登山游客相遇结伴，组成了 13 人的登山冒险队伍。然而，他们在山上寻找水源时偏离了原来的登山道路，迷失了方向。有人想到了用手机报警呼救，但在山林中手机没有信号，于是他们拿着手机开始攀爬山中地势较高、山林较少的山头，在爬了几小时后，终于发现手机有信号了，他们马上向海口市 110、琼中黎族苗族自治县 110 和五指山市 110 报了警。

因为他们无法说清自己的方位，营救工作也就无法立刻进行。营救人员分析，当时唯一能联系这些迷路者的办法只有拨打他们的手机。因为手机具有定位功能，于是营救指挥中心马上寻求海南移动通信有限公司的帮助，要求该公司组织通信专家通过迷路者提供的手机信号进行锁定监测。但是，当时迷途者手中的手机电池电量有限，而且话费严重不足。移动通信专家一边叫迷途者轮流使用手机，节约电池电量；一边通知通信客户中心给迷途者的手机做不停机的特殊处理。然后通过轮流降低五指山附近通信基站的发射功率，使迷途者的手机信号对基站进行切换，以此来发现这 13 名迷途者的位置。10 月 3 日零点 5 分，移动通信专家准确地找到了 13 人在五指山中的位置。凌晨 3 点 15 分，营救人员在五指山第一峰背后与第二峰之间的半山腰中找到了迷途的 13 人。此时，被困在山中 20 多小时的 13 人终于获救。

其实，利用手机直接拨打号码"112"，即可接通当地的求助热线，这个方式因为手机厂商印制的手机说明书中通常没有特别指出，因而不为人知。

这其实是移动电话的一项常备功能。手机内置的"112 紧急救援号码"会自动寻找、接通当地的求助热线。无论你身处哪个国家，只要手机在有网络的情况下，即使没有插入智能电话卡或电话已锁，都可以拨打"112"寻求援助。手机荧屏会显示"Emergency"（紧急求救）信息，自动接至当地求援热线。例如在香港，拨出"112"后电话便可接通"999"报案热线；在奥地利则会接通当地的"122"报案热线；美国则是接通"911"当地报警求助热线。但是，旅游者用手机报警，往往会因为语言不通形成障碍。因此，许多旅游者仍会选择直接打电话给自己常居地的报警求助电话。

作为一位旅游者，如果不会说英语，只要能说出"Chinese"（中文）、"Mandarin"（普通话）、"Cantonese"（广东话）等词，接警话务员就可以协助你找到翻译。

国际救援组织的工作人员曾说过，"当你面临危险需要救助时，无论是 SOS 还是其他救援单位，都会尽力救援，但前提必须是能够找到你，而当连你在哪里都不知道的时候，就是我们最无可奈何的时候了"。SOS 除了提供人身意外救援外，同时还可为旅游者提供目的地的各类适用信息，如地图、交通指南、当地法律、生活信息等，但如果无法与旅游者取得联络，这一切都无法实现。

随着移动通信 4G 时代的到来，人们所使用的手机功能将日益强大。旅游者到安全系数较低或环境相对恶劣的地方旅游，携带一部手机就像为自己穿上了一件安全衣，在灾难突来的时候极有可能使原本不易得到的救援变得较为容易实现。

[资料来源：王健民.聚焦旅游安全[M].北京:旅游教育出版社，2007.
越南船长酒后开船 128 名中国游客海上惊魂[EB/OL]. 新浪网 http://news.sina.com.cn/c/2002-10-08/0153758101.html.[2002-10-10]]

第二章 海洋旅游安全管理体系

教学目标
- 了解海洋旅游安全管理机构，熟悉海洋旅游安全管理网络。
- 掌握海洋旅游安全风险监测与预警的基本原则。
- 掌握海洋旅游安全事件应急处置基本原则和程序。
- 了解海洋旅游安全救援机构和我国海上搜救运行机制。
- 理解并掌握旅游安全事件中旅游者心理，明确海洋旅游安全事件影响消除的基本任务。

计划学时： 4 学时。

导入案例

2014 年 12 月 31 日晚 23 点 35 分，上海外滩陈毅广场发生拥挤踩踏事件。最终导致 36 人死亡、49 人受伤。截至 2015 年 1 月 21 日 8 时，上海外滩拥挤踩踏事件伤员中已有 46 人经诊治后出院，3 人继续在院治疗，其中重伤员 2 人，1 人生命体征还不平稳，仍在全力抢救治疗中。

一、只为看一眼外滩灯光，17 级楼梯转眼成"夺命梯"

事故亲历者余萍曾这样描述，"当时还没有到零点，挤得喘不过气，持续了十分钟的样子，然后就不断有人晕倒，大部分都是女生。后来人群开始疏散，就开始踩踏了，晕倒的人被直接踩倒，堆了好几层……"

外滩位于外白渡桥至南浦大桥的黄浦江西岸，全长 4 千米。观景平台上，江对岸陆家嘴的夜景灯光一览无余，这里是上海最具代表性的景点之一，也是很多游客留影的最佳背景。外滩中段观景平台下面则是著名的陈毅广场。观景平台与下部陈毅广场之间落差在 5 米左右，依靠两侧各 17 级楼梯相连。

事故当天，悲剧就发生在陈毅广场南侧与观景平台相连的楼梯处。

据相关媒体报道，2009 年参与外滩扩建的总工程师曾表示，外滩最多可以容纳

30 万人，而从不少网友晒出的图中可以发现，当晚外滩人贴人。在 1 月 1 日下午召开的上海公安新闻见面会上，黄浦分局指挥处指挥中心副指挥长蔡立新表示，当晚人流量超过去年国庆当日。

网上网友拍摄的一段视频中：当晚 23 点 30 分左右，外滩亲水平台两侧的楼梯同时往上涌人，当时平台上已经站满了人，两边人流上去后就发生了对冲，一侧楼梯的人向后摔倒，并带倒了一大片。高处的人意识到危险后不断高喊，"后退、后退"。楼梯上的人慢慢停止下行。随后，警察加入人群开始疏导，但一些被压在下面的人已经停止了呼吸。

在昨天的情况通报会上，警方解释：通俗讲，想进的进不去，想出的出不来，因为人多的情况下，后面不知道前面的情况，后面往前挤，两边一对冲，很容易发生危险。

1 月 2 日，人民网记者再次来到现场发现，这段连接陈毅广场与观景平台的 17 级楼梯，宽度为 5 米左右，只在第 9 级处有个缓冲平台。

二、跨年夜没有灯光秀，众多游人不知情

今年外滩没有跨年灯光秀活动，为何还是那么多人潮水般涌到这里？在第一人民医院采访时，包括江西几个大学生在内的很多亲历者说，到外滩就是冲着外滩灯光秀去的，结果到了那才知道没有了。

自 2012 年元旦跨年启动以来，外滩灯光秀一直是上海跨年的一个招牌活动，但 2014 年跨年夜，灯光秀改到了外滩源附近一处收取门票的封闭场所，距离外滩几百米。虽然前期有关方面通过各种方式宣传"外滩没有任何跨年活动"，但很多人还是来到外滩看灯光。

外滩区域交通有着特殊性，多条道路汇集于此。当晚，车辆和行人在这个狭长地带都可以自由出入。采访中，一位出租车司机对记者表示，"其实当晚 6 点多，车就开不进外滩区域了，人实在太多。"

在上海公安情况通报会上，蔡立新解释，外滩当晚没有活动，是公共区域，非突发临时状况不可采取封闭限流措施，需要向公众发布公告。所以，当晚没限制人流。

三、事件处置

1. 救助伤者

事故发生后，现场民警立即采取临时急救等措施，开辟应急通道，组织警车、救护车将受伤民众送至瑞金医院、上海市第一人民医院、长征医院以及黄浦区中心医院

接受救治。

2015 年 1 月 1 日凌晨，事发地点的秩序基本恢复正常。

事故发生后，上海市卫生计生委在第一时间成立了由华山医院、中山医院、市六医院的神经内科、神经外科、骨科、胸外科等 6 位专家组成了市级的专家组。

2. 成立工作组

事故发生后，中央和上海市领导迅速作出批示，2015 年 1 月 1 日上海市成立工作组，统一指导善后工作，工作组由上海市市长杨雄牵头。工作组下设医疗小组、联合调查组、善后工作组、舆情工作组。

3. 紧急通知

2015 年 1 月 1 日，国家旅游局网站发布关于做好节日期间旅游安全工作的紧急通知。上海各区县紧急叫停一批正在开展或即将举办的大型活动。同时，针对一些人流密集的地标性区域，各区也已加强安保巡查力度。

4. 心理援助

上海市卫生计生委及时启动了心理援助工作，协调上海市精神卫生中心组成了 8 个人的专家组，并召集了 6 家区县的精神卫生中心，近 40 位人员组成了应急的后备队伍。

四、事件调查报告公布事件发生原因

2015 年 1 月 21 日，上海公布"12·31"外滩拥挤踩踏事件的调查报告，认定这是一起对群众性活动预防准备不足、现场管理不力、应对处置不当而引发的拥挤踩踏并造成重大伤亡和严重后果的公共安全责任事件。调查认定，对事件发生，黄浦区政府负有主要管理责任，黄浦公安分局负有直接管理责任，黄浦区市政委负有管理责任，黄浦区旅游局负有管理责任，黄浦区外滩风景区管理办公室负有管理责任，上海市公安局负有指导监督管理责任。

调查报告建议，对包括黄浦区区委书记周伟、黄浦区区长彭崧在内的 11 名党政干部进行处分。其中，建议给予周伟撤销党内职务处分，建议给予彭崧撤销党内职务、行政撤职处分；建议给予黄浦区副区长、黄浦公安分局党委书记、局长周正撤销党内职务、行政撤职处分；建议给予黄浦区区委常委、副区长吴成党内严重警告、行政降级处分。调查认为事件发生原因主要有以下 5 个方面。

1. 对新年倒计时活动变更风险未作评估

自 2012 年元旦跨年启动以来，外滩灯光秀一直是上海跨年的一个招牌活动，外滩风景区也是国内外游客来上海的"首选之地"。2014 年 11 月，鉴于在安全等方面存在一定不可控因素，黄浦区政府向上海市政府请示，新年倒计时活动暂停在外滩风景区举行。

然而，黄浦区政府在新年倒计时活动变更时，未对可能的人员聚集安全风险予以高度重视，没有进行评估，缺乏应有认知，导致判断失误。

2. 新年倒计时活动变更信息宣传严重不到位

新年倒计时活动变更后，主办单位应当提前向社会充分告知活动信息。但黄浦区旅游局直至 12 月 30 日，才对外正式发布了新年倒计时活动调整信息，对"外滩"与"外滩源"的区别没有特别提醒和广泛宣传，信息公告不及时、不到位、不充分。

3. 预防准备严重缺失

正是由于外滩灯光秀的取消，当晚相关活动安保的级别也因此下降至区级管理，没有采取封站和封路等较高级别流量控制手段。并且，黄浦公安分局在编制的新年倒计时活动安全保卫工作方案中，仅对外滩源新年倒计时活动进行了安全评估，未对外滩风景区安全风险进行专门评估。

黄浦公安分局仅会同黄浦区市政委等有关部门，对外滩风景区及南京路沿线布置了 350 名民警、108 名城市管理行政执法局和辅助人员、100 名武警，安保人员配置严重不足。

4. 对人员流量变化未及时研判、预警，未发布提示

事发当日 20 时至事发时，外滩风景区人员流量呈上升趋势。数据显示，当日 20 时至 21 时，外滩风景区的人员流量约 12 万人，21 时至 22 时约 16 万人，22 时至 23 时约 24 万人，23 时至事发时约 31 万人，一直处于进多出少、持续上升的状态。

然而，黄浦公安分局指挥中心未严格落实上海市公安局指挥中心每半小时上报人员流量监测情况的要求，也未及时向黄浦区委区政府总值班室报告。黄浦公安分局对人员流量快速递增的情况未及时采取有效措施，未报请区政府发布预警，控制事态发展。对上海市公安局多次提醒的形势研判要求，未作响应，未及时研判、预警、未发布提示信息。

5. 应对处置不当

针对事发当晚持续增加的人员流量，在现场现有警力配备明显不足的情况下，黄浦公安分局只对警力部署作了部分调整，没有采取其他有效措施，一直未向黄浦区政府和上海市公安局报告，未向上海市公安局提出增援需求，也未落实上海市公安局相关指令，处置措施不当。

上海市公安局对黄浦公安分局处置措施不当指导监督不到位。黄浦区政府未及时向市政府报送事件信息。

另外，调查报告同时提出五项整改建议：一是切实落实安全责任制，大力增强红线、底线意识；二是切实加强对大人流场所和活动安全管理，进一步落实完善制度规定；三是切实加强监测预警，进一步提升突发事件防范能力；四是切实加强应急联动，进一步强化应急处置能力；五是切实加强宣教培训，进一步提升全社会公共安全意识能力。

[资料来源：根据以下来源整理。

人民网.17级楼梯如何成"夺命梯"详解外滩踩踏事发现场[EB/OL].
http://society.people.com.cn/n/2015/0102/c1008-26313683.html.
百度百科[EB/OL].http://baike.baidu.com/item/12·31上海外滩踩踏事故
/16513604?fromtitle=12.31上海外滩陈毅广场踩踏事&fromid=16514318&type=syn
人民网.上海公布调查报告 五大原因导致跨年夜踩踏事件[EB/OL].
http://politics.people.com.cn/n/2015/0122/c70731-26427532.html]

第一节　海洋旅游安全管理机构及关系

旅游业综合性强、覆盖面广、产业链条长。涉及交通、质检、食品、卫生、消防、气象、公安、出入境管制等多个领域，任何一个环节出现问题，都可能给旅游者生命财产造成重大损害。因此，旅游安全不仅仅是旅游部门负责的安全。《中华人民共和国旅游法》（以下简称《旅游法》）规定，"县级以上人民政府统一负责旅游安全工作。县级以上人民政府有关部门依照法律、法规履行旅游安全监管职责。"海洋旅游安全事件的防控与管理必须要按照"党政同责、一岗双责"，遵循管行业必须管安全、管业务必须管安全、管生产经营必须管安全的原则，形成"政府统一领导、部门依法监管、企业全面负责"的旅游安全责任体系与工作体制。

一、海洋旅游安全管理机构

海洋旅游安全管理的相关机构众多，并不只限于以下各部门。

（一）综合性的安全管理机构

1. 国务院应急管理办公室

国务院应急管理办公室（简称"应急办"），履行值守应急、信息汇总和综合协调职责，发挥运转枢纽作用。

2. 外交部门

外交部涉及安全的主要职责有：调查研究国际形势和国际关系中全局性、战略性问题；研究分析政治、经济、文化、安全等领域外交工作的重大问题；为党中央、国务院制定外交战略和方针政策提出建议；负责协调处置境外涉外突发事件，保护境外中国公民和机构的合法权益；参与处置境内涉外旅游突发事件；处理和协调关系国家安全问题的有关涉外事宜。当入境旅游与出境旅游发生旅游安全事件时，外交部门将是旅游安全的相关管理机构。

3. 卫生部门

海洋旅游安全涉及旅游者饮食健康、公共卫生安全等情况时，需要卫生部门紧密配合实行综合管理。卫生部门的职责主要有：承担食品安全综合协调；组织查处食品安全重大事故；组织制定食品安全标准；负责食品及相关产品的安全风险评估、预警工作；制定食品安全检验机构资质认定的条件和检验规范；统一发布重大食品安全信息；负责公共卫生安全事件应急工作；制定公共卫生事件应急预案和政策措施；负责突发公共卫生事件监测预警和风险评估；指导实施突发公共卫生事件预防控制与应急处置；发布突发公共卫生事件应急处置信息。

4. 安监部门

国家安全生产监督管理局的主要职责有：组织起草安全生产综合性法律法规草案；拟定安全生产政策和规划；指导协调全国安全生产工作；分析和预测全国安全生产形势，发布全国安全生产信息，协调解决安全生产中的重大问题；承担国家安全生产综合监督管理责任，依法行使综合监督管理职权，指导、协调、监督检查国务院有关部门和各省、自治区、直辖市人民政府安全生产工作；监督考核并通报安全生产控制指标执行情况，监督事故查处和责任追究落实情况；承担安全生产监督管理责任，按照分级、属地原则，依法监督检查生产经营单位贯彻执行安全生产法律法规情况及其安全生产条件和有关设备（特种设备除外）、材料、劳动防护用品的安全生产管理工作；承担工矿商贸作业场所（煤矿作业场所除外）职业卫生监督检查责任；负责职业卫生安全许可证的颁发管理工作，组织查处职业危害事故和违法违规行为；制定和发布安全生产规章、标准和规程并组织实施，监督检查重大危险源监控和重大事故隐患排查治理工作，依法查处不具备安全生产条件的生产经营单位；负责组织国务院安全生产大检查和专项督查，根据国务院授权，依法组织特别重大事故调查处理和办理结案工作，监督事故查处和责任追究落实情况；负责组织指挥和协调安全生产应急救援工作，综合管理全国生产安全伤亡事故和安全生产行政执法统计分析工作；负责监督检查职责范围内新建、改建、扩建工程项目的安全设施与主体工程同时设计、同时施工、同时投产使用情况；组织指导并监督特种作业人员（煤矿特种作业人员、特种设备作业人员除外）的考核工作和工矿商贸生产经营单位主要负责人、安全生产管理人员的安全资格（煤矿矿长安全资格除外）考核工作，监督检查工矿商贸生产经营单位安全生产和职业安全培训工作；指导协调和监督全国安全生产行政执法工作。组织拟定安全生产科技规划，指导协调安全生产重大科学技术研究和推广工作；组织开展安全生产方面的国际交流与合作；承担国务院安全生产委员会的具体工作。承办国务院交办的其他事项等。

5. 公安部门

公安机关其任务是维护国家安全，维护社会治安秩序，保护公民的人身安全、人身自由和合法财产，保护公共财产，预防、制止和惩治违法犯罪活动，保障改革开放和社会主义现代化建设的顺利进行。公安机关的职能决定了它在旅游安全管理中充当极其重要的角色。

6. 海洋局、海事局

国家海洋局与海洋旅游安全管理有关的职责主要有：负责起草内海、领海、毗连区、专属经济区、大陆架及其他海域涉及海域使用、海洋生态环境保护、海洋科学调查、海岛保护等法律法规、规章草案；会同有关部门组织拟订并监督实施海洋发展战略以及海洋事业发展、海洋主体功能区、海洋生态环境保护、海洋经济发展、海岛保护及无居民海岛开发利用等规划；制定领海基点等特殊用途海岛保护管理办法并监督实施；负责拟定海洋观测预报和海洋灾害警报制度并监督实施，组织编制并实施海洋观测网规划，发布海洋预报、海洋灾害警报和公报；建设海洋环境安全保障体系，参与重大海洋灾害应急处置；推动完善海洋事务统筹规划和综合协调机制；负责组织拟订海洋维权执法的制度和措施，制定执法规范和流程；维护国家海上安全和治安秩序，负责海上重要目标的安全警卫，处置海上突发事件，参与海上应急救援。

国家海事局（对外称中华人民共和国海事局，对内称交通运输部海事局）负责行使国家水上安全监督和防止船舶污染、船舶及海上设施检验、航海保障管理和行政执法，并履行交通部安全生产等管理职能。同时，分支海事局作为海上搜救分中心办公室，协助省级搜救中心组织、协调责任区内的搜救行动，处理海上搜救分中心的日常业务。

我国安全应急管理工作组织体系

我国应急管理工作组织体系明确国务院是突发公共事件应急管理工作的最高行政领导机构。在国务院总理领导下，通过国务院常务会议和国家相关突发公共事件应急指挥机构，负责突发公共事件的应急管理工作；必要时，派出国务院工作组指导有关工作（图 2-1）。

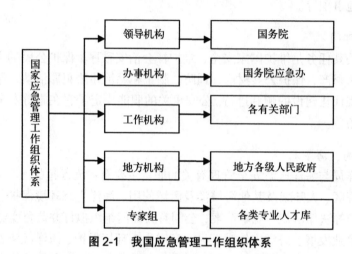

图 2-1　我国应急管理工作组织体系

为进一步加强应急管理工作，国务院办公厅设置国务院应急管理办公室（国务院总值班室），主要职责有以下几项。

（1）承担国务院总值班工作，及时掌握和报告国内外相关重大情况和动态，办理向国务院报送的紧急重要事项，保证国务院与各省（区、市）人民政府、国务院各部门联络畅通，指导全国政府系统值班工作。

（2）办理国务院有关决定事项，督促落实国务院领导批示、指示，承办国务院应急管理的专题会议、活动和文电等工作。

（3）负责协调和督促检查各省（区、市）人民政府、国务院各部门应急管理工作，协调、组织有关方面研究提出国家应急管理的政策、法规和规划建议。

（4）负责组织编制国家突发公共事件总体应急预案和审核专项应急预案，协调指导应急预案体系和应急体制、机制、法制建设，指导各省（区、市）人民政府、国务院有关部门应急体系、应急信息平台建设等工作。

（5）协助国务院领导处置特别重大突发公共事件，协调指导特别重大和重大突发公共事件的预防预警、应急演练、应急处置、调查评估、信息发布、应急保障和国际救援等工作。

（6）组织开展信息调研和宣传培训工作，协调应急管理方面的国际交流与合作。

（7）承办国务院领导交办的其他事项。

国务院有关部门依据有关法律、行政法规和各自职责，负责相关类别突发公共事件的应急管理工作。具体负责相关类别的突发公共事件专项和部门应急预案的起草与实施，贯彻落实国务院有关决定事项。

地方各级人民政府是本行政区域突发公共事件应急管理工作的行政领导机构，负责本行政区域各类突发公共事件的应对工作。

国务院和各应急管理机构建立各类专业人才库，可以根据实际需要聘请有关专家组成专家组，为应急管理提供决策建议，必要时参加突发公共事件的应急处置工作。

〔资料来源：中国政府网. http://www.gov.cn/yjgl/2005-08/31/content_69625.htm.〕

（二）旅游行业安全管理机构

按照机构的层级划分，我国旅游行业安全管理组织有国家、省、地市、县市等。国家旅游行业安全管理机构为国家旅游局综合协调司。省旅游局一般在行业管理处或政法处、质量规范与管理处等设立安全管理科或办公室。地市旅游局有的设专职的旅游安全管理机构，如旅游安全管理科或安全管理办公室，也有的地市旅游局没有专职的旅游安全管理机构，其职责由行业管理科或综合办公室负责。绝大多数的县市级旅游局没有设置旅游安全管理机构，其职责由旅游局行业管理科或综合办公室负责。

当发生旅游突发事件时，国家旅游局设立旅游突发事件应急协调领导小组，下设领导小组办公室负责具体工作。市级以上旅游行政管理部门设立旅游突发事件应急领导小组。领导小组下设办公室，具体负责本地区旅游突发事件的应急指挥和相关的协调处理工作。国家旅游局旅游突发事件应急协调领导小组，负责协调指导涉及全国性、跨省区发生的重大旅游突发事件的相关处置工作以及涉及国务院有关部委参加的重大旅游突发事件的处置、调查工作；有权决定《旅游突发公共事件应急预案》的启动和终止；对各类信息进行汇总分析，并上报国务院。

（三）旅游救援机构

1. 国际性救援机构

（1）国际 SOS 救援中心。国际 SOS 救援中心的前身是亚洲紧急救援中心（Asia

Emergency Assistance, AEA), 创建于 1985 年。1998 年 7 月, AEA 全面兼并国际 SOS 救助公司(International SOS Assistance), 创建了世界上第一家国际医疗风险管理公司——国际 SOS 救援中心。目前国际 SOS 救援中心是世界上最大的医疗救援公司, 同时它也是全球偏远地区现场医疗服务的最主要提供者, 中心服务的对象包括个人、旅行团体、自助旅行者以及旅居国外的移民者。服务中所涉及的费用由中心与委托机构办理, 个别不与中心建立关系的客户也可以在发生意外事故时向中心提出求助, 所需费用由中心与客户、家属、保险公司等协商解决。

国际 SOS 救援中心先后在香港、台北、北京、上海、天津、广州和南京开设了分支机构, 其中包括 24 小时紧急救援报警中心、国际诊所和/或办公室。1989 年 7 月国际 SOS 救援中心正式在北京设立了办事处, 开始协调处理中国境内的紧急救援事务。1995 年 1 月经卫生部和北京市政府批准, 国际 SOS 救援中心又与北京市红十字会合作建立了具有国际水准的北京国际 SOS 救援中心。2001 年 8 月救援中心上海办事处也正式成立。

国际 SOS 救援中心提供的服务范围包括: 旅游信息服务; 协助客户办理出发前的准备工作, 如协助用户申办签证、免疫通知、物色秘书、向客人提供目的地的健康建议、推荐并预订酒店等; 帮助解决旅途中的问题; 担当客人的法律顾问; 进行医疗救助等。

(2)其他国际救援公司。目前在我国发展的国际救援机构还有安盛旅行援助公司、欧乐国际救援公司、蒙迪艾尔救援集团、曼弗雷国际救援公司等。

2. 国内救援机构

（1）民政部救灾司。民政部救灾司的主要职责是拟订救灾工作政策; 承办救灾组织、协调工作; 组织自然灾害救助应急体系建设; 承办灾情组织核查和统一发布工作; 承办中央救灾款物管理、分配及监督使用工作; 会同有关方面组织协调紧急转移安置灾民、农村灾民毁损房屋恢复重建补助和灾民生活救助; 承办生活类救灾物资储备工作; 组织和指导救灾捐赠; 拟订减灾规划, 承办国际减灾合作事宜。

（2）卫生部应急办公室（突发公共卫生事件应急指挥中心）。卫生部应急办公室承担卫生部救灾防病领导小组办公室日常工作。当发生波及卫生部门的旅游安全事件时, 卫生部应急办公室是救援的主要力量之一。它负责指导协调全国卫生应急工作; 拟定卫生应急和紧急医学救援规划、制度、预案和措施; 指导突发公共卫生事件的预防准备、监测预警、处置救援、分析评估等卫生应急活动; 指导地方对突发公共卫生事件和其他突发事件实施预防控制和紧急医学救援; 建立与完善卫生应急信息和指挥系统；发布突发公共卫生事件应急处置信息；指导和组织开展卫生应急培训和演练；拟订国家卫生应急物资储备目录、计划，并对其调用提出建议；归口管理国家突发公共卫生事件应急专家咨询委员会、专家库和卫生应急队伍；指导并组织实施对突发急性传染病防控和应急措施；对重大自然灾害、恐怖、中毒事件及核和辐射事故等突发事件组织实施紧急医学救援；组织协调国家有关重大活动的卫生应急保障工作；组织开展卫生应急科学研究和健康教育；负责《国际卫生条例》国内实施的组织协调工作；负责协调卫生部门《生物武器公约》履约的相关工作；承担卫生部救灾防病领导小组办公室日常工作。

（3）中国国际旅行社旅行救援中心。该中心成立于 1991 年 2 月，是国内最早从事旅游救援的专业机构，目前已经建立起比较完善的旅游救援网络，一些海外旅游救援机构还在中心内安装了专线服务电话，服务内容涉及游客旅途中的方方面面，小到护照丢失，大到跨国救治。

（四）其他相关机构

1. 旅游企业安全管理小组

旅游企业安全管理小组主要是旅游企业为了有效防范和应对旅游安全事件而专门成立的旅游安全组织。

2. 旅游安全培训机构

旅游安全培训机构是以旅游从业人员和旅游者为培训对象，采用多种方式，培养并提高受训对象旅游安全管理水平和旅游安全知识、技能的旅游安全组织。它既可以由旅游政府部门组建，也可以通过市场化运作，实施企业化经营。

3. 旅游保险公司

旅游保险是对旅游安全的一项切实保障。它是一种经济契约关系和旅游风险管理方法，是以缴纳保险费建立起来的保险基金，对保险合同约定范围内的灾害事件所造成的损失，承担赔偿责任，进行经济补偿或给付的一种经济形式。它担负着为旅游者分散旅游风险、分摊旅游损失的重要职能，同时也成为旅游经营者正常经营与持续发展的保险机制。

旅游保险并不是一个独立险种，而是随着旅游业发展而产生的一个新的保险领域，是旅游活动中各种保险项目的总称。从 1990 年发展至今，我国基本上形成了具有旅行社旅客责任险、游客意外伤害保险、旅游人身意外伤害保险、住宿游客人身保险、旅游救助保险和旅游求援保险等险种的保险体系。

二、海洋旅游安全防控与管理网络

海洋旅游安全管理网络包括五个层面内容,即行政支持体系、法律法规支持体系、科技支持体系、旅游企业支持体系和民间组织支持体系（图 2-2）。

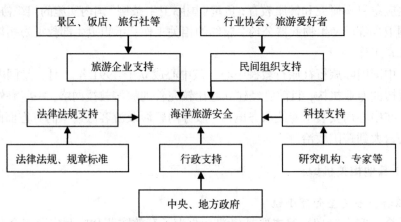

图 2-2　海洋旅游安全防控管理网络

行政支持体系包括国家旅游局和地方各级旅游行政主管部门,它们是海洋旅游安全管理的主管机构。安全管理工作遵循"统一指导、分级管理、以基层为主"的原则。

法律法规支持体系由法律、法规、规章、标准等构成,它们是海洋旅游安全管理的法律保障。我国旅游安全立法工作,从 1990 年的《旅游安全管理暂行办法》到 2013 年《旅游法》逐渐形成完善的法律体系。

科技支持体系由相关研究机构和专家组成,它们是海洋旅游安全管理的科技支持;旅游企业和民间组织支持体系是海洋旅游安全管理的具体执行者。

三、政府、旅游经营者、旅游者在海洋旅游安全管理中的行为要求

（一）政府要发挥海洋旅游安全管理中的主导作用

政府在一个国家旅游安全管理中始终起着主导作用,营救旅游者是政府不可或缺的责任。世界旅游组织在《全球旅游伦理规范》中明确指出:"保护旅游者和来访者及其财务是政府机构的责任。……它们应当根据旅游者的需要,促进信息、预防、安全、保险和援助等特定工具的利用。"为此,政府应具有长远的旅游安全视野,为旅

游者提供相关资料以方便旅游者准备，增加对公民的旅游安全提醒，教育提高公民的旅游安全素质，建立完善海外国民保护体制，加强海洋旅游安全管理网络建设，提高安全管理能力。

（二）旅游经营者要严格进行旅游安全操作

旅游经营者对旅游者负有安全保障义务。旅游经营者通常被人们认为是旅游专业人士，对旅游安全的认知与作为，自然应当区别于旅游业非从业者，他们对旅游者负有不可推卸的安全责任。旅游经营者必须设立安全管理机构，配备安全管理人员，建立安全规章制度，并组织实施。增强旅游安全敏感度，对可能涉及的危险先行考虑避让，对可能发生的危险了然于心，对无法避开的危险进行严密部署，将旅游安全体系构建列入旅游经营者的管理体系中。

世界旅游组织在《全球旅游伦理规范》中指出："旅游专业人员在他们的职权范围内应当与政府合作，关注那些寻求他们服务的人们的安全保护、事故预防、健康保护和食品安全；同样，他们应当保证有适宜的保险和援助系统；他们应当接受国家法律中阐明的报告义务，在不能履行合同义务时应当作出适当的赔偿。"

世界卫生组织在《国际旅游与健康》中，也对旅游从业者提出了要求："旅游经营者、旅行社以及航空公司和船运公司都有一个重要职责，那就是保障旅游者的健康。将旅游者在国外的旅游、访问中出现问题的几率降至最低，是事关旅游行业整体利益的重要事情。应在旅游者的旅游的旅程开始之前，提供一个特殊的机会给他们，提醒和告诫他们将要到访的每一个国家的注意事项。"

世界旅游组织和世界卫生组织对旅游经营者的要求，不仅包含责任和义务，还有健康保险、疾病预防等各项专业知识的必要掌握。

（三）旅游者必须落实自身旅游安全责任

旅游者落实自身旅游安全责任，从旅游的社会属性来看，其中体现出来的更像是一种社会责任。现实中许多旅游者过分依赖于旅游经营者，而忽视了自身行为。事实上一个能保障旅游者旅游更安全、更愉快的方式，就是旅游者直接介入并不断提高对所有要到达目的地的了解，对旅游过程中的不稳定状态了然于心，即使是逐渐形成完善的法律体系，旅游者也不能掉以轻心。《旅游法》第十五条明确规定：旅游者购买、接受旅游服务时，应当向旅游经营者如实告知与旅游活动相关的个人健康信息，遵守旅游活动中的安全警示规定。违反安全警示规定，或者对国家应对重大突发事件暂时限制旅游活动的措施、安全防范和应急处置措施不予配合的，依法承担相应责任。

第二节　海洋旅游安全风险的监测与预警

社会风险理论认为，现代社会是一个具有高度风险的社会，自然的、社会的不可预测或难以预测的因素，使得我们的社会运行正处于一个脆弱的"高风险"状态。一方面，地震、海啸、飓风等残酷无情的"天灾"不可抗拒地改变我们人类社会的文明形态；另一方面，治安犯罪、恐怖活动等一些"人祸"对社会的破坏力也越来越具有不可预见性。海洋旅游行为处在这样一种社会形态中，旅游安全风险的监测与预警的建立就显得必不可少。

预警主要有两种情况：一是对可能发生事故及灾害的区域发出预测和预警信息，防止或避免安全事件发生；二是对已经发生的安全事件发布警示信息，减少安全事件损失，保卫人们生命财产安，控制其发展。

一、海洋旅游安全风险监测与预警的基本原则

及时、有效的风险监测和预警是了解风险信息、作出科学判断的基础，也是海洋旅游安全管理的基础信息条件。

（一）时效性

海洋旅游安全风险的监测与预警信息应做到及时、客观、真实，不得迟报、谎报、瞒报、漏报。及时对外披露安全风险信息，加强旅游安全提示信息的发布渠道建设，充分利用互联网、手机短信及微信公众号等手段，提高安全提示信息的受众面及时效性，提升旅游行业预警防范能力。

（二）全面性

海洋旅游安全风险的监测与预警既要加强常规旅游安全风险的监测预警能力，也要强化对偶发性的重大突发事件风险的监测预警能力，如可能导致重大旅游伤亡的台风、龙卷风、泥石流等自然灾害风险以及旺季时段大规模人流聚集可能导致的踩踏挤压风险等。完善的海洋旅游安全监测与预警制度，有利于旅游者合理选择出游地点，回避旅游安全风险。

（三）保障性

风险事件造成的伤害后果既取决于风险本身的大小，也取决于受灾体的风险承受能力。当一个区域发生旅游安全突发事件时，旅游安全风险监测与预警机构可以凭借

其旅游安全信息发布的权威性和公正性，给出级别不同的安全警示，及时调控旅游活动的进程和方向，避免冒险而行，避免风险隐患爆发为突发事件。所以，依靠科学指标进行风险水平的客观分析和技术判断，发布海洋旅游安全风险监测与预警的风险等级，以最大限度地保障海洋旅游活动的安全运行。

二、海洋旅游安全风险提示等级

国家旅游局 2016 年 12 月 1 日起颁布实施的《旅游安全管理办法》规定，建立旅游目的地安全风险（以下简称风险）提示制度。根据可能对旅游者造成的危害程度、紧急程度和发展态势，风险提示级别分为一级（特别严重）、二级（严重）、三级（较重）和四级（一般），分别用红色、橙色、黄色和蓝色标示。

红色旅游预警——建议不要前往该目的地旅游。

橙色旅游预警——建议重新考虑前往该目的地旅游的必要性，避免不必要的旅游。

黄色旅游预警——建议高度关注旅游目的地已经发生或可能发生的影响旅游安全的因素。

蓝色旅游预警——建议关注旅游目的地已经发生或可能发生的影响旅游安全的因素。

风险提示级别的划分标准，由国家旅游局会同外交、卫生、公安、国土、交通、气象、地震和海洋等有关部门制定或者确定。

风险提示信息包括风险类别、提示级别、可能影响的区域、起始时间、注意事项、应采取的措施和发布机关等内容。风险提示信息应当通过官方网站、手机短信及公众易查阅的媒体渠道对外发布。一级、二级风险提示应同时通报有关媒体。

一级、二级风险的结束时间能够与风险提示信息内容同时发布的，应当同时发布；无法同时发布的，待风险消失后通过原渠道补充发布。

三级、四级风险提示可以不发布风险结束时间，待风险消失后自然结束。

三、海洋旅游安全风险监测与预警系统构建

海洋旅游安全监测与预警系统主要包括信息采集、分析、对策制定和信息发布四个基本职能。海洋旅游安全监测与预警系统应是协调多个政府职能部门如安全部门、公安部门、卫生防疫部门和国家信息发布机构等的系统，在本质上它是多机构的协调

委员会。

（一）海洋旅游安全风险监测与预警信息采集体系

海洋旅游安全风险监测与预警信息采集体系主要职能是构建科学的旅游风险监测指标体系，选取科学合理的海洋旅游安全风险监测监测点，搜集国内或境外各地的旅游安全信息。监测点与信息采集要体现旅游安全风险因素的多样性、突发性、综合性等特征。

（二）海洋旅游安全风险监测与预警分析体系

海洋旅游安全风险监测与预警信息分析体系的主要职能是对信息搜集体系所获得的原始安全信息进行全面评估，分析各类安全风险的可能及发展趋势、目前存在的可能安全隐患，撰写安全风险报告，以供旅游安全对策制定。

（三）海洋旅游安全风险监测与预警对策制定体系

海洋旅游安全风险监测与预警对策制定体系根据各种安全事件的安全级别和具体情况，及时作出决策，制定相应的安全行动措施。比如对旅游不安全的国家进行出境限制、对有灾情的地区提出各种限制措施等。

（四）海洋旅游安全风险监测与预警信息发布体系

信息发布体系的主要职能是将经过确认和选择的旅游安全信息通过一定的公众媒体向国民发布，为旅游企业或旅游者提供合适的旅游安全信息，使其作出正确的旅游行为决策，如警示国民不要前往有政治骚乱、有疫情和灾情的国家或地区旅行等。

海洋旅游安全风险监测与预警信息发布体系要搭建好旅游安全风险信息沟通的平台，构建旅游政府部门、生产经营单位、旅游者之间、区域间的信息交流与合作机制，为旅游安全管理提供有效信息。

第三节　海洋旅游安全事件的处置与救援

科学的海洋旅游安全事件应急处置与救援，能够使旅游者、旅游从业人员及时获得必要的援助与支持，维护他们的利益，减少损失和伤害。

一、海洋旅游安全事件应急处置的基本原则

（一）以人为本，救援第一

以保障旅游者生命财产安全为根本目的，尽一切可能为旅游者提供救援、救助。并根据安全事件的不同等级采用分级响应机制进行处理。

（二）迅速反应，就近处置

事件发生后做到在第一时间、第一现场实施救助和报告。根据需要，迅速动员和协调国内外应急救援力量，力争在最短的时间内将危害和损失降到最低。

（三）及时报告，信息畅通

各级旅游行政管理部门在接到有关事件的救援报告时，要在第一时间内，立即向上级部门及相关单位报告，或边救援边报告，并及时处理和做好有关的善后工作。同时，在现场指挥部指挥下，建立统一信息中心，指定专人或专门部门解答疑问，及时公布应急中心电话，保证信息畅通、公开透明，信息内容的一致性，传递管理部门对待事件的积极处理态度和决心。

（四）依法规范，协调配合

遵守国家法律法规和国际条约，参照事发国（地区）法律法规的相关规定。各部门要认真履行职责，主动配合协调，保证信息畅通，确保应急措施到位。

（五）顾全大局，服从指挥

各相关部门和涉事单位要认真贯彻党中央、国务院有关处理突发事件的要求，认真履行职责，树立大局意识，服从应急指挥机构的统一领导，保证完成各项处置工作。

二、海洋旅游安全事件组织领导

（一）组织机构

国家旅游局设立旅游突发事件应急协调领导小组，下设领导小组办公室负责具体工作。市级以上旅游行政管理部门设立旅游突发事件应急领导小组。领导小组下设办公室，具体负责本地区旅游突发事件的应急指挥和相关的协调处理工作。

（二）工作职责

国家旅游局旅游突发事件应急协调领导小组，负责协调指导涉及全国性、跨省区

发生的重大旅游突发事件的相关处置工作以及涉及国务院有关部委参加的重大旅游突发事件的处置、调查工作；有权决定应急预案的启动和终止；对各类信息进行汇总分析，并上报国务院。领导小组办公室主要负责有关突发事件应急信息的收集、核实、传递、通报，执行和实施领导小组的决策，负责日常工作。

各级领导小组及其办公室负责监督所属地区旅游经营单位落实有关旅游突发事件的预防措施；及时收集整理本地区有关危及旅游者安全的信息，适时向旅游企业和旅游者发出旅游警告或警示；本地区发生突发事件时，在本级政府领导下，积极协助相关部门为旅游者提供各种救援；及时向上级部门和有关单位报告有关救援信息；处理其他相关事项。

三、海洋旅游安全事件处置程序

海洋旅游安全事件处置程序通常按照现场应急处置、及时上报、应急救援、善后处置、调查处理与总结的顺序而进行。

（一）海洋旅游安全事件一般处置程序

1. 现场应急处置

旅游安全突发事件发生后，旅游经营者及其现场人员应保持冷静，采取合理、必要的措施救助受害旅游者，控制事态发展，力争将损失减少到最低。

若是发生旅游安全事故，应指定专人保护事故发生现场，配合公安等相关部门，做好各方面工作。

2. 区分等级、及时上报

旅游安全事件发生后，现场有关人员应立即向本单位和当地旅游行政管理部门报告，并区分事件等级，逐级及时上报。

3. 应急救援和善后处置

接到旅游安全事件报告后，发生地县级以上旅游主管部门应当根据同级人民政府的要求和有关规定，启动旅游突发事件应急预案，并采取下列一项或者多项措施。

（1）组织或者协同、配合相关部门开展对旅游者的救助及善后处置，防止次生、衍生事件。

（2）协调医疗、救援和保险等机构对旅游者进行救助及善后处置。

（3）按照同级人民政府的要求，统一、准确、及时发布有关事态发展和应急处置工作的信息，并公布咨询电话。

旅游经营者应当按照履行统一领导职责或者组织处置突发事件的人民政府的要求，配合其采取的应急处置措施，并参加所在地人民政府组织的应急救援和善后处置工作。

旅游安全突发事件发生在境外的，旅行社及其领队应当在中国驻当地使领馆或者政府派出机构的指导下，全力做好突发事件应对处置工作。

4. 安全事件调查与处理

旅游安全突发事件发生后，发生地县级以上旅游主管部门应当根据同级人民政府的要求和有关规定，参与旅游安全突发事件的调查，配合相关部门依法对应当承担事件责任的旅游经营者及其责任人进行处理。

5. 安全事件总结

旅游安全突发事件处置结束后，发生地旅游主管部门应当及时查明安全突发事件的发生经过和原因，总结安全突发事件应急处置工作的经验教训，制定改进措施，并在 30 日内按照下列程序提交总结报告。

（1）一般旅游安全突发事件向设区的市级旅游主管部门提交。

（2）较大旅游安全突发事件逐级向省级旅游主管部门提交。

（3）重大和特别重大旅游安全突发事件逐级向国家旅游局提交。

旅游团队在境外遇到突发安全事件的，由组团社所在地旅游主管部门提交总结报告。

由于突发事件性质不同，在处置上会有所不同。2005 年 7 月国家旅游局颁布的《旅游突发公共事件应急预案》，规定了对旅游突发公共事件应急处置程序。

（二）突发自然灾害和事故灾难事件的应急救援处置程序

当自然灾害和事故灾难影响到旅游团队的人身安全时，随团导游人员在与当地有关部门取得联系争取救援的同时，应立即向当地旅游行政管理部门报告情况。

当地旅游行政管理部门在接到旅游团队、旅游区（点）等发生突发自然灾害和事故灾难报告后，应积极协助有关部门为旅游团队提供紧急救援，并立即将情况报告上一级旅游行政管理部门；同时，及时向组团旅行社所在地旅游行政管理部门通报情况，配合处理有关事宜。

国家旅游局在接到相关报告后，应协调相关地区和部门做好应急救援工作。

（三）突发公共卫生事件的应急救援处置程序

1. 突发重大传染病疫情应急救援处置程序

旅游团队在行程中发现疑似重大传染病疫情时，随团导游人员应立即向当地卫生防疫部门报告，服从卫生防疫部门的安排；同时向当地旅游行政管理部门报告，并提供团队的详细情况。

旅游团队所在地旅游行政管理部门接到疫情报告后，要积极、主动配合当地卫生防疫部门做好旅游团队住宿的旅游饭店的消毒防疫工作以及游客的安抚、宣传工作。如果卫生防疫部门作出就地隔离观察的决定后，旅游团队所在地旅游行政管理部门要积极安排好旅游者的食宿等后勤保障工作；同时，向上一级旅游行政管理部门报告情况，并及时将有关情况通报组团社所在地旅游行政管理部门。

经卫生防疫部门正式确诊为传染病病例后，旅游团队所在地旅游行政管理部门要积极配合卫生防疫部门做好消毒防疫工作，并监督相关旅游经营单位按照国家有关规定采取消毒防疫措施；同时向团队需经过地区旅游行政管理部门通报有关情况，以便及时采取相应防疫措施。

发生疫情所在地旅游行政管理部门接到疫情确诊报告后，要立即向上一级旅游行政管理部门报告。省级旅游行政管理部门接到报告后，应按照团队的行程路线，在本省范围内督促该团队所经过地区的旅游行政管理部门做好相关的消毒防疫工作；同时，应及时上报国家旅游局。国家旅游局应协调相关地区和部门做好应急救援工作。

2. 重大食物中毒事件应急救援处置程序

旅游团队在行程中发生重大食物中毒事件时，随团导游人员应立即与卫生医疗部门取得联系，争取救助，同时向所在地旅游行政管理部门报告。

事发地旅游行政管理部门接到报告后，应立即协助卫生、检验检疫等部门认真检查团队用餐场所，找出毒源，采取相应措施。

事发地旅游行政管理部门在向上级旅游行政管理部门报告的同时，应向组团旅行社所在地旅游行政管理部门通报有关情况，并积极协助处理有关事宜。国家旅游局在接到相关报告后，应及时协调相关地区和部门做好应急救援工作。

（四）突发社会安全事件的应急救援处置程序

当发生来自香港、澳门及台湾地区旅游者和外国旅游者伤亡事件时，除积极采取救援外，要注意核查伤亡人员的团队名称、国籍、性别、护照及有效证件号码以及在国内外的保险情况，由省级旅游行政管理部门或通过有关渠道，及时通知港澳台地区的急救组织相关或有关国家的急救组织，请求配合处理有关救援事项。

在大型旅游节庆活动中发生突发事件时，由活动主办部门按照活动应急预案，统一指挥协调有关部门维持现场秩序，疏导人群，提供救援，当地旅游行政管理部门要积极配合，做好有关工作，并按有关规定及时上报事件有关情况。

（五）国（境）外发生突发事件的应急救援处置程序

中国公民出国（境）旅游中发生突发事件时，当事人应立即向事发地有关部门报警求助，并组织必要的自救；同时，迅速向我驻当地外交机构报告。我驻外外交机构接到事发报告后，采取必要措施，努力控制事态，并迅速将事发情况向外交部和国家旅游局报告。

如果是组团旅游的，领队要同时向国内组团单位报告。接报部门在 2 小时内应向上级部门报告，同时通报有关单位和地区。应急处置过程中，及时续报有关情况。根据需要，外交部和国家旅游局设立热线电话；在政府网站及时发布有关信息；通过提供新闻稿、组织报道、接受记者采访、举行新闻发布会等形式发布信息。

如果是中国公民出境旅游发生重大和较大突发事件，应立即启动外交部和国家旅游局成立的应急领导小组，负责统一组织、协调、指挥应急处置工作。必要时，国务院其他有关部门和相关省级人民政府参与组织协调。外交部和国家旅游局按照各自职责，负责指导和协调现场救助、收集和发布有关信息、履行报告制度、组织和协调善后处理等应急工作。各有关部门和地方积极参与，提供相应的支持和保障。

四、海洋旅游安全事件救援系统

（一）海洋旅游救援系统的构成

海洋旅游安全救援系统是海洋旅游安全管理系统中的核心，担负着应急救援的重要任务。当灾害已无法控制，海洋旅游应急救援机构要迅速采取行动，启动应急救援预案，按照应急预案的操作步骤紧张有序进行。

海洋旅游安全救援系统。该系统是包括核心机构、救援机构、外围机构在内，由旅游接待单位、旅游救援中心、保险、医疗、公安、武警/海军、消防、通信、交通等多部门、多人员参与的社会联动系统（图2-3）。

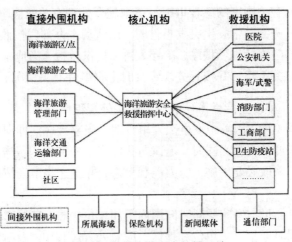

图 2-3　海洋旅游安全救援系统

图 2-3 中，居核心位置的是旅游救援指挥中心，统管旅游救援工作，起到旅游救援总指挥的作用。右边一列是旅游救援行动的实施机构。救援机构根据救援指挥中心的指令和要求，展开不同等级的救援行动，并把救援过程、救援结果实时反馈给旅游救援指挥中心，以利于旅游救援指挥中心根据具体情况对救援行动予以修改。左边一列是直接外围机构，包括旅游景区、景点、旅游企业、旅游地等扮演着传递旅游安全问题信息的信源角色和实施简单救援与现场维护的救援先锋队角色。方框下方的是间接外围机构。它们与旅游安全问题有某种联系，并对旅游安全问题的解决与旅游救援工作的开展有某种帮助。四者之间围绕着旅游安全救援这一共同的目标组合在一起，形成了一个完整的旅游安全救援系统。

（二）海洋旅游救援机构发展框架

旅游救援在旅游者安全保障中发挥重要而关键的作用，它包含了旅游搜救和旅行援助等多种不同类型的专业服务，在实践中还没有一种实体机构能够涵盖与旅游救援相关的所有业务。

根据性质不同，我国旅游救援由公共救援、公益救援和商业救援三种类型机构构成。公共救援是政府为发起主体，面向任何公众旅游者所提供的救援服务。公益救援是以民间公益机构为发起主体，面向任何公众旅游者所提供的救援服务。商业救援是以商业性旅行援助机构为发起主体，主要面向本机构会员所提供的救援服务。通常，公共救援和公益救援以提供旅游搜救服务为主，商业救援则以提供范围广泛的旅行援助服务为主，成熟的旅行援助公司通常提供包括旅行支援、道路救援、紧急医疗和事故处理在内的各种安全求助服务。

在我国公共性旅游救援一般是地方应急管理系统的构成部分，通常由地方公安消防部门成立应急救援指挥中心，并通过地方的应急管理机制来调动公共资源，以实施和完成对旅游者的搜救行动。公益性旅游救援主要是公益性民间救援机构所提供的自发性、互助性救援，它通过募捐来提供资金，依靠志愿者会员的自发行动来提供服务。商业性旅游救援主要通过保险机制来为救援行为提供经费基础，旅行援助公司通过雇佣相关医疗机构、交通机构、维修机构等服务代理机构来发展救援网络，最终通过调度救援网络中的商业机构实施救援行为。

随着我国旅游业发展，产生了巨大的旅游救援需求，逐渐形成了一个以公共救援为主，商业救援为辅、公益救援为新生力量的结构性发展框架。

溺水救助

一、溺水自救

1. 不熟悉水性者溺水

不熟悉水性者意外落水，附近又无人救助时，首先应保持镇静，千万不要手脚乱蹬拼命挣扎，这样只会使身体更快地下沉。正确的自救方法如下。

（1）落水后立即屏住呼吸，踢掉鞋子，然后放松肢体等待浮出水面。因为肺脏就像一个大气囊，闭气后人的比重比水轻，所以人体在水中经过一段下沉后会自动上浮。

（2）当你感觉开始上浮时，尽可能使头部后仰。只要不胡乱挣扎，人体在水中就不会失去平衡。这样你的口鼻将最先浮出水面，可进行呼吸和呼救。

（3）呼吸时尽量用嘴吸气、用鼻呼气，以防呛水。吸气要深，呼气要浅。

（4）只要能维持口鼻略浮出水面进行呼吸和呼救就可以了，以平静的心态等待救援者到来。千万不要试图将整个头部伸出水面，这将是一个致命的错误，因为对于不会游泳的人来说将头完全伸出水面是不可能的，这种必然失败的做法将使落水者更加紧张和被动，从而使整个自救功亏一篑。

（5）当有人救助时，落水者绝不可惊慌失措地抓抱救助者的手、腿、腰等部位，一定要听从救助者的指挥，让他带着你游上岸。

2. 会游泳的人发生溺水

会游泳的人发生溺水多是遇到了意外，以手足抽筋最常见。主要是由于下水前准备活动不充分、水温偏冷或游泳时间过长、过于疲劳等原因造成。

（1）小腿抽筋时会感到小腿肚子突然发生痉挛性疼痛，此时可改用仰泳体位，先用单手抓住大脚趾朝背屈方向牵拉，然后按捏患侧腿肚子，即可缓解。

（2）若手腕部肌肉痉挛，可将手指上下屈伸，另一只手辅以按捏即可缓解。

（3）长时间游泳自觉体力不支时，可改为仰泳，用手足轻轻划水即可使口鼻轻松浮于水面之上。调整呼吸，全身放松，稍作休息后游向岸边或浮于水面等待救援。

（4）在湖泊之中游泳时，由于对水情不熟一旦发生水草缠足的情况，可深吸一口气潜入水下，迅速将缠足的水草解脱，然后循来路返回，不可继续深入。

（5）在江河之中游泳，有时会遇到巨大的旋涡，此时应以最快的速度沿其切线方向游离旋涡中心，而千万不能采取直立踩水姿势，以防被强大的旋涡吸入水下。万一被卷入水下，也应在入水前深吸一口气，争取以潜泳方式在水下奋力一拼。注意一定要沉着冷静，心慌意乱会造成周身肌肉过度紧张，使体力过早耗尽，更易发生危险。

二、他人求助溺水者

1. 救人上岸

未受过专业救人训练或未领有救生证的人，请谨慎下水救人。会游泳并不意味着会救人。

（1）溺水情形发生时，在岸边的民众不宜直接下水，救援的最佳方式是丢绑绳索的救生圈或长杆类的东西，千万不要徒手下水救人，可就地取材，树木、树藤、枝干、木块、矿泉水瓶等都可以用来救人。

（2）需要入水抢救溺水者时，应先脱衣解裤，以免被溺水者缠住而无法脱身。游到溺水者面前3~5米时，先大口吸气并潜入水底从溺水者背后，用手从其左腋下绕过其胸部，然后握其右手，以仰泳姿势将其拖向岸边；或从背后抓住其腋窝拖带上岸。切忌从正面接近用手直接去拉落水者，因为落水者会把你拖入水中，并缠住不放，两个人都有丧生的危险。若被溺水者抱住，应放手自沉，溺水者便会松开。这样才不至于被对方困住。

2. 排除异物

溺水者被救上岸后，应立即实施现场急救。

（1）保持呼吸道通畅。解开其衣领，清除口、鼻中的污泥、杂草及分泌物，并拉出舌头，以解除呼吸道阻塞。

（2）快速控水。溺水者取俯卧位，腹部垫高或置于救护者屈曲的膝盖上，头下垂并侧向一边，抢救者以手压其背部，促进胃、肺中的水迅速吐出。也可使其俯卧在救护者肩上，腹部紧贴救护者肩部，头脚下垂，做走动或"跳动"倒水动作，使其呼吸道内的水自然流出。但应注意不要因为控水而耽误了心肺复苏的时间。

3. 心肺复苏

心肺复苏应争分夺秒，不要等呼吸、心跳完全停止才进行。而且溺水者呼吸、心跳短期恢复后有可能再次停止，所以心肺复苏应持续进行，直至专业救护人员到来。

4. 侧卧保暖

去掉溺水者的湿衣，用干净的衣物为其保暖，并采取侧卧位，或将溺水者的头偏向一侧，以利于呕吐物的流出。

5. 尽快联系急救中心

在现场施救的同时，尽快联系急救中心，转送溺水者去医院实施进一步救护。

［资料来源：人民网海南频道. 溺水的预防与救护常识[EB/OL].
http://news.0898.net/n2/2016/0531/c376543-28432374.html］

（三）我国海上搜救运行机制

1. 我国海上搜救应急组织指挥体系及职责任务

国家海上搜救应急组织指挥体系由应急领导机构、运行管理机构、咨询机构、应急指挥机构、现场指挥、应急救助力量等组成。

（1）应急领导机构。建立国家海上搜救部际联席会议制度，研究、议定海上搜救重要事宜，指导全国海上搜救应急处理工作。部际联席会议成员单位根据各自职责，结合海上搜救应急反应行动实际情况，发挥相应作用，承担海上搜救应急反应、抢险救灾、支持保障、善后处理等工作。

在交通部设立中国海上搜救中心，作为国家海上搜救的指挥工作机构，负责国家海上搜救部际联席会议的日常工作，并承担海上搜救运行管理机构的工作。

（2）运行管理机构。中国海上搜救中心以交通部为主承担海上搜救的运行管理工作。

（3）咨询机构。咨询机构包括海上搜救专家组和其他相关咨询机构。国家海上搜救专家组由航运、海事、航空、消防、医疗卫生、环保、石油化工、海洋工程、海洋地质、气象、安全管理等行业专家、专业技术人员组成，负责提供海上搜救技术咨询。其他相关咨询机构应中国海上搜救中心要求，提供相关的海上搜救咨询服务。

（4）应急指挥机构。应急指挥机构包括中国海上搜救中心及地方各级政府建立的海上搜救机构；根据需要省级海上搜救机构可设立搜救分支机构。

（5）现场指挥（员）。海上突发事件应急反应的现场指挥（员）由负责组织海上突发事件应急反应的应急指挥机构指定，按照应急指挥机构指令承担现场协调工作。

（6）海上应急救助力量。海上应急救助力量包括各级政府部门投资建设的专业救助力量和军队、武警救助力量，政府部门所属公务救助力量，其他可投入救助行动的民用船舶与航空器，企事业单位、社会团体、个人等社会人力和物力资源。海上应急救助力量服从应急指挥机构的协调、指挥，参加海上应急行动及相关工作。

2. 海上突发事件的信息处置

（1）海上遇险报警。发生海上突发事件时，可通过海上通信无线电话、海岸电台、卫星地面站、应急无线电示位标或公众通信网（海上救助专用电话号码"12395"）等方式报警。

（2）海上遇险信息的分析核实与上报。海上搜救机构接到海上突发事件险情信息后，对险情信息进行分析与核实，并按照有关规定和程序逐级上报。

（3）遇险信息的处置包括：①事发地在本责任区的，按规定启动本级预案，事发地不在本责任区的，接警的海上搜救机构应立即直接向所在责任区海上搜救机构通报，并同时向上级搜救机构报告；②中国海上搜救中心直接接到的海上突发事件报警，要立即通知搜救责任区的省级海上搜救机构和相关部门；③发生在香港特别行政区水域、澳门特别行政区水域和台湾、金门、澎湖、马祖岛屿附近水域的，可由有关省级搜救机构按照已有搜救联络协议进行通报，无联络协议的，由中国海上搜救中心予以联络；④发生地不在我国海上搜救责任区的，中国海上搜救中心应通报有关国家的海上搜救机构。有中国籍船舶、船员遇险的，中国海上搜救中心除按上述①、②项报告外，还应及时与有关国家的海上搜救机构或我驻外使领馆联系，通报信息，协助救助，掌握救助进展情况，并与外交部互通信息；⑤涉及海上保安事件，按海上保安事件处置程序处理和通报；涉及船舶造成污染的，按有关船舶油污应急反应程序处理和通报。

3. 指挥与控制

最初接到海上突发事件信息的海上搜救机构自动承担应急指挥机构的职责，并启动预案反应，直至海上突发事件应急反应工作已明确移交给责任区海上搜救机构或上一级海上搜救机构指定新的应急指挥机构时为止。

应急指挥机构按规定程序向上一级搜救机构请示、报告和作出搜救决策。实施应急行动时，应急指挥机构可指定现场指挥。

4. 实施紧急救援

在险情确认后，承担应急指挥的机构立即进入应急救援行动状态：按照险情的级别通知有关人员进入指挥位置，在已掌握情况基础上，确定救助区域，明确实施救助工作任务与具体救助措施，根据已制定的应急预案，调动应急力量执行救助任务，通过船舶报告系统调动事发附近水域船舶前往实施救助，建立应急通信机制，指定现场指挥。动用航空器实施救助的，及时通报空管机构，事故救助现场需实施海上交通管制的，及时由责任区海事管理机构发布航行通（警）告并组织实施管制行动，根据救助情况，及时调整救助措施。

专业救助力量应将值班待命的布设方案和值班计划按搜救机构的要求向搜救机构报告，值班计划临时调整的，应提前向搜救机构报告，调整到位后，要进行确认报告。

救助力量与现场指挥应执行搜救机构的指令，按搜救机构的要求将出动情况、已实施的行动情况、险情现场及救助进展情况向搜救机构报告，并及时提出有利于应急行动的建议。

各级人民政府可根据海上突发事件的等级、发展趋势、影响程度等在本行政区域内依法发布社会动员令。海上搜救机构指导所动员的社会力量，携带必要的器材、装备赶赴指定地点，根据参与应急行动人员的具体情况进行工作安排与布置。

5. 分级响应

海上突发事件应急反应按照海上搜救分支机构、省级海上搜救机构、中国海上搜救中心从低到高依次响应。

（1）任何海上突发事件，搜救责任区内最低一级海上搜救机构应首先进行响应。

（2）责任区海上搜救机构应急力量不足或无法控制事件扩展时，请求上一级海上搜救机构开展应急响应。

（3）上一级搜救机构应对下一级搜救机构的应急响应行动给予指导。

（4）无论何种情况，均不免除各省级搜救机构对其搜救责任区内海上突发事件全面负责的责任，亦不影响各省级搜救机构先期或将要采取的有效救助行动。

6. 应急行动人员的安全防护

参与海上应急行动的单位负责本单位人员的安全防护。各级海上搜救机构应对参与救援行动单位的安全防护工作提供指导。

化学品应急救援人员进入和离开现场应先登记，进行医学检查，有人身伤害立即采取救治措施。参与应急行动人员的安全防护装备不足时，实施救助行动的海上搜救机构可请求上一级海上搜救机构协调解决。

7. 遇险游客及其他人员的安全防护

在实施救助行动中，应根据险情现场与环境情况，组织做好遇险游客及其他人员的安全防护工作，告知游客及其他人员可能存在的危害和防护措施，及时调集应急人员和防护器材、装备、药品。

8. 救助效果评估与处置方案调整

跟踪应急行动的进展，查明险情因素和造成事件扩展和恶化因素，控制危险源和污染源，对措施的有效性进行分析、评价，调整应急行动方案，以便有针对性地采取有效措施，尽可能减少险情造成的损失和降低危害，提高海上突发事件应急反应效率和救助成功率。

9. 海上应急行动的终止

负责组织指挥海上突发事件应急反应的海上搜救机构，根据下列情况决定是否终止应急行动：

（1）所有可能存在遇险人员的区域均已搜寻；

（2）幸存者在当时的气温、水温、风、浪条件下得以生存的可能性已完全不存在；

（3）海上突发事件应急反应已获得成功或紧急情况已不复存在；

（4）海上突发事件的危害已彻底消除或已控制，不再有扩展或复发的可能。

10. 信息发布

中国海上搜救中心负责向社会发布海上突发事件的信息，必要时可授权下级海上搜救应急指挥机构向社会发布本责任区内海上突发事件的信息。信息发布要及时、主动、客观、准确。信息发布可通过新闻发布会、电视、广播、报刊、杂志等媒体，邀请记者现场报道形式进行。

11. 后期处置

（1）伤员的处置。当地医疗卫生部门负责获救伤病人员的救治。

（2）获救人员的处置。 当地政府民政部门或获救人员所在单位负责获救人员的安置；港澳台或外籍人员，由当地政府港澳台办或外事办负责安置；外籍人员由公安部门或外交部门负责遣返。

（3）死亡人员的处置。当地政府民政部门或死亡人员所在单位负责死亡人员的处置；港澳台或外籍死亡人员，由当地政府港澳台办或外事办负责处置。

（4）社会救助。对被救人员的社会救助，由当地政府民政部门负责组织。

（5）保险。国家金融保险机构要及时介入海上突发事件的处置工作，按规定开展赔付工作。参加现场救助的政府公务人员由其所在单位办理人身意外伤害保险，参加救助的专业救助人员由其所属单位办理人身意外伤害保险。

12. 搜救效果和应急经验总结

（1）搜救效果的总结评估。海上搜救机构负责搜救效果的调查工作，实行分级调查的原则。海上交通事故的调查处理，按照国家有关规定处理。

（2）应急经验总结和改进建议。海上搜救机构负责应急经验的总结工作，实行分级总结的原则。海上搜救分支机构负责一般和较大应急工作的总结；省级海上搜救机构负责重大应急工作的总结；中国海上搜救中心负责特大应急工作的总结。

第四节　海洋旅游安全事件的影响消除

旅游安全突发事件后目的地的安全形象发生变化，"是否安全"成为潜在旅游者出游决策的重要影响因素。海洋旅游安全事件的影响消除旨在重塑旅游安全事件发生地、涉事单位形象，降低旅游安全突发事件的后续影响。

一、海洋旅游安全事件影响消除的基本任务

（一）保持稳定的旅游环境

保持稳定的社会政治、经济及公共卫生环境是消除旅游突发安全事件影响的最基本、最重要和最强大的力量。在突发事件发生后、救援过程中和救援结束后，要通过有效的信息披露和危机沟通等方式确保信息的透明、公开与畅通，避免公众情绪化，消灭谣言。

（二）排查并消灭旅游安全隐患

及时查明旅游安全突发事件的原因，排查潜在的安全风险，有针对性地消灭安全隐患，避免旅游安全突发事件的再次发生。

（三）消除旅游者的心理影响

一方面向旅游者传递有关风险防范的基础知识，帮助旅游者树立正确的旅游安全风险观念。另一方面通过优化旅游目的地的环境与氛围，加强目的地的形象提升宣传，逐渐淡化旅游者对突发事件的注意力，帮助旅游者走出安全突发事件的阴影。

（四）重塑旅游目的地形象

切实落实相关旅游安全保障措施，提升应急能力，优化旅游行政管理部门与旅游企业的良好形象，结合当地情况积极开展营销活动，重塑旅游目的地形象。

二、旅游安全事件中的旅游者心理

旅游安全事件对旅游者的影响，是旅游安全救援过程以及事件影响消除过程中需要考虑的问题，也是旅游组织方和事发地旅游管理方需要理清的问题。如果能正确把握旅游安全事件发生后旅游者的心理问题和亲历灾难的旅游者心理问题，将会在事件发生后的影响消除时取得理想的效果。

（一）"逃离现场"是遭遇事件旅游者的迫切愿望

在一次旅游安全事件带给旅游者的灾难中，身体伤害与心理创伤是兼而有之的。这就要求对遇险者的求助及关心不能过分简单，必须对身体与心理两方面都有所兼顾。

事实上，亲历旅游安全事件的人们其感受是非比寻常的，在巨大的恐惧感袭来的时候，他们不会去顾及当地的医疗条件是否先进、治疗手段是否高明或者当地政府的求助是否真诚等问题，都会将"逃离现场"作为第一选择。所以，如果伤者身体条件允许，应当"简单救治，迅速转移"作为重要的考虑。

（二）对安全事件发生地怀有长久恐惧感

重大旅游安全事件的灾难对人们所造成的生理影响，和由此产生的恐慌心理非常严重的，很难在短时间内消除。在各类媒体十分发达、信息传播无比迅速的今天，重大旅游安全事件一旦发生，往往会吸引全世界的目光。悲惨、血腥的画面会让人们牢牢记住惨案，即使是没有本国发生的旅游警告，许多人也会在一段时间内将事发地列为旅游的禁区。而亲历安全事件的旅游者，更是不可能在短期内忘掉事发地带给自己的痛苦，只要有一点可能，噩梦般的影像就会被重新唤醒。因此，人们在对旅游安全事件影响的消除与恢复的考虑及评价中，应当更加尊重现实，保持一种清醒的认识。

三、理性对待旅游安全事件的发生

事实上，一次旅游安全事件的发生，虽然往往立刻会让旅游者绷紧心弦，发生灾难的地点、形式、交通工具、伤亡人数等，都会成为一时间人们热切关注的话题，灾难的引发因素也会让人们与出游形式、交通工具及至整个旅游计划之间产生心理距离。然而，旅游活动却不会就此而终止。根据世界旅游组织公布的报告，尽管天灾人祸频频发生，但全球每年出境旅游人数仍然逐年增加。

随着海洋旅游业发展，旅游安全事件的发生也进入到常态化、经常化阶段，面对不断出现的旅游安全事件，一定要理性、认真对待，避免对旅游安全事件反应过度。有的旅游安全事件针对性很强，是由国际政治、宗教信仰、民族冲突等原因所引起，有些旅游安全事件的发生则纯属偶然。

对各类旅游安全事件的出现，世界旅游组织一直以来都期望媒体能客观报道，希望能对各类危机有一个正确的认识，多做恢复旅游者信心之事。如，2005 年 7 月 26 日，联合国网站上刊登了一篇名为《世界旅游组织希望旅游者不要因恐怖袭击而放弃旅游计划》的文章，集中表达了这样的诉求。文章写道，"世界旅游组织今天希望各国旅游者，不要因为埃及发生恐怖袭击而放弃赴该国旅游的计划。上周末埃及旅游胜地沙姆沙伊赫发生连环爆炸袭击后，许多旅游者都暂缓了赴当地旅游的计划，这使埃及的旅游业有可能陷入萧条。恐怖袭击越来越多，但外出旅游并不意味着人们就更易遭受恐怖袭击，因为恐怖分子可以在任何地点发动袭击，即使人们不外出旅游，也可能会有危险。许多国家特别是近来遭受过恐怖袭击的国家都在加强防范措施，旅游者自身也提高了警惕。旅游组织也在协调各方保障旅游业的安全，因此，希望旅游者不要因噎废食，应继续各项旅游计划。"同时，世界旅游组织也希望各国政府及国际机构和社会团体，共同推动旅游业的发展，确保旅游安全、防范恐怖袭击，并努力将旅游中的风险降到最低程度。

本章小结

建立、健全海洋旅游安全管理体系是海洋旅游活动正常开展的基本保障。行政支持体系、法律法规支持体系、科技支持体系、旅游企业支持体系和民间组织支持体系共同构成了海洋旅游安全管理网络。根据不同工作内容，海洋旅游安全管理主要分为海洋旅游安全风险监测和预警、安全事件应急处置与救援、安全事件影响消除三大部分。及时有效的风险监测和预警是了解风险信息、作出科学判断的基础，也是海洋旅游安全管理的基础信息条件。有力、有序的海洋旅游安全事件应急处置与救援，能够使旅游者、旅游从业人员及时获得必要的援助与支持，维护他们的利益，减少损失和伤害。保持稳定的旅游环境、排查并消灭旅游安全隐患、重塑旅游安全事件发生地、涉事单位形象，降低旅游安全突发事件的后续影响，消除旅游者的心理影响是海洋旅游安全事件影响消除的基本任务。

复习思考题

1. 海洋旅游安全管理网络由哪些支持体系构成？
2. 海洋旅游安全风险监测与预警的基本原则是什么？
3. 我国海洋旅游安全事件处置的基本原则是什么？
4. 简述我国海洋旅游安全救援系统的构成？
5. 旅游安全事件影响消除与恢复的基本任务是什么？
6. 随着海洋旅游的火热发展，海洋旅游安全事件时有发生，请根据阅读材料 1，谈谈如何做好海洋旅游安全保障。

阅读材料 1

新华网沈阳 2006 年 10 月 30 日电（记者范春生），由 10 余名沈阳医护人员组成的旅游团本想在海边玩个痛快，没想到女护士孟某被海蜇蜇死。日前，孟某家属将营口市鲅鱼圈区熊岳金沙滩海滨浴场、金沙滩风景区管理处及熊岳镇政府告上法庭，认为这三方未尽到职责，存在过错，索赔 44 万多元。目前，此案已被鲅鱼圈区法院立案。

8 月 5 日，35 岁的沈阳女护士孟某与同事一行 10 余人到营口市鲅鱼圈区熊岳金沙滩海滨浴场游玩。当日 15 时左右，海水退潮。据孟某的同伴回忆，事发前，孟某和一名女同事在岸边的浅水区聊天。突然，那名女同事抡起胳膊不停地甩，整个人都跳了起来，随后孟某也跳了起来，笑声瞬间变成了刺耳的尖叫声。

一眨眼工夫，孟某就倒在了地上，表情痛苦，嘴里发不出任何声音，腿部有几条十分明显的红色划痕。经检验，孟某是被一种剧毒红海蜇蜇伤。由于红海蜇的毒性过大，加上没有解毒良药，8 月 7 日孟某去世。

悲剧发生后，孟某的丈夫带着不满 10 岁的儿子，与熊岳金沙滩海滨浴场就索赔一事进行了交涉，未达成协议。浴场方面表示，浴场是免费对外开放的，况且海蜇在海里游，他们无能为力，不应该承担责任。

于是，孟某的丈夫将熊岳金沙滩海滨浴场、熊岳金沙滩风景区管理处及熊岳镇人民政府一并告上法庭，索赔医疗费、死亡赔偿金等共计 44 万多元。孟家的代理律师认为，对外开放的海滨浴场无论是否收费，都应当尽到管理职责，这种义务是不能因为"免费"而免除的。"海蜇伤人案件"在一定程度上凸显了被告在海滨浴场管理方面制度的缺失，出现管理的真空地带。

这位律师还提出，海蜇可在海里随意畅游，但海滨浴场是供游客游玩的地方，应是安全的地方，海蜇在此存在是具有安全隐患的，被告有义务保证海滨浴场不存在任何安全隐患。被告应在海滨浴场设立警示标志，以提醒游客注意；被告应设立救助站，以及时救助不幸被海蜇蜇伤的人；被告还须在浴场周围设立防护网，以阻止海蜇或者其他危险动物的侵入；被告还应派专业人员在海滨浴场内进行巡视，对浴场内出现的海蜇及时进行捕捞。

海洋旅游业是世界海洋经济的最大产业之一，世界海洋旅游业总收入约占全球旅游业总收入的 1/2。随着海洋旅游的火热发展，海洋旅游安全事件时有发生，为此，请你谈谈如何做好海洋旅游安全保障。

[资料来源：辽宁营口：海蜇蜇死女护士 鲅鱼圈区法院已立案.中国网[EB/OL]. http://www.china.com.cn/travel/txt/2006-10/30/content_7292218.htm]

水上沉船自救手册

人们在紧急时，出于本能都会经历从被吓懵、心理崩溃到身体应激反应最大化、开始自救的这一心理过程。因此，平时事先学习自救知识，参与自救演练非常重要，在遇险时就能心里有底，缩短惊慌时间，拉长自救时间，提升存活概率（表 2-1）。

表 2-1　人在水中的存活时间

水温	水中预期存活时间	水温	水中预期存活时间
低于 0℃	少于 1/4 小时	低于 2℃	少于 3/4 小时
2~4℃	少于 1.5 小时	4~10℃	少于 3 小时
10~15℃	少于 6 小时	15~20℃	少于 12 小时
超过 20℃	视疲劳程度而定		

1. 上船时

上船时留意救生衣、救生圈位置。留意看船上的逃生通道、上下楼、甲板集合点。船舱内的空间狭小，过道、走廊的形状又很相似，很容易走失（图2-4）。

2. 根据遇险情况选择逃生方式

（1）轮船起火。向上风向有序撤离，湿毛巾捂口鼻，弯腰快跑。火势蔓延封住走道，来不及逃生者关闭房门。

（2）两船相撞。离开碰撞处，做好固定防摔伤，紧急时弃船。

（3）船只沉没慢。跑向甲板集合点，集合点有求生艇帮助逃生。站在船身高处，不可跟进船舱。

（4）船只沉没快。听到沉船警报信号（1分钟连续鸣7短声1长声），弃船。

3. 弃船

（1）逃生。在舱内时，利用内、外梯道、旋梯；在舱外时，利用尾舱通往上甲板的出入口（图2-5）。

图2-4　上船时须留意的标志

图2-5　弃船逃生步骤（一）

（2）跳船前。尽可能多穿暖和的衣服，注意头部保温。再穿救生衣，检查救生衣的指示灯或口哨是否完好。观察距水面高度小于5米、漂浮物少时方可跳船，尽量迎风向往远处跳。船只左右倾斜，从船首或船尾跳（图2-6）。

（3）跳船时。拼命吸一口气，保持镇静，紧闭嘴憋住气。两肘紧贴身体，双手捂住口鼻，双腿并拢伸直，脚先下水。

弃船后尽量远离出事船只，防止船体下沉造成的旋涡把人卷入其中。

4. 落水后

不要挣扎。若猛烈发抖，感到剧痛，这是人体正常反应，没有危险。若肌肉痉挛、抽筋，先深呼吸放松四肢，再按摩痉挛部位。

（1）有救生衣时。在水中，仰起头使身体倾斜，借助救生衣浮上水面。尽量不要游动，防止身体和衣服间的温水"排出"。抓住漂浮物，少接触冷水。找出救生衣上的口哨、开启信号灯（图2-7）。

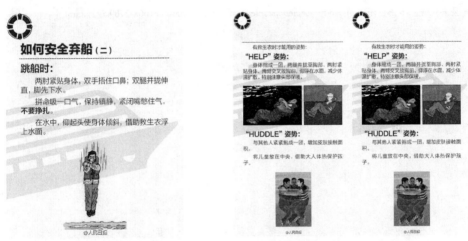

图2-6　弃船逃生步骤（二）　　　　图2-7　船难落水正确自救方式（一）

（2）没有救生衣。会游泳的，采取最节省体力的"水母漂"。全身放松，脸朝下，四肢下垂，像水母一样静静漂浮。换气时，双手以蛙泳姿势向身侧一划，头便探出水面。再低头闭气，恢复漂浮姿势。

不会游泳的，利用手边道具，如将长裤两个裤腿吹入空气，扎紧出口，就成漂浮气囊（图2-8）。

图2-8　船难落水正确自救方式（二）

5. 当救生艇赶到

小心爬上救生艇，切勿争先恐后向上跳。上艇后，擦干身体，把头包上，松开鞋带给四肢活血。用帆布、衣服来挡风，避免体温过低。切勿喝海水、喝酒，可食用海藻充饥。用手机拨打求助电话，中国地区拨打 12395。用反射镜不停照射，发射信号弹，用鲜艳的衣服做成旗帜求救。

必须坚信自己能活下去，坚强的求生意志是获救关键。

[资料来源：人民网[EB/OL]. http://society.people.com.cn/n/2015/0603/c1008-2709 5227.html.]

第三章　海洋旅游安全认知

教学目标

● 熟悉和掌握海洋旅游者安全认知表现和影响因素。

● 熟悉和掌握海洋旅游企业与旅游从业人员安全认知表现和影响因素。

● 理解海洋旅游地社区安全管理的途径。

计划学时：4 学时。

导 入 案 例

　　2015 年 6 月 1 日深夜，一艘从南京驶往重庆的"东方之星"号游轮在长江水域湖北境内发生倾覆，出事船舶载客 454 人，其中成功获救 12 人，遇难 442 人，游客多为江浙地区的老年游客，共涉及保险金额 9252 万元。当日 21 时 28 分事发时，客轮突遇龙卷风在一两分钟内瞬间倾覆倒扣江底，自主逃生机会渺茫。另外，"东方之星"号沉船前没有发出求救信号，至 1 日 23 时 51 分，相关部门才接到电话报警。当时正值大风大雨天气，江水浑浊，给救援工作造成极大困难。生命大于天，救援工作在困难和挑战中加速推进。《人民日报》以《不抛弃、不放弃，哪怕只有万分之一的希望》为题报道长江客船翻沉事件救援行动，新华社以《对人民高度负责》为题播发"东方之星"号客轮翻沉事件救援行动综述：海军三大舰队和海军工程大学、广州军区派出 200 余名潜水员紧急赶赴现场，下潜到一个又一个舱室，连续作战，通宵达旦；武警湖北总队抽调武汉、荆州、荆门、宜昌支队共 1000 多名官兵、40 艘冲锋舟，赶赴现场展开搜救和外围警戒等任务；截至 5 日上午，军队和武警部队共投入 3424 人，民兵预备役 1745 人，空军直升机 1 架和舟艇 149 艘，工程机械 59 台，在水面、水下、陆地和空中全力以赴投入救援行动。为降低救援现场的水位，长江防办从 2 日开始，三次进行调度，将三峡水库的下泄流量从每秒 17200 立方米减少至 7000 立方米。事件发生后，有关部门出动大量搜救船舶，动员沿江群众，在下游水域拉网式搜寻，不断扩大打捞救援范围，12 人在水上获救。通宵达旦地现场搜救，只为多一次生命奇迹。

据海事部门介绍，在海事搜救中有"黄金四小时"的说法，即发生事故后四小时是最佳搜救时间。网友表示"如果不是翻沉这么快，应该有更多人获救"。轮船的瞬间倾覆倒扣是造成生还人数过少的主要原因，2200 吨"东方之星"号倒扣江底，在附近无大型救援设备、该区域雨水过大、江底浑浊的情况下，救援工作很难展开。救援存在什么困难？一是持续降雨，江水湍急，长江泥沙较多，能见度低，对潜水员下水摸潜造成较大困难。位于沉船点上游的江洲站 12 小时降雨量高达 255.5 毫米，暴雨级别百年一遇。二是由于船体有四层，结构复杂，且倒扣在水中，船只很难扶正；同时"气穴"的形成使救援工作进展缓慢。体积庞大的客船倒扣江心，一旦把"气穴"的顶打穿的话，水的压力会迅速灌入。三是沉船水深约 15 米，对于潜水员而言并不浅，但对于大型设备而言又不够深。四是不可预测水流漩涡，蛙人搜救挑战重重。为何没及时发出求救信号？一般来说，船只发出求救信号有多种方式，手动、自动都可以，而据被救上来的船长及船员描述，7 个人从沉船的地点往岸上游，到了岸边才报警。船舶专家称可能是因为"船只翻得很快，或者是疏忽"。为何不立即切割船体？通常船体最下方与水面接触的是空气舱，预留有一定量空气，这也是为什么船呈倒扣状，仍会浮在水面上的原因。如大块切割船体，客轮很容易全部沉入水中……

事件发生后，经国务院批准，成立了由国家安全生产监督管理总局、工业和信息化部、公安部、监察部、交通运输部、中国气象局、全国总工会、湖北省和重庆市等有关方面组成的国务院"东方之星"号客轮翻沉事件调查组，并聘请国内气象、航运安全、船舶设计、水上交通管理和信息化、法律等有关方面院士、专家参加。调查组认定，"东方之星"号客轮翻沉是由突发罕见的强对流天气——飑线伴有下击暴流带来的强风暴雨袭击导致的一起特别重大灾难性事件。"东方之星"号航行至长江中游大马洲水道时突遇飑线天气系统，该系统伴有下击暴流、短时强降雨等局地性、突发性强对流天气。受下击暴流袭击，风雨强度陡增，瞬时极大风力达 12~13 级，1 小时降雨量达 94.4 毫米。船长虽采取了稳船抗风措施，但在强风暴雨作用下，船舶持续后退，处于失控状态，船艏向右下风偏转，风舷角和风压倾侧力矩逐步增大，船舶最大风压倾侧力矩达到该客轮极限抗风能力的 2 倍以上，船舶倾斜进水并在一分多钟内倾覆。但恶劣天气因素是否与沉船有直接关系，是否造成沉船的主要原因？天气差为何船只不靠岸？就在事故发生的同一天上午，与"东方之星"号同时从南京出发的游轮，还有来自江西南方国际旅行社的旅行团所乘坐的另一艘船。报道称，到了长江湖北段时，天已将黑，江西游客所乘坐的这艘船的船长判断天气不佳，临时停靠在了湖北赤壁，而这条"东方之星"号客轮却义无反顾地出发向前！出事原因竟然是因为游客投诉必须不能延误，为了在 6 月 2 日下午赶到湖北荆州。否则船上 400 多人要求巨额赔偿金！游轮运营公司、旅行社无力承担因天气原因导致后面损失和船上400多人的巨额赔偿金，只能硬着头皮继续前行，结果就酿成了惨剧。调查组还查明，"东方之星"号客轮抗风压倾覆能力虽符合规范要求，但不足以抵抗所遭遇的极端恶劣天气。该轮建成后，历经三次改建、改造和技术变更，风压稳性衡准数逐次下降。事发时该轮所处的环境及其态势正在此危险范围内。船长及当班大副对极端恶劣天气及其风险认知不足，在紧急状态下应对不力。船长在船舶失控倾覆过程中，未向外发出求救信息并向全船发出警报。这场悲剧就是任性的代价……诚然，天气因素可能有影响，甚至是决定性影响，但人为因素也不可能一点都没有！

调查组依据有关法律法规和规定，建议对船长张顺文给予吊销船长适任证书、解除劳动合同处分，由司法机关对其是否涉嫌犯罪进一步调查；鉴于当班大副刘先禄在事件中死亡，建议免于处理。

调查组在对事件的延伸调查中，也检查出相关企业、行业管理部门、地方党委政府及有关部门在日常管理和监督检查中存在以下主要问题。

一是重庆东方轮船公司管理制度不健全、执行不到位。违规擅自对"东方之星"轮的压载舱、调载舱进行变更，且未向万州区船舶检验机构申请检验；安全培训考核工作弄虚作假，对客船船员在恶劣天气情况下应对操作培训缺失，对船长、大副等高级船员的培训不实，新聘转岗人员的考核流于形式；日常安全检查不认真，对船舶机舱门等相关设施未按规定设置风雨密关闭装置、床铺未固定等问题排查治理不到位；船舶日常维护保养管理工作混乱；未建立船舶监控管理制度、未配备专职的监控人员，监控平台形同虚设，对所属客轮未有效实施动态跟踪监控，未能及时发现"东方之星"轮翻沉。

二是重庆市有关管理部门及地方党委政府监督管理不到位。重庆市港口航务管理局（重庆市船舶检验局）、万州区港口航务管理局（万州船舶检验局）未严格按照要求进行船舶检验，未发现重庆东方轮船公司违规擅自对船舶压载舱和调载舱进行变更、床铺未固定等问题；对公司水路运输许可证初审把关不严，对公司存在的安全生产管理制度不健全、执行不到位、船员培训考核不落实等问题监督检查不力。万州区交通委、国资委、万州区委区政府对直属下级部门的安全生产督促检查不到位，对辖区水上交通安全工作指导不力。

三是交通运输部长江航务管理局和长江海事局及下属海事机构对长江干线航运安全监管执法不到位。长江航务管理局未有效落实航运行政主管部门职责，办理水路运输许可证工作制度不健全，审查发放水路运输证照把关不严；长江海事局、重庆海事局、万州海事处对重庆东方轮船公司安全管理体系审核把关不严，未认真履行对航运企业日常安全监管职责，日常检查中未发现企业和船舶存在的安全隐患和管理漏洞等问题。岳阳海事局未严格落实交通运输部、长江海事局对客轮跟踪监控的要求，未建立跟踪监控制度，值班监控人员未认真履行职责，对辖区内"东方之星"轮实施跟踪监控不力，未及时掌握客轮动态和发现客轮翻沉。调查组还建议对检查出的在日常管理和监督检查中存在问题负有责任的 43 名有关人员给予党纪、政纪处分，包括企业 7 人，行业管理部门、地方党委政府及有关部门 36 人，其中，副省级干部 1 人，厅局级干部 8 人，县处级干部 14 人。责成重庆市政府按照有关规定对重庆东方轮船公司进行停业整顿。

针对事件暴露出的问题，调查组对水上交通管理部门和企业提出了七个方面的防范和整改措施建议，即：进一步严格恶劣天气条件下长江旅游客船禁、限航措施；提高船舶检验技术规范要求和完善船舶设计建造改造质量控制体制机制；进一步加强长江航运恶劣天气风险预警能力建设；加强内河航运安全信息化动态监管和救援能力建设；深入开展长江航运安全专项整治；严格落实企业主体责任全面加强长江旅游客运公司安全管理；加大内河船员安全技能培训力度提高安全操作能力和应对突发事件的能力。

［作者根据以下资料来源整理：
冷朝普，辛露.长江游轮翻沉事件舆论总结[J].公关世界.2015，（6）.
北村.聚光灯下的"东方之星翻沉事件"[J].领导之友.2015，（6）6.
新华网."东方之星"号客轮翻沉事件调查报告公布[EB/OL].
http：//news.xinhuanet.com/politics/2015-12/30/c_1117630561.htm .2015.12.30.
安全监管总局网站."东方之星"号客轮翻沉事件调查报告[EB/OL].
http：//www.chinasafety.gov.cn/newpage/Contents/Channel_20132/2015/1230/262991/content_262991.htm.2015.12.30］

认知是现代认知心理学的一个重要概念。安全认知是指对安全问题的认识、关注与反应。根据马斯洛需求层次理论，安全需求是人类最基本的需求之一。"没有安全，就没有旅游"，旅游安全是旅游业发展的重要保障和前提，是每一个旅游者关注的首要问题。海洋相对于陆地，环境多变，海洋性气候、地质地貌、洋流等自然因素，都会对海洋旅游的安全产生重要影响。人作为陆生动物，对于海洋的认知和适应能力较弱，从而导致海洋旅游较陆地旅游的安全隐患更多，更易发生安全事件。

第一节　海洋旅游者安全认知

认知是个体自我对外界的看法。旅游者的旅游出行及旅游消费行为决策是通过认知来"过滤"的，也就是说，旅游者对旅游过程中安全的认知决定了其旅游出行及旅游消费行为决策。海洋旅游者作为海洋旅游活动的主体，对各种海洋旅游安全事件的发生有不可忽视的重要影响。概括而言，其影响主要通过两个途径：一是海洋旅游者自身缺乏必要的安全认知，安全意识淡薄，导致旅游安全事件发生；二是海洋旅游安全管理者缺乏对海洋旅游者安全认知状况的正确了解，管理不得法导致安全事件发生。所以，了解海洋旅游者的安全认知不仅可以有效预防海洋旅游安全事件的发生，同时对海洋旅游目的地的安全工作、旅游形象、旅游竞争力以及游客本身的宣传、指导、教育、管理都具有重要的意义。

一、安全认知的构成与特点

（一）安全认知的构成

认知是现代认知心理学的一个重要概念。从广义上讲，认知指人的认识活动，包括知觉、记忆、思维、想象、学习、语言理解和产生等心理现象。认知过程是一种信息加工过程，可以分为刺激的接收、编码、储存、提取和利用等一系列阶段。从狭义上讲，认知有时等同于记忆或思维。

安全认知活动是多方面、多层次的。安全认知的构成分为安全知识、安全理智感、预判伤害发生能力和自我效能四个方面。

1. 安全知识

知识是人类在实践中认识客观世界（包括人类自身）的成果，它包括事实、信息的描述或在教育和实践中获得的技能。它可以是关于理论的，也可以是关于实践的。知识是一个使人或事物发生改变的信息，它既包含让信息转化为行动的方法，也包含具体运用某个信息从而让某个个体产生变化或产生更为有利的行为方式。由此，安全知识可以定义为：它是一种让人产生行动的信息，这种信息能够使人用安全的方式进行生活或生产工作。安全知识要素主要是安全主体对安全本质的了解和掌握以及安全主体在生活、生产活动中所掌握的知识、技能和经验等。

2. 安全理智感

安全理智感是指人们在安全生活、生产活动过程中，认识了解、评价安全和与它有联系的事物中所产生的情感。它是人们学习安全知识、认识和掌握事物发展规律的动力。安全理智感是承载安全认知的工具，是产生安全认知的最根本内在因素。安全理智感是促使人们进行安全活动的主观内在因素，当人们拥有良好的安全理智感后，他们在生活、生产活动过程中，严肃认真对待安全问题，严格按照安全规章制度操作，在长期的活动中养成良好的安全习惯并且持续较长的时间。缺乏安全理智感不仅会导致人们安全意识淡薄，违规操作，更容易造成重大安全事件。

3. 预判伤害发生能力

预判伤害发生能力是客观现象通过自身具备知识基础上的假想、推理、思考以及对物质世界伤害发生的事前预判。预判伤害能力不但可以直接影响人在安全活动中的习惯，还可以影响人的具体行动。预判伤害发生的能力不是一成不变的，它不仅可以经常发生变化，还可以有目的、有计划地进行塑造。安全认知是随着预判伤害发生能力的提高而提高的，只有提高了能力，才能在安全事件发生前有所警觉，因为许多征兆都是发生在安全事件产生之前，假如在安全事件发生前就提前警觉，就可以及时采取必要的措施从而制止安全事件的发生、降低损失。

4. 自我效能

自我效能感指个体对自己是否有能力完成某一行为所进行的推测与判断。美国著名心理学家班杜拉对自我效能感的定义是指"人们对自身能否利用所拥有的技能去完成某项工作行为的自信程度"，自我改变自身的事件以及掌握自我的具体行动水平的信念，也就是自我可以对自身按照指定的标准来执行具体行动的衡量和评价的结果。

自我效能感产生于可以控制个体的行动、举止与外部条件的相互影响，其以目标为方向，是自我控制当中的一个方面。技能不是自我效能的重要因素，而是个体判断自己所具备的技能可以做什么。所以，拥有相似或同样技能的不同个体或同一个个体在不同的外部条件下，由于对自我效能判断的不一致，将会产生不同的效果。

在安全认知的构成中，这四个因素相互促进、相互制约。安全主体要提高自身的安全认知和安全保障能力，就要协调好这四个因素的关系，并充分发挥它们积极的一面。

（二）安全认知特点

安全认知具有以下几方面特点。

1. 能动性

安全认知产生于人类的日常生活、生产劳动，并且对人类的日常生活、生产劳动产生了重要的能动作用。安全认知的能动性具体体现在下面两点中：①不但可以主观地反映物质世界的现象与外在关系，而且还能通过理性思维的形式反映客观世界的本质和事物之间有规律的联系，形成理论体系和观念体系；②通过了解物质世界的本质和规律，在大脑中根据自身的需求形成概念、思维、想法，控制自身的活动，为了完成安全的目标而组织和协调人类的各项安全活动。

2. 传递性

安全认知能够在人们中间互相影响，尤其是领导阶层对普通阶层之间，并且是负面影响比正面影响要大。要想进一步提升安全认知的水平，一个重要的方法就是提倡安全文明观，谴责不安全行为。

3. 波动性

正常来讲，某个企业或个人连续发生安全事件的机会很少，其中原因，一是安全事件的产生是有一定的偶然性，二是发生安全事件后可以在一定时间段内产生持续的警示作用。然而，随着上次安全事件发生时间的久远，安全事件的危害就会渐渐忘记，安全意识逐渐淡薄，安全事件发生就会逐渐增多。

4. 可塑性

人的安全认知不是天生的，是由后天的环境影响和安全教育逐步形成的，而且其水平也是在不断变化中的。因此，可以通过多种途径来培养、发展、提高。

5. 制约性

人的安全认知的产生主要受到两个条件的影响，一个是个体自身的生理条件，另一个是个体自身的心理条件。对于同一个客观过程或者同一个对象，不同的安全主体其反应存在着差异，比如反应速度、反应数量、反应程度等。除此之外，还受到其他一些条件的影响和制约，比如人所处的周围社会环境和社会历史条件等。人的安全认知水平和状况会随着社会不同的历史时期有不同的变化，接触环境的不同所形成的安全认知水平也不同。

二、海洋旅游者安全认知表现

旅游者安全认知是指旅游者对旅游安全问题的关注、认识与行为态度，是旅游者在旅游前后对某一旅游地、旅游活动的感觉，结合个人的心情、期盼和过去经验所知，对某一旅游地或旅游活动是否安全的一种判断。不同旅游者会因个体的差异性而对旅游安全表现出不同的认知。因此，海洋旅游者对旅游安全的关注程度、认识程度和行为态度可以用来反映旅游者的安全认知程度。

（一）海洋旅游者安全关注

总体而言，旅游者对旅游安全较为关注。这从旅游者角度充分地反映了"旅游安全"作为高层次安全需要的重要地位及旅游者对安全需要的依赖性与重视度，并再次从现实角度证实了马斯洛层次需要理论对旅游安全研究的理论指导性及其在旅游安全研究中的普适性。

但是，旅游者旅游安全关注体现出个体差异，与社会人口学特征显著相关。研究表明：年龄与旅游安全关注之间呈正相关关系，即旅游者随年龄增长更加关注旅游安全；旅游者家庭结构与旅游安全关注之间也具有一定的联系。独身或单身在外旅游者由于孤身一人或"将在外"少了些许牵挂而往往比较忽略自身安全。而由于传统文化中家庭的核心地位，家庭结构正常的旅游者，由于有了家庭的牵挂与影响，较多地表现出了对旅游安全的关注。这充分反映出旅游者旅游安全关注、旅游安全认知与传统文化之间的密切关系。

旅游安全关注是旅游者对旅游安全的一种积极态度，客观上对其旅游安全认知及安全经历和旅游决策产生影响。虽然，关注安全不一定能避免安全问题的发生（关注安全的旅游者中有相当部分是在遇到安全问题才开始关注安全的），但不关注安全的旅游者发生安全问题的几率明显高于前者。

（二）海洋旅游者安全认识

海洋旅游者对海洋旅游安全的认识是其安全认知的基础，也是对海洋旅游行为反应的基础。海洋旅游者对安全事件的认识程度可以通过对旅游期间发生安全事件可能性、旅游活动环节安全性、自身应对安全事件能力几方面的认识来分析。

（三）海洋旅游者安全行为态度

对海洋旅游安全的行为态度是旅游者在安全事件关注、认识基础上的行为表现，直接影响其旅游决策和旅游行为。海洋旅游安全的行为态度评估可以通过对景区安全警示（牌）的反应、对安全事件预防责任态度及对海洋旅游安全事件的防范应对准备三个方面的反应来评估。

现实中，面对旅游目的地的安全警示或者景区内设置的安全警示标志，有些旅游者遵照警示，而有些旅游者则对其熟视无睹，不愿听从工作人员安排，仍然会前往安全警示牌所不允许的区域和时间段进行游玩。

对于旅游安全事件预防责任及防范应对，有部分旅游者认为是有关旅游企业的责任，也有认为是政府部门的责任，只有少部分旅游者认为是公众和社会组织的责任，说明旅游者很少从自身角度考虑，更多的是依赖于外部因素。因此，只有少部分旅游者会事先"做功课",包括:①旅游地的经济、社会文化、民俗民风、宗教习俗等;②旅游线路、危险区域、已发生安全事件;③旅游区服务中心;④旅游者聚集预测情况;⑤自身适海状况包括先天适应海洋环境的生理条件、体质、体力储备、海洋技能与状态等。因此,有可能在旅游过程中一些无意识的不恰当行为引发与当地居民的冲突,或者产生盲目的不安全旅游行为。

三、海洋旅游者旅游安全认知影响因素

(一)个体因素

人格特征、知识经验等个体因素会导致不同的安全认知特点。不同个体对风险的损益比的感知不同:有些人对风险中的利益敏感,有些人则可能对损失更关注。同样,具有某类人格特征的个体在对风险情景的预测上更为积极或消极,从而会导致不同的行为反应方式。另外,以往的经验,既来自事件结果的反馈会成为个体的行为经验,在一定程度上也会左右其行为反应的方式。如女性旅游者往往比男性旅游者对风险的认知程度更高,而年龄介于18~24岁的年轻旅游者其风险认知程度往往比年长的旅游者低。

(二)对损失发生的概率评估

对安全事件损失发生的概率分析最常用的方法是经验类比法,它是依据旅游者对事件的敏感度和借鉴已经发生的事件所形成的特定认知来判断损失发生的概率,由于这些经验类比法是同经验相结合的,所以非常接近实际,同时它们又很稳定,因此外部的观察者们就可以运用相关的知识来预测旅游者可能的行为,这个方法可以降低旅游者的搜寻成本。

(三)对造成损失大小的评估

人们对安全事件造成损失大小的评估主要受两个方面的因素影响:事件演变为灾难的潜在可能性和不同个人对事件的震惊程度。随着事件后果严重程度的增加,人们对损失的评估增加,因此当负面事件发生时,人们依据伤亡人数来判断损失的大小。

(四)信息沟通

信息沟通对安全认知有直接的影响,如果信息沟通的方式不当,极易导致公众认知的偏差。当安全事件发生以后,信息的缺乏会引起公众的高度焦虑。同样,旅游者接收信息的渠道,信息传播的时间顺序、方式和范围都会影响个体的风险认知。美国著名风险认知美国风险认知学家曾对"涟漪中心的石头",即作为一种信号的安全事

件进行过相当详尽的阐述。涟漪水波的深度与广度，不仅取决于安全事件本身的性质，比如，其危害的程度、方式、性质等，同时也取决于在涟漪波及的过程中，旅游者如何获得相关信息以及如何了解和解释这些信息。

（五）安全事件的可控程度

当个体可以控制他们的行为或事物互动的结果时，个体是属于受益取向的，即重视可能的好处更胜于避免可能的损失；而当个体无法控制结果时，个体是属于损失取向的，即重视可能的损失更胜于可能的好处。

（六）风险的性质

研究发现：人们对概率小而死亡率大的安全事件风险估计过高，而对概率大而死亡率小的安全事件风险估计过低；对迅即发生、一次性破坏大的风险估计过高，对长期的、潜伏性的风险估计过低。

（七）知识结构

研究表明，旅游者对特定旅游安全事件的相关知识如果了解得比较全面，对该事件结果的认知能够客观地知觉，或者能够接受多个而不是单一方面的信息，并能够辩证地看待和评价风险事件对自己和对社会的影响以及有适当的行为反应。

对安全的认知也会因个人的专业素养而有所不同。专家往往借助于定量的特征来评估风险，而普通人却更看重定性的特征。

（八）成就动机

冒险偏好模式以个体对成功的渴望和对失败的回避两种倾向冲突的结果来解释个体的冒险行为，发现个体在冒险性上的差异与个体接近成功与回避失败的不同倾向有关，尤其在需要技能的条件下更是如此。研究表明，成就动机对于个体在风险情景中的反应方式和机会-威胁认知有影响，主要体现在个体回避失败的动机越强，其在风险情景中的行为倾向越趋于保守，对此情景的威胁认知水平也越高。机会-威胁认知对于个体在风险情景中的行为有着决定性的作用，认知水平不同的个体在风险情景中的表现方式也不相同，其中机会认知变量所起的作用更为显著。

四、海洋旅游安全管理的对策与建议

（一）旅游安全管理应研究旅游者安全认知规律

海洋旅游安全管理的根本宗旨在于尽一切努力防止任何危及旅游者安全的事件

发生，旅游者安全认知水平高低对海洋旅游安全事件管理效果产生重要影响。海洋旅游安全管理应将旅游者纳入安全管理体系，研究其旅游安全认知规律和水平，方能有效进行安全管理。

（二）完善海洋旅游安全事件信息沟通

海洋旅游安全事件发生后，一方面，由于安全事件负面性与敏感性，旅游安全事件信息较易被掩盖，这极易误导旅游者安全意识，弱化旅游者安全认知水平。另一方面，在新媒体时代，信息传播速度极快，如果不能及时传递正确信息，则会误导旅游者。所以，要加强海洋旅游安全信息沟通，对安全事件的统计、通报，以此警示旅游者，使其主动防范应对，配合景区等相关部门做好安全管理工作，提高安全管理效率。同时，及时消除安全事件带来的消极影响。

（三）加强海洋旅游者安全知识教育

随着我国居民生活水平的提高，海洋旅游者出游方式更加灵活，自助游、自驾车游等散客游越来越多。海洋旅游活动范围越来越广，活动内容越来越丰富，探险、潜水、冲浪、海上运动全面拓展，海洋旅游呈现出远程化、多样化、复杂化和个性化，进一步增加了海洋旅游活动的安全风险。通过对旅游者教育，帮助其树立正确的海洋旅游危机意识，具备一定的海洋旅游知识和技巧，培养化解海洋旅游危机的能力，从而减少海洋旅游安全事件发生。

第二节 海洋旅游企业与从业人员安全认知

旅游企业与从业人员是海洋旅游活动组织的主体，也是旅游安全活动开展的主要主体之一，他们对于实际的安全效果起到很大作用。有关统计数据表明：排除旅游者和一些外部因素（诸如气候环境条件、自然灾害、治安状况、法律法规等）外，有14.1%是来自于旅游企业自身不安全或潜在的不安全因素。旅游企业与从业人员安全认知主要包括旅游企业与从业人员的安全认知培育与管理两个方面。

一、海洋旅游企业与从业人员安全认知培育和管理的意义

海洋旅游安全事故的频繁发生，在很大程度上都是因为人们的安全意识淡漠、安全知识缺乏造成的——这里所指的人们既包括旅游企业、旅游从业者，也包括旅游者。

培育旅游企业与从业人员安全认知和加强对旅游从业人员的安全管理,对保障旅游安全、降低事故发生率具有积极的作用和意义。

(一)能有效地降低事故发生几率

旅游者的安全认知、不可抗拒的自然因素、设施设备不完善、人员的不安全操作等是导致海洋旅游安全事件发生的主要因素。但这些因素与旅游企业和从业人员都有直接或间接的联系。例如,由于可能性认知与必要性认知显著正相关,安全事件是否有必要防范与是否有可能发生密切联系,因此可能性认知往往是判断是否有必要防范和是否乐意防范的前提。通常在旅游者安全认知领域较为常见的事件,会认为发生可能性较高,对不常见的事件,则认为发生可能性较低。如果旅游企业与从业人员让旅游者正确了解各类安全事件防范必要性和防范知识,尤其是对某些不经常发生的安全事件提高认知,提高自我的安全防范意识,不掉以轻心,可以更好地预防、发现和消除安全隐患。同样,风暴潮、海啸、台风、恶劣天气等自然灾害虽然不可抗拒,但这类安全事件也有一定的人为因素。在"东方之星"号客轮翻沉事件中,如果不是船长及当班大副对极端恶劣天气及其风险认知不足,在紧急状态下应对不力,如果轮船公司及有关部门加强日常管理和监督检查,惨剧就不会发生。因此,旅游企业尤其是旅游从业人员不断强化安全防范意识,加强安全管理,才能更有效地降低海洋旅游安全事件的发生几率。

(二)提高旅游企业经济效益

培育旅游从业人员的安全认知,提升旅游安全管理水平,具有降低旅游企业经营成本,提高旅游企业经济的作用和意义。

1. 降低旅游企业购置及维修保养安全设施设备的费用

企业的安全设施设备的维修保养费用与维修保养水平有关。旅游从业人员如果安全意识较强,就会重视对安全设施设备的日常维护保养,及时排除设备安全隐患,帮助企业节省了维修费。如果能延长设施设备使用寿命,还能有效节省企业购置费用。

2. 降低人力成本

只有旅游从业人员安全意识增强,能主动预防与发现事故隐患,并将安全事故消灭在萌芽状态,才能减少安全部门的工作量,降低企业的安全事故发生率,最终为企业节省人力成本。

3. 降低旅游安全事件所造成的损失

旅游企业的从业人员尤其是第一线的员工,经常是安全事件的当事人或者是赶到现场的第一人，因此，他们的安全认知与安全事件防控能力、处理能力是有效处理事件、防止事件扩大，降低事件造成更大损失的关键所在。

（三）提升旅游企业形象

旅游者的安全需求是否得到满足，在一定程度上体现出旅游企业的服务质量与管理水平，为了最大限度地降低安全事件发生几率，就要不断对旅游从业人员进行安全认知教育和管理，相对于旅游企业的其他诸如购置先进的安全设施设备、制定完善的安全管理制度等安全管理措施，旅游从业人员在与旅游者 "面对面"的服务工作中表现出来的高度的安全防范意识和严谨、高效的服务作风与热情、周到的服务态度往往是最有效的 "治愈"旅游者忧虑和紧张的心理状态、满足旅游安全需求的良药。这对旅游企业提高服务质量，提升旅游企业社会形象起到积极的作用。

二、海洋旅游企业与从业人员安全认知表现

提升海洋旅游企业安全管理运营状况，说到底就是全面提高旅游企业员工的安全认知和安全素质，这是从源头上保障旅游企业安全经营、安全管理的根本因素，也是旅游企业安全经营的灵魂。海洋旅游企业及从业人员的安全认知表现为旅游安全观、安全事件防范、安全事件应对等方面。由此出发，海洋旅游企业及从业人员的安全认知至少应包括以下方面。

（一）旅游企业与从业人员的安全文化

安全文化的首创者国际核安全咨询组（INSAG）对安全文化给出了相对狭义的定义："安全文化是存在于单位和个人中的种种素质和态度的总和，……"英国健康安全委员会核设施安全咨询委员会（HSCASNI）对该定义进行了修正，认为："一个单位的安全文化是个人和集体的价值观、态度、能力和行为方式的综合产物，它决定于健康安全管理上的承诺、工作作风和精通程度。"

安全文化蕴涵于安全管理的每个环节之中，蕴涵于每个员工的行为之中。安全文化是实现海洋旅游安全的基础，是安全监管的补充和思想保障，是确保海洋旅游安全活动的"法宝"。安全最大的隐患源在人，安全的最终目的是为了人。海洋旅游安全文化要"以人为本、旅游者安全至上"经营理念，树立"安全第一、预防为主"的旅游安全观。

"以人为本，旅游者安全至上"的经营理念是指旅游企业与从业人员，要尊重和理解旅游者的安全需要，尊重个别旅游者的特殊的安全需要，一切工作以旅游者的安

全需要为基础，全面地满足旅游者的安全需要。"安全第一、预防为主"的旅游安全观，既是安全生产的重要组成部分，也是安全管理人员义不容辞的责任。它要求旅游企业营造良好的旅游活动氛围，形成员工自觉的"自我监管"。不断增强全体员工的安全意识，最大限度地消除事故隐患，有效预防和减少各类安全事件发生，使"安全第一、预防为主"的方针真正落到实处。只有时刻牢记"旅游者安全至上、预防为主"，才能合理处理好安全与效益的关系，确保不发生受经济利益驱动而不考虑安全的行为，从而减少旅游安全事件发生的可能性。

（二）旅游安全操作规范

　　旅游企业的规范经营、旅游从业人员的安全规范操作，具有预防和及时控制安全隐患的作用。它主要包括如下内容：认可旅游安全操作程序与安全关系、熟练掌握安全操作技巧及程序、自觉防范安全隐患。多数海洋旅游安全事故的发生与旅游企业及相关责任人操作不规范、或违反安全操作规程、实施危险行为有关。2014年4月16日上午，韩国"世越"号客轮沉没，其根本原因是：当时船长不在岗，由1名只有1年经验的三副驾驶，而这位三副在"世越"号上工作还不足5个月，从未在事故水域进行作业。在通常应该不超过10°的转向情形下，他却以超过45°的不合理转舵使得船体在严重倾斜和摇晃中航行。期间曾有3分36秒的时间发电机出现停电事故。为了稳定轮船，该三副多次大幅度转舵，严重不稳定的操作使得船体无法恢复到稳定状态，终于倾斜进水，进而沉没。

（三）旅游设施设备日常维护保养

　　我国很多滨海区域不同程度上存在旅游设施老化和损坏等问题，重视旅游设备设施的安全监测，保证其数量和质量，进行定期的检查和维护，确保其运行安全性，是提高海洋旅游安全质量、保护游客安全的基础。旅游设施设备正确使用与日常维护保养内容包括：实行计划维修检查、坚持每天保养、坚持安全设备设施专项专用等。

（四）安全法律意识

　　相关旅游安全法规是对旅游企业和从业人员的行为进行强制性规范和约束，从法律上保障旅游安全，并为旅游活动过程中出现的各种安全问题的解决提供法律依据。如2009年千岛湖"5·28游艇碰撞事故"中一艘游艇违反有关条例违规"超车"造成一人死亡一人重伤。

（五）安全责任感

　　一个小小的疏忽有可能给安全带来重大隐患，甚至造成无法挽回的损失。明确旅游企业各岗位的安全职责，培养全员安全意识，要建立和完善问责制，责任落实到人，并加强责任追究，只有认识上由被动接受向超前预防转变，从行为上由"他律"向"自律"转变，才能实现自我管理、自我行为规范。

（六）安全工作处理协调能力

海洋旅游活动涉及面广、人员复杂、环境多变。一次海洋旅游活动涉及多个企业、多种岗位和人员，安全问题也常常隐含在众多的衔接与协调中。因而，旅游企业要制定严谨的衔接规范程序。首先，从制度上保障协调的通畅。其次，加强旅游从业人员的集体协调精神和能力培养，养成不放过任何安全疑点或隐患的习惯，共同把安全隐患消灭在萌芽状态。

（七）安全事件应急处理能力

旅游企业或旅游从业人员应急处理能力强或弱，是其及时发现和妥善地处理安全隐患、应对突发安全事件的关键。其中两个基本条件是非常重要的，一个是意识，一个是能力。倘若旅游企业与从业人员具有很高的风险意识和忧患意识，对发生一个小概率的危险性很高的事件有主动的认识，对管理上的缺陷、应急上的不足有所准备，当安全事件发生的时候就能够比较从容、镇定。安全事件处理能力通常由人的心理素质、安全处理技能和对安全事件心理准备状况三方面因素决定。

三、海洋旅游企业与从业人员安全认知影响因素

（一）法律法规

法律法规的执行是为了确保旅游者、旅游企业与从业人员能够安全、愉快地进行海洋旅游活动，降低海洋旅游安全事件发生几率，进一步加强对旅游安全活动的管理。

1.旅游安全法律法规

为了确保旅游安全，预防和降低安全事故发生率，进一步加强对旅游安全经营管理，我国陆续出台了一系列安全生产法律法规。其中与旅游安全相关的法律法规主要有《中华人民共和国劳动法》《中华人民共和国安全生产法》《中华人民共和国旅游法》等。通过法律法规对旅游企业与从业人员安全生产经营进行强有力的约束，为旅游企业与从业人员建立良好的安全意识环境氛围提供了法律依据，进而有效降低旅游安全事故。

2. 旅游行业管理条例、安全管理办法

旅游行业管理条例、安全办法等是旅游企业与从业人员进行经营活动的行动准则和技术规范，认真落实旅游行业标准、安全管理办法是减少旅游企业安全事故的重要基础和提高我国旅游企业与从业人员安全意识的重要手段。

3. 旅游企业安全规章制度

旅游企业安全规章制度是旅游企业在旅游经营中为确保人和物的安全而建立的各项规章制度、操作规范、防范措施、安全管理责任制度等。它是保证旅游企业能够安全运行的制度保障，是安全认知在实际工作中的具体表现。只有建立一套完整有效而且切合实际的安全规章制度才能够提高相关人员的安全认知。

（二）安全管理工作

安全管理是指旅游企业采取各种手段，对旅游活动经营的安全状况，实施有效管理、制约的一切活动。海洋旅游安全管理工作的技术性、政策性、群众性很强，旅游企业只有提供合理人力、财力方面的投入，才能确保旅游安全工作的进行。

1. 安全管理机构或岗位设置

通过安全管理机构或岗位设置能够便于旅游企业提高从业人员的安全认知。该岗位的工作人员必须具备较强的责任心、有较高的文化水平和丰富的工作经验。安全管理机构或岗位负责企业及对从业人员的安全检查。安全检查的主要内容有：对各级管理人员在安全规章制度的建立和落实情况上进行检查；依据海洋旅游活动特点制定的安全技术措施进行检查；检查从业人员操作规章的落实情况、安全设防情况、个人防护情况、安全标志牌情况等。

2. 安全投入

安全方面的投入主要包括人员、资金和安全设施三方面的投入。

（1）人员方面的投入。保证安全管理人员的配置落实，确实做到专岗专人。

（2）资金方面的投入。主要有：安全教育培训费和奖励费用；安全技术措施费用；安全设施设备维护保养费用；劳保用品费用等，安全资金要做好专款专用，严禁挪用安全资金。

（3）安全设施方面的投入。海洋旅游活动过程中的安全设施必须严格根据相关法律法规以及旅游行业标准配备。

安全投入的落实必须依照旅游企业经营相关标准和规定，它不仅是顺利开展海洋旅游安全活动的保证，更是增强旅游从业人员安全认知的必备经济基础。

3. 安全检查和考核

安全检查主要是在日常工作中重点检查企业安全规章制度的落实情况和安全隐患排查情况，通过制度性的定期和不定期安全检查，狠抓薄弱环节，有效地清除隐患，是强化旅游从业人员旅游安全认知的重要手段，也是搞好旅游企业安全经营和管理的重要措施。这需要旅游企业建立日常性检查的工作机制和自查自纠的长效机制，结合各自实际，有针对性地加强主要危险点、重要时段的监控监管力度，及时发现隐患，并对检查出的问题认真整改，把事故苗头消灭在萌芽状态。

安全考核一般有理论书面考核、操作技能模拟考核、安全事件表现考核三种形式。一般来说，旅游安全事故总是偶然的，因此，考核工作要配合培训定期进行。另外，为了加强考核的效果，还应将考核结果作为评价员工工作能力的重要指标。

4. 旅游突发事件预防及应急处理

预防及应急处理是为了迅速、有效地处置各种旅游突发事件而制定的应急预案。旅游企业在制定了应急预案后，还应当根据应急预案添置相应的应急设备，并且按照应急预案安排员工进行演练，找出问题和不足之处，并据此进一步完善，建立一套合理、高效的应急预案。保障形成旅游突发事件预防机制，促进提高旅游从业人员应急反应能力提高，提升旅游企业管理人员应变技能，为旅游从业人员的预判伤害发生能力的提高创造良好的条件，也从根本上进一步加强了从业人员安全认知。

（三）安全宣传教育及培训

安全生产教育培训是对受训人员进行各种安全法律法规、安全政策的宣传教育，并且起到安全警示作用，是帮助培训人员实现其安全生产和自身价值的文化教育。它的作用在于培养受训人员提高安全认识，使旅游从业人员了解和掌握预防海洋旅游安全事件的知识和技能；明确旅游安全的重要性，从而更加积极主动地学习海洋旅游安全知识，遵守法律法规，遵守操作规范，为海洋旅游活动安全提供有力保障。

船长的责任与权力

根据《中华人民共和国船员条例》，船长的责任与权力主要如下。

第四条 本条例所称船员，是指依照本条例的规定经船员注册取得船员服务簿的人员，包括船长、高级船员、普通船员。

本条例所称船长，是指依照本条例的规定取得船长任职资格，负责管理和指挥船舶的人员。

本条例所称高级船员，是指依照本条例的规定取得相应任职资格的大副、二副、三副、轮机长、大管轮、二管轮、三管轮、通信人员以及其他在船舶上任职的高级技术或者管理人员。

本条例所称普通船员，是指除船长、高级船员外的其他船员。

......

第二十四条船长在保障水上人身安全与财产安全、船舶保安、防治船舶污染水域方面，具有独立决定权，并负有最终责任。

船长为履行职责，可以行使下列权力：

（一）决定船舶的航次计划，对不具备船舶安全航行条件的，可以拒绝开航或者续航；

（二）对船员用人单位或者船舶所有人下达的违法指令，或者可能危及有关人员、财产和船舶安全或者可能造成水域环境污染的指令，可以拒绝执行；

（三）发现引航员的操纵指令可能对船舶航行安全构成威胁或者可能造成水域环境污染时，应当及时纠正、制止，必要时可以要求更换引航员；

（四）当船舶遇险并严重危及船舶上人员的生命安全时，船长可以决定撤离船舶；

（五）在船舶的沉没、毁灭不可避免的情况下，船长可以决定弃船，但是，除紧急情况外，应当报经船舶所有人同意；

（六）对不称职的船员，可以责令其离岗。

船舶在海上航行时，船长为保障船舶上人员和船舶的安全，可以依照法律的规定对在船舶上进行违法、犯罪活动的人采取禁闭或者其他必要措施。

《中华人民共和国船员条例》是为了加强船员管理，提高船员素质，维护船员的合法权益，保障水上交通安全，保护水域环境而制定的法规。2007 年 3 月 28 日。国务院第 172 次常务会议通过《中华人民共和国船员条例》，自 2007 年 9 月 1 日起施行，期间历经四次修订，最新一次于 2017 年 3 月 1 日修订。具体包括总则、船员注册和任职资格、船员职责、船员职业保障、船员培训和船员服务、监督检查、法律责任、附则八个部分。

四、海洋旅游安全管理的对策与建议

（一）加强对旅游企业及从业人员的旅游安全培训及教育

旅游企业与从业人员经过学习培训，了解海洋旅游安全知识，使其安全理智感、预判伤害发生能力以及自我效能都得到进一步的提高。经过安全宣传教育让从业人员学会在工作中保持良好的安全意识，从安全的角度对旅游活动安全有更深的理解；认识到违章操作可能会产生的严重后果。安全宣传教育培训包括：海洋旅游知识、安全宣传、日常安全教育培训、专项安全教育培训、特种作业人员安全技术培训、预防性安全教育、安全事件应急处理培训等。通过培训学习保证从业人员掌握必要的海洋旅游安全知识、相关的法律法规、操作规程、岗位技能和应急处理措施，知悉自身在旅游安全方面的责任、权利和义务。

安全培训教育不仅要看是否进行了培训、有多少人达标，更重要的是要有针对性、实效性，抓难点，填空白点，扩大受训覆盖面、安全知识覆盖面，提高培训教育质量，按照不同类别和岗位层次要求，有针对性地抓好培训工作：对企业的主要负责人和安全管理人员的安全知识和管理能力进行严格考核，经过安全培训教育，使他们具备和掌握与本单位所从事的经营活动相应的安全知识和管理能力，依法取得安全资格，持证上岗；对特种作业人员必须经过与本工种相应而又专门的安全技术培训，必须按照国家有关规定经安全技术理论考核和实际技能操作考核，取得相应安全作业证书。特种作业人员的培训考核严格实行培考分离制度，对特种作业复审人员的培训内容、课时、质量应保证，不走过场。《2014年浙江省特种设备安全总体状况白皮书》显示，2014年全省共发生特种设备事故 12 起，死亡 11 人，受伤 3 人。其中，其中因作业人员无证上岗、违章操作直接引发的事故 11 起，死亡 11 人，分别占相应总数的 91.7%和 100%；对其他从业人员也要加强安全培训、补训和考核工作，未经安全教育和培训合格的从业人员，不得上岗作业。确保提高全员安全素质，不留空白点。

要使企业形成浓厚的安全文化的舆论氛围，既要通过安全培训等进行常规性的安全教育，又要充分发挥安全会议、讲座、安全知识竞赛、安全技能比武、安全操作观摩等多种途径的教育作用，把安全培训与安全宣传教育有机地结合起来，强化教育效果。在教育的形式和内容上要力求丰富多彩，推陈出新，全方位、多角度对全员进行旅游企业安全知识的渗透和阐释，在潜移默化中强化安全意识，从根本上有效提高员工的安全意识和安全技能。

（二）建立、健全安全管理机制

建立、健全有效的安全管理机制包括：设置完善的安全管理机构及岗位；建立、健全安全管理制度；定期或不定期进行安全检查；保障合理的安全投入。

1. **设置完善的安全管理机构及岗位**

设置完善的安全管理机构及岗位要求旅游企业成立安全管理部门，聘用专职的安全管理人员负责旅游企业具体的安全工作。安全管理机构是旅游企业监管约束旅游安全经营的部门，通过安全管理机构及岗位设置能够便于旅游企业管理提高从业人员的安全认知。

2. 建立、健全安全管理制度

安全管理制度包括旅游安全法律法规、旅游行业标准与安全条例、旅游企业安全规章制度等。旅游安全法律法规、旅游行业标准与安全条例能够有效地规范我国旅游市场，对减少旅游企业安全经营事故具有举足轻重的作用。通过严格执法，对旅游安全认知环境氛围的提升起到积极作用，从而达到控制和减少安全事件。旅游企业安全规章制度是旅游企业鼓励从业人员在旅游活动中采用规范的安全操作，增强旅游从业人员的安全认知。安全规章制度的建立不能仅仅停留在文字上，而是具体化、规范化、标准化，并且能够使旅游从业人员理解和执行。建立、健全安全规章制度包括三个方面：①建立完善约束人的不安全行为方面制度，包括安全生产责任制、安全生产教育制度和特种作业管理制度；②建立消除物的不安全状态方面制度，主要有安全防护管理制度、设施设备安全管理制度、设备安全操作规程、安全技术管理制度；③完善起隔离保护作用的制度，包括旅游安全活动组织管理制度、对安全性进行全面评价的制度和评价制度的支持系统。

3. 定期或不定期进行安全检查

定期或不定期进行安全检查工作是为了保证对旅游活动的安全事件隐患能够得到及时的发现及处理，并对安全管理相应措施执行进行监督，对从业人员的违章操作进行纠正，预防和控制事故的发生。定期或不定期对各级从业人员在安全规章制度的建立和落实情况上进行检查，能够有效增强旅游企业从业人员安全认知的安全理智感和自我效能。

4. 保障合理的安全投入

旅游企业要加强安全设施的建设和完善，保障合理的安全投入。旅游企业要做到：①认真对照相关法规和标准，对现有和准备实施的设施进行检查和建设，确保各类安全设施符合标准和实际应用；②对安全设施的配置必须严格参照相关法律法规和旅游行业的行业标准，并保障安全资金落实到位。安全投入的落实到位，能够保证海洋旅游安全活动的正常进行，是增强安全认知的经济基础。

（三）落实安全责任追究制

海洋旅游企业与从业人员必须具有安全责任感，规范安全责任、公平合理追究旅游安全事件的责任，是促使海洋旅游企业和员工树立安全认知的动力，也是海洋旅游企业培养从业人员安全认知，提高他们责任感的有效方法。首先，规范安全责任制度。依据有关法律律法规，建立完善以企业一把手为安全第一责任人的责任体系，制定出合理、明确的安全责任追究制度，通过岗前培训、岗位学习，使各级、各岗位人员树立安全责任追究意识。其次，实行岗位责任制。梳理各项岗位安全工作标准与程序，权限，使各岗位人员进一步明确自己的安全责任。第三，坚持安全责任追究制。通过总结通报等安全责任保障措施，严格实行安全事故追责制度。

（四）强化安全信息通报

旅游行政主管部门或旅游协会通过公报、通讯等形式，不定期地发布其所收集、汇总、分析得出的有关海洋旅游企业和相关企业安全事故、安全隐患等信息。旅游企业以这些信息为基础，通报相关的内容，制定相关的管理措施，并组织相关的部门或人员进行深入全面的安全警示教育和安全排查，安全工作，做到早研究、早部署、早预防、早应对，克服麻痹松懈思想和侥幸心理。这种方法有助于每一位业人员及时了解安全信息，学习相关知识，保持较高的安全警惕，做好安全防范。

第三节　海洋旅游地社区旅游安全认知

海洋旅游地社区安全认知是海洋旅游安全管理的重要组成部分，是海洋旅游安全环境和氛围构建的重要基础。海洋旅游地安全认知包括海洋旅游地社区安全认知和安全管理两方面。

一、社区与社区旅游安全

（一）社区与海洋旅游地社区

社区是进行一定的社会活动，具有某种互动关系和共同文化维系力的人类生活群体及其活动区域的系统综合体。

海洋旅游地社区是指生活在海洋旅游景区或海洋旅游景区周围一定区域，日常生活、传统文化特征与海洋旅游目的地直接相关的村庄、居民区或街道等的人群以及其活动区域的系统综合体。海洋旅游地社区是海洋旅游目的地的人文环境构成要素，是海洋旅游目的地旅游吸引物的表现平台或载体重要组成部分，它不仅是海洋旅游目的地的社会环境构成要素，也是海洋旅游目的地人文旅游资源的重要部分，寻求当地传统文化本真性体验的游客涌入社区，希望能感受社区居民原汁原味的生活状态和当地传统文化。有些海洋旅游地社区还兼具集散中心、服务中心、商品交易中心和旅游中心的功能。

（二）社区旅游安全

广义的社区旅游安全是指社区人群（社区居民与旅游者）的生命财产不受侵犯和威胁，社区的精神生活、文化价值、生态环境良好循环的状态，并健康、持续发展。狭义的社区旅游安全是指社区具有良好的社会治安环境和安全和谐的休闲度假环境。

社区旅游安全对树立和维护旅游目的地形象有较大的影响。社区旅游安全是社会感知旅游目的地形象的基本内容，也是影响旅游者旅游体验和人际宣传的主要因素。在安全事件频繁发生、人们普遍关注旅游安全的今天，安全事件易受到旅游者的特别关注和新闻媒体的追踪，对旅游目的地形象会产生较大的负面影响。一次安全事件有时会导致一个旅游目的地旅游业较长时间的衰退。

（三）社区旅游安全类型与范畴

社区旅游安全既具有一般社区的安全特征，又有旅游目的地安全的特殊性，其范畴很广，类型也比较复杂。

从具体的安全内容来看，包括一般社区安全和旅游/旅游地社区安全两方面。前者主要指消防、治安、犯罪（偷盗、抢劫等）、公共卫生（饮食卫生、食品卫生、疾病传染）、生态环境安全（水灾、地震、风沙等）等所有社区均会面临的普遍问题，这些隐患既影响当地民众的日常生活，也会影响到旅游者的体验质量。后者是旅游/旅游地社区具有的独特问题，是指由于发展旅游业所带来的文化冲击、社会治安、资源破坏等特殊问题等。这两类安全问题相互影响，互为条件和约束。

从安全对象上可分为物质安全、制度安全和精神安全，物质安全是指社区内各种天然资源（旅游资源与其他资源）、人造设施以及自然生态环境等不受破坏，保持良好的状态；制度安全是指社区内社会关系与社会结构、社会制度等的稳定与和谐；精神安全是指社区内居民的价值观念、认同意识、社会风气、伦理道德体系保持正面积极的状态。

从社区旅游安全管理的范畴看，主要包括社区生活与旅游安全环境、旅游活动与社区安全互动影响、社区旅游安全监督与促进等方面。

（四）社区旅游安全的影响因素

影响社区旅游安全的因素是多方面的。有关研究表明，最主要的有：旅游活动导致的社区文化冲突、外来人员涌入导致的社会治安问题、旅游业发展对环境的破坏以及旅游业发展过程中因收入分配不均匀而导致的各类矛盾等。

1. 文化冲击导致的社会安全问题

旅游从一定程度上可以说是旅游者和旅游目的地居民之间的文化互动过程。旅游目的地居民与客源地旅游者之间的互动对旅游地社区文化的发展具有一定的促进作用，但在实际的旅游活动过程中，许多海洋旅游目的地经济发展水平低，社区文化往往处于弱势地位，易受到外来文化的冲击。文化的冲击不仅表现在物质文化层面，也体现在深层次的精神文化层面。旅游客源地和海洋旅游目的之间的经济差异越大，冲击的程度也越强。这种冲击所造成的当地民族文化、民俗民风的同化、商品化、庸俗化以及民族文化价值观的退化与遗失，是海洋旅游目的地社区安全问题的主要引致因子。

2. 外来人员涌入导致的社会治安问题

随着旅游的发展，旅游景点的开发和与之配套的住宿、餐饮、娱乐场所的建造，旅游社区在较短的时间内聚集了许多外来人员。这些外来人员的涌入打乱了社区相对稳定的安全制约系统，导致社区社会治安在一定时期内恶化，给社区治安带来了不稳定因素，加之人员流动性大，旅游社区因而容易出现盗窃、暴力、欺诈、吸毒、色情、赌博、抢劫等违法犯罪活动。

3. 旅游业发展对环境的破坏

旅游业极大地推动了当地社会和经济发展的同时，也给当地社区的环境以及自然和人文资源带来了极大的影响。有学者在调查了澳大利亚的一个文化旅游社区居民在旅游发展的不同阶段对旅游影响的态度后发现，旅游业的发展使得居民对社区经济及基础设施的改善有着良好感知，而对环境有着不良感知。旅游业的发展给当地社区环境带来的负面影响主要表现为：因旅游业过度开发建设不仅带来了水土流失以及生态环境恶化问题，而且破坏了原有自然景观的布局；旅游者对名胜古迹的乱刻乱画，使名胜古迹的原始风貌受到严重威胁；交通工具的大量进入，造成废气排放量的增加，使当地的空气污染、噪声污染和水质污染加剧；旅游者产生的生活垃圾污染问题等。这些因发展旅游对社区环境造成的负面影响，是引起社区居民不满旅游发展的原因之一。如果又得不到利益的补偿，因环境破坏所带来的心情不满就会被无限扩大化，伴随而来的就是一些排斥旅游发展的过激行为。

4. 旅游收入分配不均所造成的社会矛盾

在旅游发展过程中一些居民，凭借敏锐的经济感知力、灵活的头脑先富了起来。另外，在海洋旅游发展过程中，有些政策在照顾一部分社区或居民的利益同时，常常忽视了另一部分人的利益。社区居民之间收入差距和以前相比逐渐拉大，处于旅游收益劣势的社区居民认为参与旅游开发的机会缺乏一定的公平性，因此感到强烈不满，他们可能会使用不同的方式抵制旅游业的发展，如驱赶旅游者、破坏道路或景点的安全设施、破坏旅游景点、拦截旅游大巴等，由此发生的因征地拆迁、生意竞争引发的集体上访事件、接待纠纷、与开发商发生冲突等，严重影响旅游业健康发展和社区的和谐稳定。

此外，旅游者对社区安全的直接影响还表现在：旅游者大量进入社区而造成社区物质供给紧张、水电费用增高等对社区居民生活的直接冲击；旅游者带来的饮食卫生、疾病传染问题。

二、社区旅游安全认知表现与影响

（一）社区旅游安全认知表现

社区旅游安全认知是指社区的管理人员、工作人员及社区居民重视社区旅游安全管理，将社区旅游安全管理融入到社区的各项建设中，在创建社区社会、生活安全环境的同时，为海洋旅游目的地创造一个良好的社区旅游环境，为海洋旅游者提供一个安全、秩序良好的社区环境。显然，社区旅游安全管理是海洋旅游安全管理的重要组成部分。社区旅游安全认知主要表现在：社区对参与旅游安全管理的作用与意义的认识；社区进行旅游管理的法规、条例；社区参与旅游安全管理的内容与形式；社区参与安全管理的层次与程度；社区参与旅游安全管理的机制与防控措施。

（二）社区旅游安全认知的影响因素

社区旅游安全认知受到目的地旅游业发展的规模水平、社区居民对旅游业的认识程度、旅游主管部门对社区参与的重视程度、参与机制以及政策法规的健全程度、激励机制的完善程度等诸多因素的影响，这些因素制约着社区旅游安全认知的程度和效果。

三、海洋旅游安全管理的对策与建议

（一）明确社区参与海洋旅游安全管理的重要性

旅游发展对社区的影响包括社区经济、文化、生活习俗等方方面面，这些因素将直接或间接地诱发社区安全问题，而社区安全问题反过来又将影响到海洋旅游目的的可持续发展。因此，认识社区旅游安全问题、认识社区参与海洋旅游安全管理的实质与重要性，明确社区参与海洋旅游安全管理的地位，是海洋旅游安全管理的需要。1997年，世界旅游组织、世界旅游理事会与地球理事会颁发的《关于旅游业的 21 世纪议程——实现与环境相适应的可持续发展》中明确提出了社区参与是旅游可持续发展的重要内容和环节。积极的社区参与可以强化社区居民的自我意识，增强社区的认同感，促进传统文化的延续，从而更好地保护传统文化。

旅游可持续发展要求顾及全面、均衡发展。在海洋旅游活动中，涉及多个利益相关方，如政府、旅游企业、当地社区居民、旅游者等，在众多的旅游发展利益相关者中，政府探求管理效益最大化，旅游企业追求经济利益的最大化，旅游者寻求旅游需求满足最大化，当地社区往往是被忽视的利益主体。社区居民处于旅游发展中的弱势群体，他们的地位被边缘化。

海洋旅游地社区的可持续发展就是要解决社区与政府、社区与旅游企业、社区与旅游者的不对等地位问题，实现社区经济、社会、环境、文化效应的最大化。所以认知海洋旅游地社区安全问题，认知社区参与海洋旅游安全管理的重要性，是海洋旅游安全管理的重要任务与内容，也是海洋旅游业可持续发展的需要。

（二）进行社区旅游安全管理组织建设

在我国涉及社区安全的管理机构或单位主要有公安部门（派出所）、消防部门、卫生部门、环保部门、街道办事处等。这些机构分别负责社区的社会治安、消防、卫生、环境保护等任务，各司其职。其中街道办事处具体执行所属政府交办的有关社区安全管理具体事项，如暂住人口管理、社会治安综合治理、普法宣传等，协助本辖区的有关机构开展社区安全管理的工作，并指导辖区内居民委员会等居民自治组织的安全管理工作。相比于国内的社区管理组织模式和体制，国外社区组织自治模式与社区居民在安全发展中的地位和作用巨大，而我国社区的安全组织管理模式更多地依赖政府和政策的引领作用，社区管理活动主要依靠行政命令。而且，社区管理工作经常要与其他政府行政部门工作配合或衔接，存在职责划分不清、缺乏公众参与机制、社区居民缺少参与社区公共事务的渠道、参与意识薄弱的问题。这种分工形式存在的缺点在旅游/旅游地社区显得更加突出。

因此，要想有效管理社区旅游安全，必然建立与社区参与管理相对应的旅游安全管理组织，王新建、郑向敏等人（2003）提出了社区参与的社区旅游安全管理机构模式（图3-1）。

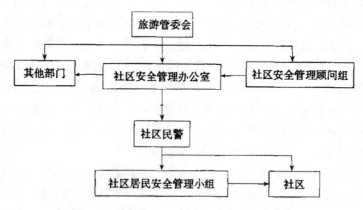

图 3-1　社区参与的旅游安全管理机构模式

旅游管委会职责：制定相关的管理制度和工作计划，将有关社区安全问题放在旅游开发与管理的全局加以考虑。

社区安全管理办公室职责：集中各种社区安全管理职能，统一组织协调和管理社区安全问题，在旅游社区推行居民安全联动管理。

社区安全顾问组职责：由旅游管委会各办公室负责人和社区领导组成社区安全顾问团。其具体职责是负责监督社区安全工作，并帮助协调相关部门的安全工作。

社区民警职责：根据社区的范围大小和安全环境，在社区设置若干社区民警。具体职责包括：信息收集和掌握、人口管理、治安组织与防控等。

社区居民安全管理小组职责：成员由社区居民中一些先进分子，如退休老干部、老党员、具有一定威望的居民，热心社区公益的居民组成。在社区民警的指导下开展社区走访和巡查工作、负责监督特定区域的旅游安全、调节社区民众与旅游经营者、旅游者和政府部门的矛盾，及时汇报社区安全隐患、发放旅游安全管理材料，帮助组织旅游安全宣传活动等。

（三）制定相关的社区旅游安全管理制度

社区旅游安全管理制度建设是有效进行社区旅游安全管理的基础，是将社区旅游安全管理制度化、稳定化、规范化的保障。社区旅游安全管理制度的基本内容主要有：

社区旅游安全管理规章制度、社区旅游安全规划、社区旅游安全组织的工作职责和相互协调制度、社区旅游安全设施设备检查管理制度、社区内交通安全管理制度等。

（四）提高社区居民的旅游安全认知

社区居民旅游安全认知是衡量社区旅游安全状况的标志，海洋旅游安全宣传教育是提高社区居民旅游安全认知的重要途径之一。旅游安全宣传教育要考虑到社区居民的思想观念、接受能力、易接受的方式等实际情况；同时，结合所在海洋旅游目的地旅游业的发展阶段、社区居民参与的不同层次以及社区旅游安全的具体情况有计划地进行。

在旅游发展初期，社区居民参与旅游安全管理属于被动参与阶段。在这一时期，居民对旅游业了解程度少，居民参与旅游业程度低，对旅游安全问题认识不足，由于旅游者不多，旅游安全问题也相对较少。因此，这一阶段旅游安全宣传教育重点是加强社区居民对旅游安全的理解与认识、对文物保护和生活环境保护的认识。

当旅游经过一段时间的发展，社区居民开始逐渐认识到发展旅游所带来的经济利益是可观的，从心理上开始接受旅游发展，并开始积极主动地参与其中，但随着旅游者的大量涌入，社会治安、文化冲击、环境破坏、利益分配不均等安全问题开始不断出现，引起了社区居民对旅游的不满，有些甚至发展为社区与旅游者、社区与旅游企业、社区与政府部门之间的冲突事件，因此，此时旅游社区安全意识的建设重点是进行有关法律法规的宣传活动，为社区居民举办安全讲座，组织社区居民安全管理小组协调矛盾，对一些不法行为进行整治等。

在旅游成熟期，居民全面参与旅游发展，重视社区形象的保护和社区旅游安全的防控与管理。因此，这一阶段主要是通过旅游安全教育，促使社区居民自觉维护社区的形象和社区旅游安全，鼓励居民同各种有害社区安全的现象做斗争。

（五）社区旅游安全文化环境建设

建设积极健康的、具有地方特色的社区文化，既是提高旅游目的地吸引力的有效手段，也是实行社区旅游安全管理的根本保证。当地政府需联合各级部门、社区、民众，通过电影、广播、互联网等媒体宣传，社区、学校"本土"文化教育、举办文化讲座、成立具有社区文化特色的表演团体、支持社区居民自发的民俗文化表演活动等多种途径，强化社区居民对本土文化的认同感，激发社区民众对传统文化的自豪感和维护传统文化的责任感，使社区民众对外来文化有正确认识。

（六）建立旅游补偿机制

旅游补偿主要是指旅游社区的经济补偿、环境补偿。旅游经济补偿的现实表现是社区参与旅游。旅游环境补偿主要是指与当地政府一起共同改善社区卫生医疗条件、完善基础生活设施、美化环境以及维护社会治安等。因此，通过旅游补偿资助社区改善生活环境，这样既是实现社会公平的一种表现，也是为自己的旅游发展营造一个优美的社区环境，有助于给游客带来全方位的体验，当地社区居民的生活质量得到改善，社区居民的素质也提高了，参与程度就会相应提高，就会自觉维护社区旅游安全，就越有利于社区旅游安全环境的建设。

本章小结

　　海洋旅游安全认知，包括海洋旅游者安全认知、海洋旅游企业与从业人员安全认知和海洋旅游地社区安全认知。从发生旅游安全事故原因可以看出，安全事件大多是可以通过提高旅游者、旅游企业及从业人员、社区安全认知，强化旅游安全管理等方面控制或减少旅游安全事件发生。

复习思考题

1. 什么是旅游安全认知？
2. 海洋旅游安全认知由哪几部分构成？
3. 如何看待海洋旅游者的安全认知？
4. 如何认识海洋旅游企业与旅游从业人员的安全认知？
5. 为什么说社区旅游安全认知是海洋旅游安全管理的重要组成部分？

阅读材料

旅游者与东道主的相互关系

　　旅游之所以会对旅游目的地产生巨大的社会影响，从量的积累性来看，主要是现代旅游发展的规模空前庞大，已经成为一种非常重要、不可缺少的社会现象；从质的规律性来看，主要是因为旅游是一项人的产业，人既是旅游产品的组成部分，又是旅游产品的消费者。旅游学家一般认为，旅游对社会的影响主要是"对人的影响"，即对与旅游者有直接或间接联系的东道主的影响（沃尔夫）。因此，旅游者和东道主之间的相互关系是决定旅游社会影响的重要因素。

巴特勒认为，群体或个人对旅游的态度或行为反应可能是肯定或否定、积极或消极的。他用如图3-2的模型表明了东道主对旅游者的态度和行为反应。在任何旅游目的地，所有4种类型都在任一时间内存在，但每一种类型的人数是经常变动的。

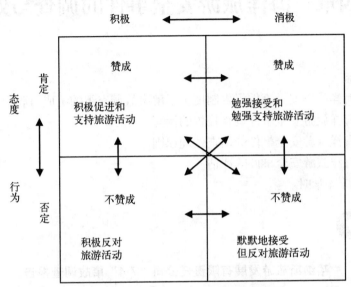

图3-2　东道主对旅游活动的态度和行为反应

旅游发展的最初阶段一般与东道主的满腔热情相伴随，因为他们意识到投资者和旅游者可能会给当地带来经济利益，因此旅游的开发常常受到欠发达地区政府和居民的支持。但是，这种热情和支持是以一定的界限为前提的，而且这种界限随着时间和空间的变化而改变。一般来说，只要游客的人数及其累积影响仍处于这一界限以内，而且经济影响仍然是积极的，景区拥有的游客就为大多数东道主所接受和欢迎。但是，一旦超过界限，无数消极的不满征兆就会出现，从温和的冷漠到极端的"恐外症"渐次发展，从勉强的礼貌到公开的反对逐步提升。尽管东道主群体潜意识中所认定的极限是很难准确测量的，但主要随以下情况而变化：①旅游者与东道主之间的文化和经济差距；②景区的能力及其吸收光顾的游客有无从物质上和心理上破坏、挤掉令人向往的地方活动；③旅游发展的快速性和强度。

［资料来源：王富玉.国际热带滨海旅游城市发展道路探析[M].北京：中国旅游出版社，2000.
王新建.郑向敏.旅游社区安全认知[J].华侨大学学报（哲学社会科学版），2003，（04）.]

第四章　海洋旅游安全事件的调查与处理

教学目标
- 熟悉海洋旅游安全事件报告制度，了解事故调查组的组成与职责。
- 掌握海洋旅游安全事件调查报告的撰写。
- 掌握海洋旅游安全事件的调查处理原则。
- 了解海洋旅游安全事件的评估。

计划学时：4 学时。

喀纳斯旅游发展有限责任公司 "7·4" 事故调查报告

一、前言

事故发生时间：2015 年 7 月 4 日北京时间 11 时 35 分左右。

事故发生地点：喀纳斯景区禾木村漂流。

事故单位名称：布尔津县喀纳斯旅游发展股份有限责任公司。

事 故 类 别：溺水（漂流旅游安全事故）。

事故造成 1 人死亡、1 人失踪。直接经济损失 160 余万元。

事故发生后，地区行署、阿勒泰地区安监局、喀纳斯景区管委会及禾木喀纳斯蒙古民族乡等领导以及喀纳斯旅游发展股份有限责任公司负责人立即赶赴事故现场，组织救援，根据《生产安全事故报告和调查处理条例》（国务院令第 493 号令）的规定，喀纳斯景区管理委员会成立了喀纳斯旅游发展股份有限责任公司 "7·4" 事故调查组（以下简称 "事故调查组"）。事故调查组由喀纳斯管委会公安局、综合执法局、旅游局、环卫大队、边防大队、边防禾木派出所、消防大队组成。事故调查组通过现场勘查、调查取证和研究分析，查明了事故发生的经过、原因，认定了事故性质，并就事故处理及防范措施提出了建议。

二、事故单位基本情况

新疆布尔津县喀纳斯旅游发展股份有限责任公司成立于 1986 年，法定代表人吴疆勇，注册资金 8000 万元人民币，注册地址为新疆阿勒泰地区布尔津县，公司类型为有限责任公司（自然人投资或控股法人独资），机构代码证号为 59916051-X。

漂流公司是由新疆喀纳斯旅游发展股份有限公司、阿勒泰喀纳斯旅游投资有限责任公司 2 位股东共同出资于 2012 年 7 月注册成立，注册地为布尔津县。主要经营水上漂流、旅游产品开发及销售。目前公司拥有漂流艇 20 艘，漂流队员 39 人，自成立后，因禾木封闭修路等原因，暂停经营，于 2015 年 6 月起开始运营。

三、事故经过

2015 年 7 月 4 日上午 11 时 45 分，喀纳斯景区禾木村漂流起点处乘坐 7 名游客，由 3 名工作人员负责操作漂流艇进行漂流。上午 11 时 55 分左右，当漂流艇行驶出 2 千米左右的地方，由于当时水势太急，有浪打到漂流艇上使漂流艇航行偏移横向撞至河道内的树木上倾斜，紧接着又有一个浪打到漂流艇，造成漂流艇重心失衡致使漂流艇侧翻，艇上工作人员（帕尔哈提、阿勒木汗）和一名游客（余某某）抓住了游艇，其他人员全部被水冲散，3 名工作人员及时又救起 2 名游客，有一名游客（吴某）自己游到河的对岸，另一名游客被冲到浅滩后被后面赶来的救援漂流艇救起，还有 2 名游客（王某某、吴某某）被冲往下游，事发后漂流艇工作人员赶紧联系漂流处负责人进行紧急救援，经搜救在出事点下游 100 千米处的河道找到王某某（已无生命体征），游客吴某某失踪。

四、事故原因

根据事故调查组的调查分析，认定这起事故为旅游安全事故。漂流公司应负一定的责任：

（1）喀纳斯旅游发展股份有限责任公司漂流公司对漂流河道存在的安全隐患未及时发现及处理；

（2）漂流公司对漂流河道涨水而未采取停止漂流作业。

五、责任认定及处理建议

（一）责任认定

主要责任：喀纳斯旅游发展股份有限责任公司漂流公司安全生产管理不严，对雨季河道涨水重视程度不够，没有人在落实安全责任，对河道内因涨水带来的断树隐患未及时发现并采取措施进行消除，对漂流操作人员安全培训力度不足，对乘客安全教育不到位，在这起事故中负主体责任。

（二）对事故单位处理意见

事故单位喀纳斯旅游发展股份有限责任公司漂流公司没有认真落实安全生产责任，是这起事故的主要责任单位。

《中华人民共和国安全生产法》第二十二条规定，生产经营单位的安全生产管理机构以及安全生产管理人员应履行下列职责：（五）检查本单位的安全生产状况，及时排查生产安全事故隐患，提出改进安全生产管理的建议；（六）制止和纠正违章指挥、强令冒险作业、违反操作规程的行为。第二十五条规定，生产经营单位应当对从业人员进行安全生产教育和培训，保证从业人员具备必要的安全生产知识，熟悉有关的安全生产规章制度和安全操作规程，掌握本岗位的安全操作技能，了解事故应急处理措施，知悉自身在安全生产方面的权利和义务。未经安全生产教育和培训合格的从业人员，不得上岗作业。第三十八条规定，生产经营单位应当建立健全生产安全事故隐患排查治理制度，采取技术、管理措施，及时发现并消除事故隐患。事故隐患排查治理情况应当如实记录，并向从业人员通报。

依据《中华人民共和国安全生产法》第一百零九条规定，发生生产安全事故，对负有责任的生产经营单位除要求其依法承担相应的赔偿等责任外，由安全生产监督管理部门依照相关规定处以罚款。"7·4"事故属一般事故，应处二十万元以上五十万元以下的罚款。

建议：给予喀纳斯旅游发展股份有限责任公司漂流公司处以20万的罚款。

六、防范措施

（1）喀纳斯旅游发展有限责任公司要认真吸取"7·4"事故教训，加大安全检查力度，发现安全隐患立即组织人员进行处理，特别是在洪水过后要对漂流河道进行仔细排查，在隐患未彻底排查整改完毕前严禁漂流。

（2）注意天气变化，在汛期、大风天气严禁漂流。

（3）漂流工具要建立完善的维修、保养、更新制度，有专人、专职负责。

（4）严禁游客携带个人物品上艇。

（5）漂流艇工作人员要使用具有防水功能的通信工具。

（6）严格核查漂流游客的身体状况、年龄、身高以及男女搭配人数。

（7）组织人员编制与实际相符的应急预案，并组织演练、评审备案。

（8）事故单位需进一步完善、落实各个岗位操作规程，强化安全管理主体责任，加强管理，加大安全经费投入，严格执行各项管理制度和安全技术操作规程。

（9）对检查中发现的安全问题，要及时处理，并将检查及处理情况记录存案。同时对安监、喀纳斯景区管委会、公安等相关部门下达的隐患整改指令书要认真及时整改，并将整改结果按时上报。

〔资料来源：http://www.xjalt.gov.cn/info/2366/269368.htm〕

海洋旅游安全事件调查处理是指发生旅游安全事件后，相关部门和组织对旅游安全事件发生的原因，影响结果等进行调查、统计、分析、评估以及依照法律及有关规定对旅游安全事件涉及的单位和人员进行责任处理，对在应急救援中表现突出的单位和个人予以奖励等一系列工作的总称。

第一节 海洋旅游安全事件调查

海洋旅游安全事件调查主要集中在事件过程、事件性质、事件原因、事件影响等方面。事件调查的目的是通过调查、分析和评估事件所造成的损失和社会危害，掌握事件情况、查明事件原因、分清事件责任、提出改进措施，防止事件重复发生。

一、海洋旅游安全事件分级

国家旅游局 2016 年 12 月 1 日起颁布实施的《旅游安全管理办法》，将旅游安全突发事件根据事件的性质、危害程度、可控性以及造成或者可能造成的影响，分为一般、较大、重大和特别重大四级（表 4-1）。

表 4-1 旅游安全事件分级

事件等级	分级标准
一般旅游突发事件	1. 死亡（含失踪）3 人以下，或者重伤 10 人以下，或者直接经济损失 1000 万元以下。 2. 旅游者 50 人以下滞留超过 24 小时，并对当地生产生活秩序造成一定影响。 3. 其他在境内外产生一定影响，并对旅游者人身、财产安全造成一定威胁的事件

（续）

事件等级	分级标准
较大旅游突发事件	1. 造成或者可能造成人员死亡（含失踪）3 人以上 10 人以下，或者重伤 10 人以上、50 人以下，或者直接经济损失 1000 万元以上 5000 万元以下。 2. 旅游者 50 人以上、200 人以下滞留超过 24 小时，并对当地生产生活秩序造成较大影响。 3. 其他在境内外产生较大影响，并对旅游者人身、财产安全造成较大威胁的事件
重大旅游突发事件	1. 造成或者可能造成人员死亡（含失踪）10 人以上 30 人以下，或者重伤 50 人以上、100 人以下，或者直接经济损失 5000 万元以上 1 亿元以下。 2. 旅游者 200 人以上滞留超过 24 小时，对当地生产生活秩序造成较严重影响。 3. 其他在境内外产生重大影响，并对旅游者人身、财产安全造成重大威胁的事件
特别重大旅游突发事件	1. 造成或者可能造成人员死亡（含失踪）30 人以上，或者重伤 100 人以上，或者直接经济损失 1 亿元以上。 2. 旅游者 500 人以上滞留超过 24 小时，并对当地生产生活秩序造成严重影响。 3. 其他在境内外产生特别重大影响，并对旅游者人身、财产安全造成特别重大威胁的事件

二、海洋旅游安全事件报告制度

旅游安全事件报告应当及时、准确、完整，任何单位和个人不得迟报、漏报、谎报、虚报。

（一）海洋旅游安全事件报告程序

《旅游安全管理办法》对旅游安全突发事件报告作了如下规定。

1. 立即报告

旅游安全突发事件发生后，旅游经营者的现场人员应当立即向本单位负责人报告，单位负责人接到报告后，应当于 1 小时内向发生地县级旅游主管部门、安全生产监督管理部门和负有安全生产监督管理职责的其他相关部门报告；旅行社负责人应当同时向单位所在地县级以上地方旅游主管部门报告。

情况紧急或者发生重大、特别重大旅游安全突发事件时，现场有关人员可直接向发生地、旅行社所在地县级以上旅游主管部门、安全生产监督管理部门和负有安全生产监督管理职责的其他相关部门报告。

旅游安全突发事件发生在境外的，旅游团队的领队应当立即向当地警方、中国驻当地使领馆或者政府派出机构以及旅行社负责人报告。旅行社负责人应当在接到领队报告后 1 小时内，向单位所在地县级以上地方旅游主管部门报告。

2. 逐级上报

旅游主管部门在接到旅游经营者报告后，应当向同级人民政府和上级旅游主管部门报告。一般旅游安全突发事件上报至设区的市级旅游主管部门；较大旅游安全突发事件逐级上报至省级旅游主管部门；重大和特别重大旅游安全突发事件逐级上报至国家旅游局。

安全生产监督管理部门和负有安全生产监督管理职责的有关部门接到事故报告后，根据有关规定上报事故情况，并通知公安机关、劳动保障行政部门、工会和人民检察院。必要时，安全生产监督管理部门和负有安全生产监督管理职责的有关部门可以越级上报事故情况。安全生产监督管理部门和负有安全生产监督管理职责的有关部门逐级上报事故情况，每级上报的时间不得超过 2 小时。

事故自发生之日起 30 日内，事故造成的伤亡人数发生变化的，应当及时补报。

3. 信息通增加至电子版

各级旅游主管部门应当建立旅游安全突发事件信息通报制度。旅游安全突发事件发生后，旅游主管部门应当及时将有关信息通报相关行业主管部门。

4. 备案、统计

省级旅游主管部门应当于每月 5 日前，将本地区上月发生的较大旅游突发事件报国家旅游局备案，内容应当包括突发事件发生的时间、地点、原因及事件类型和伤亡人数等。

县级以上地方各级旅游主管部门应当定期统计分析本行政区域内发生旅游突发事件的情况，并于每年 1 月底前将上一年度相关情况逐级报国家旅游局。

（二）海洋旅游安全事件报告内容

海洋旅游安全突发事件报告内容随着安全事件处理进程而发生变化。

安全事件发生后的首次报告内容应包括：事件发生的时间、地点；事件发生的初步情况；事件接待单位及与事件有关的其他单位；报告人的姓名、单位和联系电话。

向上级旅游主管部门报告旅游安全突发事件，应包括：事件发生的时间、地点、信息来源；简要经过、伤亡人数、影响范围；事件涉及的旅游经营者、其他有关单位的名称；事件发生原因及发展趋势的初步判断；采取的应急措施及处置情况；需要支持协助的事项；报告人姓名、单位及联系电话。

前款所列内容暂时无法确定的，应当先报告已知情况；报告后出现新情况的，应当及时补报、续报。

事件处理过程中的补充报告内容包括：伤亡情况及伤亡人员姓名、性别、年龄、国籍、团名、护照号码；事件处理的进展情况；对事件原因的分析；有关方面反映和要求；其他需要请示或报告的事项；报告人姓名、单位及联系电话。

事件处理结束后，发生地旅游主管部门应当及时查明突发事件的发生经过和原因，总结突发事件应急处置工作的经验教训，制定改进措施，并在 30 日内按照下列程序提交总结报告：

一般旅游突发事件向设区的市级旅游主管部门提交；

较大旅游突发事件逐级向省级旅游主管部门提交；

重大和特别重大旅游突发事件逐级向国家旅游局提交；

旅游团队在境外遇到突发事件的，由组团社所在地旅游主管部门提交总结报告。

三、海洋旅游安全事故调查组的组成及职责

海洋旅游安全事故调查处理应当坚持实事求是、尊重科学的原则，及时、准确地查清事件经过、事故原因和事件损失，查明事故性质，认定事故责任，总结事故教训，提出整改措施，并对事故责任者依法追究责任。

（一）海洋旅游安全事故调查组的组成

事故调查组的组成应当遵循精简、效能的原则。事故调查组成员应当具有事故调查所需要的知识和专长，并与所调查的事故没有直接利害关系。根据事故的具体情况，事故调查组由有关人民政府、安全生产监督管理部门、负有安全生产监督管理职责的有关部门、监察机关、公安机关以及工会派人组成，并应当邀请人民检察院派人参加，也可以聘请有关专家参与调查。

旅游安全事故发生后，发生地县级以上旅游主管部门应当根据同级人民政府的要求和有关规定，参与旅游安全事故的调查，配合相关部门依法对应当承担事故责任的旅游经营者及其责任人进行处理。

根据事故严重程度等级不同，事故调查组的组成人员不同（图 4-1）。

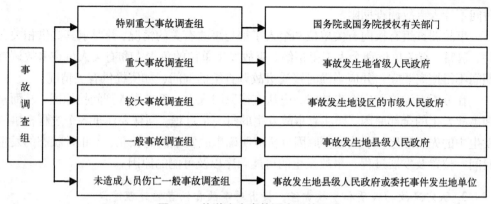

图 4-1　旅游安全事故调查组的组成

特别重大事故由国务院或者国务院授权有关部门组织事故调查组进行调查。重大事故、较大事故、一般事故分别由事故发生地省级人民政府、设区的市级人民政府、县级人民政府负责调查。省级人民政府、设区的市级人民政府、县级人民政府可以直接组织事故调查组进行调查，也可以授权或者委托有关部门组织事件调查组进行调查。未造成人员伤亡的一般事件，县级人民政府也可以委托事故发生单位组织事故调查组进行调查。

自事故发生之日起 30 日内（道路交通事故、火灾事故自发生之日起 7 日内），因事故伤亡人数变化导致事故等级发生变化，应当由上级人民政府负责调查的，上级人民政府可以另行组织事故调查组进行调查。

当上级人民政府认为必要时，可以调查由下级人民政府负责调查的事故。

特别重大事故以下等级事故，事故发生地与事故发生单位不在同一个县级以上行政区域的，由事故发生地人民政府负责调查，事故发生单位所在地人民政府应当派人参加。

事故发生地有关地方人民政府应当支持、配合上级人民政府或者有关部门的事故调查处理工作，并提供必要的便利条件。

（二）海洋旅游安全事故调查组职责

海洋旅游安全事故调查组履行下列职责。

1. 查明事故发生的经过、原因、人员伤亡情况及直接经济损失

事故调查中需要进行技术鉴定的，事故调查组应当委托具有国家规定资质的单位进行技术鉴定。必要时，事故调查组可以直接组织专家进行技术鉴定。技术鉴定所需时间不计入事故调查期限。

事故调查组有权向有关单位和个人了解与事故有关的情况，并要求其提供相关文件、资料，有关单位和个人不得拒绝。事故发生单位的负责人和有关人员在事故调查期间不得擅离职守，并应当随时接受事故调查组的询问，如实提供有关情况。

在分析海洋旅游安全事故时，应从直接原因入手，逐步深入到间接原因，从而掌握事故发生的全部原因。要注意事故发生的每一个过程，同样要注重各个过程在事故发生中的先后顺序。事故发生原因分析应明确事故发生前的征兆、不正常状态的发生时间、位置及发展过程，事故发生的可能顺序以及可能的原因。

2. 认定事故的性质和事故责任，提出对事故责任者的处理建议

事故调查中发现涉嫌犯罪的，事故调查组应当及时将有关材料或者其复印件移交司法机关处理。如果对事故的分析和事故责任者的处理不能取得一致意见，事故调查牵头单位有权提出结论性意见，或者报上级有关部门或同级人民政府裁决。

3. 总结事故教训，提出防范和整改措施

主要从技术和管理等方面对地方政府、有关部门和事故单位提出整改措施及建议，并对国家和有关部门在制定政策和法规、规章及标准等方面提出建议。

4. 提交事故调查报告

事故调查组应当自事故发生之日起 60 日内提交事故调查报告。特殊情况下，经负责事故调查的人民政府批准，提交事故调查报告的期限可以适当延长，但延长的期限最长不超过 60 日。事故调查报告应当附具有关证据材料，并且事故调查的有关资料应当归档保存。事故调查组成员应当在事故调查报告上签名。事故调查报告报送负责事故调查的人民政府后，事故调查工作即告结束。

事故调查组成员在事故调查工作中应当诚信公正、恪尽职守，遵守事故调查组的纪律，保守事故调查的秘密。未经事故调查组组长允许，事故调查组成员不得擅自发布有关事故的信息。

参与事故调查的人员在事故调查中有对事故调查工作不负责任，致使事故调查工作有重大疏漏的、庇护、袒护负有事故责任的人员或者借机打击报复的，将依法给予处分；构成犯罪的，依法追究刑事责任。

参加事故调查处理的部门和单位应当互相配合，提高事故调查处理工作的效率。任何单位和个人不得阻挠和干涉对事故的报告和依法调查处理，对事故报告和调查处理中的违法行为，任何单位和个人有权向安全生产监督管理部门、监察机关或者其他

有关部门举报，接到举报的部门应当依法及时处理。

四、海洋旅游安全事件调查取证

事件调查取证是完成事件调查的重要环节(图 4-2)。事件调查取证应从现场勘察、调查询问入手，收集人证、物证材料，进行必要的技术鉴定和模拟试验，寻求事件原因及责任，并提出相应防范措施。

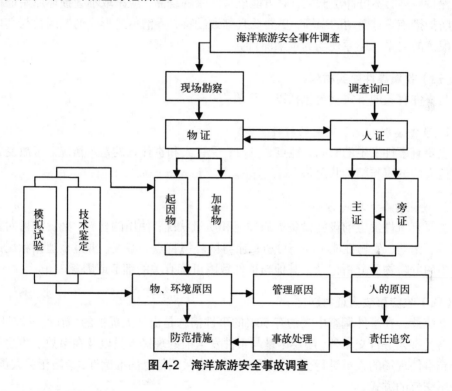

图 4-2 海洋旅游安全事故调查

（一）事件现场保护

为保证事件调查取证过程的客观、公正，在发生安全事件后，要划定安全事件现场的保护范围，在现场布置警戒，对事件现场做好保护工作。在事件调查人员到达之前，任何人不得进入安全事件现场。在抢救伤者、排除险情、疏通交通时，应尽量保护重点部位，对于必须移动的现场某些物体，做好现场标记或注明变动前的状态。有条件的可现场录像。如果遇到气候变化等可能导致现场痕迹、物证遭到破坏、移位时，应采取妥善措施尽力保护现场原貌。对于特别重大的伤亡事件，要立即通知当地公安部门，公安部门派人赶赴伤亡事故现场，负责伤亡现场事故现场的保护。

（二）事件现场勘察并收集有关物证

全面、细致的现场勘察是获取现场证据的关键。通过对现场痕迹、物证的收集和检验分析，可以查明事件发生前和事故发生时的情节、过程，判明发生事件时的主、客观原因，为正确处理事件提供客观依据。因此，无论何种类型的事件现场，勘察人员都要力争把现场的一切痕迹、物证甚至微量物证收集、记录下来，所有收集的物件都应保持原样，不可冲洗擦拭，对可能危害健康的物品，应采取不会损坏原始证据的安全防护措施。对变动的现场，更要认真细致勘察、弄清痕迹形成的原因及与其他物证和痕迹的关系，还原现场的本来面目。

（三）收集事件事实材料

与事件有关的事实材料包括以下几项。

1. 事件鉴别、记录有关的材料

主要有事件发生的时间、地点、单位、受害人和责任人的基本情况。事故受害人和责任人的健康与精神状况等。

2. 设施设备、环境方面情况

主要有事件发生前设施设备等的性能和质量状况；使用的材料，必要时可对其进行物理、化学、生物性能实验与分析；旅游区环境特点、湿度、温度、道路状况以及环境中的危险物质分析记录；其他与事件致因可能有关的细节或因素。

（四）收集事故人证材料

据统计，在事件调查中大约有 50% 的事件信息是由证人提供的。在调查取证时，除了与受害人进行交谈外，还要尽量与事件发生前的现场人员以及在事故发生之后立即赶到事件现场的人员进行交谈。为最大限度地保证信息的准确性，走访相关人员时，应采用交流的方式。

（五）采集事件现场影像资料

采集影像资料是收集信息的重要手段，能够固定证据，为事件分析和处理提供可视性证据。影像资料采集应按照现场勘察的规定 调查和审理工作的要求，拍摄事件发生现场上与事件有关的人与物、遗留的痕迹等，做到真实准确、客观实际、完整全面、鲜明突出、系统连贯。

（六）绘制事件现场图

在对事件发生地经过全面的研究和影像采集之后，通常要绘制事件现场图。通过绘制现场图，能够展示现场活动的空间形态，比较精确地反映现场上重要物品的位置和比例关系，呈现事件发生的情景，为分析研究事件发生原因和规律提供思路。现场图与现场笔录、现场影像均有各自的特点，相辅相成，不能互相替代。

五、海洋旅游安全事件调查报告撰写

海洋旅游安全事件调查报告是在对海洋旅游安全事件经过深入细致的调查，将调查中收集到的材料加以系统整理，分析研究，以书面形式向组织汇报调查情况的一种文书。为有关部门掌握情况、研究问题、处理旅游安全事件及善后工作、进行科学决策提供依据，具有实现解决问题、教育批评、告诫人们吸取教训的作用。

（一）海洋安全事故调查报告要求

1. 实事求是

调查报告是一种说明性的文体，主要用来说明调查研究的情况和结果。靠事实说话是调查报告最大的特点，客观事实是调查报告赖以存在的基础，是调查报告的生命。因此，对问题的分析研究，必须深入调查，获取最真实的原始材料，以充分、确凿的事实为依据。

2. 科学性

调查报告离不开确凿的事实，但又不是材料的机械堆砌，而是对核实无误的数据和事实进行严密的逻辑论证，探明事物发展变化的原因，预测事物发展变化的趋势，提示本质性和规律性的东西，得出科学的结论。

海洋旅游安全事件调查报告必须科学利用各种调查和分析方法，揭示事件发生的真实原因，它不光着眼于表面的现象，而且要深入研究和掌握事件内在本质，只有阐明事件发展的规律，才能揭示事件发生的本质。

3. 完整性

海洋旅游安全事件调查的结论必须具有无可辩驳的说服力。因此只有完整地反映事件发展的全过程，说明事件的起因、发展和结果，才能了解调查结论的来龙去脉，了解结论的依据，才能达到影响和说服接受调查结论的目的。

4. 时效性

2007 年 6 月 1 日起施行《生产安全事故报告和调查处理条例》中明确规定了调查报告的提交时限，因此，从调查研究到撰写定稿各个环节都要抓紧时间。

（二）海洋旅游安全事件调查报告内容

海洋旅游安全事件调查报告应当包括下列内容。

1. 事件发生单位或区域概况

事件发生单位概况包括该单位成立时间、注册地址、所有制性质、隶属关系、经营范围、证照情况、法人代表、注册资金等。

2. 事件发生经过和事件救援情况

事件发生经过概况包括事件发生的时间、地点、性质、基本情况（从事件发生及事件报警开始直到事件现场得到控制、事件条件得到消除及应急响应终止时发生的相关情况）等。事件救援包括应急救援指挥部情况、救援队伍救援情况，有关领导作出批示情况，有关部门及政府负责人赶赴事件现场指导救援情况。

3. 事件造成的人员伤亡和直接经济损失

包括事件造成的人员伤亡情况、直接经济损失和间接经济损失、生态破坏情况、事件等级等。

4. 事件发生的原因和事件性质

说明事件发生的直接原因和间接原因、事故的性质。

5. 事件责任的认定以及对事件责任者的处理建议

事件责任的认定主要有事件责任人的基本情况（姓名、政治面貌、职务、主管工作）；责任认定事实（责任人的违法、违规和错误事实）；对事件发生所负的责任（直接责任、主要责任、主要领导责任、重要领导责任）认定。

对事件责任者的处理建议包括移送司法机关处理、党纪行政处分、行政处罚等建议。对有关责任单位实施行政处罚的建议内容包括责任单位名称、处罚理由、处罚依据、处罚建议、罚款金额以及执法主体等。

6. 事件防范和整改措施

在对事件原因进行分析研究的基础上，应讨论事件教训、安全管理建议、今后防范和整改措施等。对于需要改进的，要狠抓落实，并进行督促检查，督办到位。

7. 调查组成员签名

参加调查组的人员姓名、职务、单位。

8. 附件

附件主要有：①事故造成的伤亡人员基本情况及直接经济损失情况；②现场勘验、技术鉴定以及物证、证人材料，包括现场调查记录、事故现场的设备、作业环境状况；拍摄有关的痕迹和物件的照片、音像资料、绘制有关处所的示意图、事件图等；有资质的部门出具的技术鉴定结论和试验报告；与事件有关的物证、人证材料和事件责任者的自述材料；发生事故时的环境条件、操作情况和设计资料；有关事件的通报、简报及文件；其他需要载明的事项及事故有关的情况等；③伤亡鉴定证明。医疗部门对伤亡人员的诊断书、死亡证明或出院证明；公安部门死亡通知书或法医鉴定书；劳动和社会保障部门伤残鉴定证明；善后处理协议与公证书等。

小知识

"12·31"上海外滩踩踏为何定性为"事件"而不是"事故"？有何重大区别？

经过 20 天的调查，2015 年 1 月 21 日上午，联合调查组终于对上海外滩踩踏事件给出了明确"说法"。20 天里，先后有 51 位政府工作人员接受调查组约谈。调查组还先后对受伤人员、值勤民警、市民游客、地铁工作人员等 96 人调查走访，调取查看了外滩区域 36 个监控探头、累计时长约 70 小时的视频录像。

调查报告指出，这是一起对群众性活动预防准备不足、现场管理不力、应对处置不当而引发的拥挤踩踏并造成重大伤亡和严重后果的公共安全责任事件。

国务院原参事、国家应急管理专家闪淳昌表示，"我们说，这是踩踏事件而不是生产安全事故，两者确实有差别。首先，它不是一种生产经营活动；第二，它也不是有组织的大规模群众性活动。所以把它列为公共安全责任事件。"

上海市政府法制办副主任刘平说，"事实上，事件和事故在处理上并无重大区别。对最终处理来讲，关键是找法律依据。'事故'，并不一定都要处理到人，如天灾造成核泄漏就处理不到人。有的'事件'，也得处理人，如公共安全事件。事件还是事故，和如何问责没有直接关系。关键是看政府有没有作为，是直接过错还是间接责任。"

刘平还指出，外滩拥挤踩踏事件的性质是突发事件，不属于生产安全事故。对此次事件的调查不适用国务院《生产安全事故报告和调查处理条例》。

［资料来源：新浪新闻.上海官方回应为何外滩踩踏定性为事件而非事故[EB/OL]. http://news. sina. com.cn/c/2015-01-22/025931428607.shtml］

第二节　海洋旅游安全事件评估与处理

海洋旅游安全事件评估与处理是在安全事件发生后依据实际调查，对事件造成的损失和影响进行的回顾性评价，以及对事件调查结果进行处理。

一、海洋旅游安全事件评估

评估海洋旅游事件对社会、经济的影响，是分析安全效益，指导安全管理决策的重要基础，是对事件危害后果科学合理评价的基础。海洋安全事件评估应当按照客观、公正、科学、全面的原则进行。

（一）海洋旅游安全事件经济损失评估

海洋旅游安全事件一旦发生，往往造成人员伤亡或设备、装置、建筑物的破坏。一方面给企业和海洋旅游目的地带来许多不良的社会影响，另一方面也给企业和海洋旅游目的地带来巨大的经济损失。在事件的调查处理中，仅仅注重人员的伤亡情况、事故经过、原因分析、责任人处理、人员教育、措施制定等是完全不够的，还必须对事件经济损失进行统计。对事件的经济损失进行统计、计算，有助于了解事件的严重程度和安全经济规律。

1. 事件经济损失

事件对经济造成危害的量化表示就是事件的经济损失，通常用货币单位计量。事件经济损失是事件危害的最一般、最直接的、通常也是最重要的表现形式。事件不论大小通常会造成经济损失，但只有大的事件才会给社会、政治造成比较明显的危害。因此，事件经济损失包括一切经济价值的减少、费用支出的增加、经济收入的减少。财物和资源的毁灭是经济损失，因其本身具有经济价值且会影响系统的投入产出；环境的破坏含有经济损失，因为恢复环境需要费用支出；人员伤亡不可避免地会造成经济损失，不仅人员伤亡救治、抚恤要发生费用支出，而且人能创造价值，其成长、培养也具有成本。

安全事件的经济损失包括直接经济损失和间接经济损失两部分。但在不同国家、地区，直接经济损失和间接经济损失含义不尽相同。在国外，特别在西方国家，事故的赔偿主要由保险公司承担。于是，把由保险公司支付的费用定义为直接经济损失，而把其他由企业承担的经济损失定义为间接经济损失。

我国对直接经济损失和间接经济损失按照国家标准《企业职工伤亡事故经济损失统计标准》而定。该标准把因事故造成人身伤亡及善后处理费用以及被毁坏的财产价值规定为直接经济损失。把因事故导致的产值减少、资源的破坏和受事故影响而造成的其他损失规定为间接经济损失。我国的伤亡事故直接经济损失项目中,包括一些在国外属于间接经济损失的内容,所以,我国的事件损失中直接经济损失所占的比例较国外的大（表 4-2 ）。

表 4-2　旅游安全事件经济损失

直接经济损失		间接经济损失
人身伤亡处理费用	医疗、护理费用; 丧葬及抚恤费用; 补助及救济费用; 歇工工资费用	停产减产损失价值; 工作损失价值; 资源损失价值; 处理环境污染的费用; 补充新职工的培训费用; 其他损失费用
财产损失价值	固定资产损失价值; 流动资产损失价值	
善后处理费用	处理事件的事务性费用; 现场抢救费用; 清理现场费用; 事故罚款及赔偿费用	

事件经济损失可由直接经济损失与间接经济损失之和求出。其中,直接经济损失很容易直接统计出来,而间接经济损失比较隐蔽,不容易直接由财务账面上查到。

由于事故间接经济损失很难被直接统计出来,于是人们就尝试如何由事故直接经济损失来计算出间接经济损失,进而估计事故的总纷济损失。即

$$事故总损失 = K \times 直接经济损失$$

式中　K——直间系数。

美国著名安全工程师海因里希（Herbert William Heinrich）通过对 5000 余起事故经济损失的统计分析,得出直接经济损失与间接经济损失的比例 1:4 的结论。即伤亡事故的总经济损失为直接经济损失的 5 倍。这一结论至今仍被国际劳工组织（ILO）所采用,作为估算各国事故经济损失的依据。

2. 直接经济损失计算

（1）医疗护理费用。医疗护理费用是指用于治疗受伤害人员所开支的费用,如药

费、治疗费、住院费以及为照顾受伤人员请（派）专人护理所支出的费用。后者由事故发生单位支付，统计时只需填入实际费用即可。医疗护理费用计算公式为：

$$M = M_b + \frac{M_b}{P} \cdot D_C$$

式中　　M——被伤害人员的医疗费用；

　　　　M_b——被伤害人员日前的医疗费用；

　　　　P——事件发生之日至结案日的天数；

　　　　D_C——延续医疗天数，由企业劳资、安全、工会按医生意见确定。

公式为测算一名被伤害人员的医疗费用，一次事件中多名受伤害人员的医疗费用则累积计算。

（2）丧葬抚恤费用。丧葬费是死者家属为安葬死者而支出的必要费用。抚恤费是职工因公负伤或死亡后，国家或所在单位依照有关规定发放给伤残职工或死者家属的费用。

（3）补助及救济费用。补助费是指相关人员因安全事件全部或部分丧失劳动能力时应获得的生活费用。救济费是用金钱或物资对受害人进行补偿的费用。

补助费 = 平均生活费 × 赔偿年限 × 赔偿系数

（4）歇工工资费用。歇工工资费用是指工伤员工在自事件之日起的实际歇工期内，企业支付其本人的工资总额。歇工工资无论是在工资基金中开支，还是在保险福利费中开支，都应作为经济损失如实统计上报。歇工工资计算公式：

$$L = L_q \left(D_a + D_k \right)$$

式中　　L——被伤害职工的歇工工资；

　　　　L_q——被伤害职工日工资；

　　　　D_a——事件结案日期的歇工日；

　　　　D_k——延续歇工日，指事件结案后被伤害职工还须继续歇工的时间，由企业劳资、安全、工会等与有关单位酌情商定。

上述公式是测算一名被伤害职工的歇工工资，一次事故中多名被伤害职工的歇工工资应累和计算。

（5）财产损失价值。财产损失包括报废的资产损失价值和损坏（有待修复）的资产价值，前者用资产净值减去资产残值计算，后者按修复费用统计。

（6）处理事件的事务性费用。处理事件的事务性费用包括交通费、差旅费、接待其亲属的费用以及事件调查处理工作中所需的专家聘请费、器材费等，按实际支出如实统计。

（7）现场抢救费用。现场抢救费用是指事件发生时，外部人员为了控制和终止灾害，援救受灾人员脱离危险现场的费用。

（8）清理现场费用。清理现场费用包括清理事件现场的费用和处理环境污染的费用。前者主要为恢复生产而对事件现场进行整理和清除残留物所支出的费用，如修复道路、线路等所需的费用；后者主要包括排污费、保护费、治理费等。

（9）事故罚款及赔偿费用。事故罚款指上级单位依据有关法规对事故单位的罚款，不包括对事故责任者的罚款。赔偿旅游企业因发生事故不能按期完成旅游合同而导致的对外单位的经济赔偿，以及因造成公共设施的损坏而发生的赔偿费用，不包括对个人的赔偿和因造成环境污染而产生的赔偿。

（二）海洋旅游安全事件非经济损失评估

非经济损失是指与事件发生有直接或间接联系，不能用货币直接估价的损失。如事件导致的人的生命与健康损伤、工作效率影响、环境的毁坏、企业或旅游目的地的信誉受损等。安全事件非经济损失评估也是安全事件评估客观、科学、全面性的体现（表4-3）。

表4-3　旅游安全事件的非经济损失

损失类型	损失表现	损失后果	影响因素	评估方法
旅游形象损失	满意度降低；消极认知；利益相关者警告	旅游需求减少；旅游者不安；消极认知加重	事件类型；影响范围及强度；旅游产品类型和特征；	德尔菲法；市场抽样调查法；统计分析法
旅游可持续发展能力损失	竞争优势减弱；产业规模缩小；旅游人才流失	目的地恢复能力减弱；目的地恢复时间增加	旅游发展阶段；目的地区域位置；安全信息传播	层次分析法

1. 旅游形象的损失

旅游形象损失可表现为旅游者满意度降低、目的地的消极认知、相关利益者的警告等方面。当海洋旅游目的地发生安全事件时，现实或潜在的旅游者对海洋旅游目的地的风险认知感增强，使旅游者对旅游目的地旅游产品的消费需求、消费行为和消费结构等发生不利变化，从而造成旅游客流量的下降。

对旅游形象损失的评估可以通过信息反馈、对现实和潜在旅游者的满意度测评、目的地的认知以及利益相关者的反应来分析旅游安全事件所造成的形象损失，运用定性和定量相结合的方法进行。

2. 旅游可持续发展能力的损失

安全事件发生对所在地旅游业的冲击，最终都将反映到对所在地旅游可持续发展能力的影响上。旅游可持续发展能力损失评估包括旅游竞争优势（旅游产品竞争力、旅游企业竞争力和旅游生产要素竞争力等）、旅游产业规模和旅游人才状况。

（三）海洋旅游安全事件应急处置评估

海洋旅游安全事件应急处置评估从评估对象来说，分为对事件单位的评估和事件发生地人民政府的评估。

1. 对事件发生单位的评估内容

（1）应急响应情况，包括事件基本情况、信息报送情况等。

（2）先期处置情况，包括自救情况、控制危险源情况、防范次生灾害发生情况。

（3）应急管理规章制度的建立和执行情况。

（4）风险评估和应急资源调查情况。

（5）应急预案的编制、培训、演练、执行情况。

（6）应急救援队伍、人员、装备、物资储备、资金保障等方面的落实情况。

2. 对事件发生地人民政府的评估

（1）应急响应情况。包括事件发生后信息接收、流转与报送情况、相关职能部门协调联动情况。

（2）指挥救援情况。包括应急救援队伍和装备资源调动情况、应急处置方案制定情况。

（3）应急处置措施执行情况。包括现场应急救援队伍工作情况、应急资源保障情况、防范次生、衍生及事件扩大采取的措施情况、防控环境影响措施执行情况。

（4）现场管理和信息发布情况。

从评估项目来看，海洋旅游安全事件应急处置评估又分为以下几方面。

（1）应急预案评估。应急预案评估包括单项措施效果评估、组合措施效果及实际处理效果的整体评价。单项措施效果主要是根据所要达到的目标、资源的保障程度、资源调度所需要的时间、协调机制来评估该项措施所能取得的效果。组合措施效果是在逻辑上、时效上所能取得的整体效果。实际处理效果是资源消耗量、事件控制或消除的程度。通过预案评估，可以检验预案的有效性，并结合突发事件处置的实践经验，更新和完善应急预案。

（2）应急能力评估。应急能力评估是对旅游区各应急部门协同作战能力的评价，通过评估在应对突发事件的过程中存在的问题和不足，检验旅游区应急体系的可行性、科学性和效率。

评估时，首先要选取评价指标。评价指标可以是定量指标，也可以是定性指标，选取要遵循科学性、代表性、全面性及实用性的原则。然后转化评价指标。定性指标是用来反映旅游区能力的质的属性，它往往是根据经验判断或者直观判断得到的描述性数据，一般用"有"或"无"，"是"或"否"来表示，为便于转化为定量指标，易于计算处理或评估，经常采用分等级的形式，将其分为1级、2级、3级、4级、5级等。最后计算评估结果。

（3）应急效果评估。应急效果评估是对事件处理工作效率的评价。一般通过对其事件处理策略选择的合理性，事件信息沟通的及时、充分、准确性等方面进行评价。通过效果评估，及时总结经验，针对事件处理中暴露出来的管理问题，进行调整和改进完善，为未来的旅游日常与安全管理提供更好的建议和指导。

二、海洋旅游安全事件处理

（一）海洋旅游安全事件处理原则

1."谁主管，谁负责"
旅游区实行安全工作领导负责制，主管领导全面负责旅游区的安全工作，必须正确看待和处理安全工作与经营服务的关系，使安全管理工作的优劣与领导及员工的政治荣誉和经济利益挂钩。

2."四不放过"
"四不放过"指事件原因未查清不放过；当事人和群众没有受到教育不放过；没有制定切实可行的防范措施不放过；事件责任人未受到处理不放过。"四不放过"原则是要求对安全事件必须进行严肃认真的调查处理，接受教训，防止同类安全事件重复发生。

3.依法办事
旅游安全事件调查应实事求是，以客观事实为依据，事件处理要以法律法规为准绳，有法必依，执法必严。

（二）海洋旅游安全事件处理内容
海洋旅游安全事件处理情况由负责事件调查的政府部门或者其授权的有关部门、

机构向社会公布，依法应当保密的除外。

1. 事故调查报告批复

重大事故、较大事故、一般事故，负责事故调查的人民政府应当自收到事故调查报告之日起 15 日内作出批复；特别重大事故，30 日内作出批复，特殊情况下，批复时间可以适当延长，但延长的时间最长不超过 30 日。

2. 事件相关责任处理

按照负责事件调查的人民政府的批复，依照法律、行政法规规定的权限和程序，对事件发生单位和有关人员及在事件处理中办事不力的责任人和责任单位，进行行政处罚，对负有事件责任的国家工作人员进行处分。负有事件责任的人员涉嫌犯罪的，依法追究刑事责任。

3. 防范措施监督检查

事件发生单位应当认真吸取事故教训，落实防范和整改措施，防止事故再次发生。防范和整改措施的落实情况应当接受工会和职工的监督。安全生产监督管理部门和负有安全生产监督管理职责的有关部门应当对事故发生单位落实防范和整改措施的情况进行监督检查。

三、旅游者伤亡赔付

对旅游者进行经济赔偿是事件处理的重要一环，只有对旅游者进行合理的赔付，事件的影响才会降到最低。

（一）旅游经营组织者的安全责任

《最高人民法院关于审理人身损害赔偿案件适用法律若干问题的解释》中规定：从事住宿、餐饮、娱乐等经营活动或者其他社会活动的自然人、法人、其他组织，未尽合理限度范围内的安全保障义务致使他人遭受人身损害，赔偿权利人请求其承担相应赔偿责任的，人民法院应予支持。因第三人侵权导致损害结果发生的，由实施侵权行为的第三人承担赔偿责任。安全义务有过错的，应当在其能够防止或者制止损害的范围内承担相应的补充赔偿责任。安全保障义务人承担责任后，可以向第三人追偿。权利人起诉安全保障义务人的，应当将第三人作为共同被告，但第三人不确定的除外。因此，酒店、餐饮、景区等经营者作为提供旅游服务的一方，负有确保旅游者人身、财产安全的责任，有义务为旅游者提供安全的环境和场所，面对风险，应当事先向旅游者做出说明或者明确警示，并提供相应的安全防护措施。

《中华人民共和国旅游法》和《旅游安全管理办法》中明确规定旅游经营者的安全责任主要有以下几项。

（1）旅游经营者应当严格执行安全生产管理和消防安全管理的法律、法规和国家标准、行业标准，具备相应的安全生产条件，制定旅游者安全管理制度、应急预案、责任体系和安全工作资金投入。定期检查本单位安全措施的落实情况，及时排除安全隐患；对可能发生的旅游突发事件及采取安全防范措施的情况，应当按照规定及时向所在地人民政府或者人民政府有关部门报告，保证服务场所、服务项目和设施设备符合有关安全法律、法规和强制性标准的要求；配备必要的安全和救援人员、设施设备。

（2）旅游经营者应当对其提供的产品和服务进行风险监测和安全评估，依法履行安全风险提示义务，必要时应当采取暂停服务、调整活动内容等措施。经营高风险旅游项目或者向老年人、未成年人、残疾人提供旅游服务的，应当根据需要采取相应的安全保护措施。

（3）旅游经营者应当对从业人员进行安全生产、应急救助教育和培训，保证从业人员掌握必要的安全生产知识、规章制度、操作规程、岗位技能和应急处理措施，知悉自身在安全生产方面的权利和义务。未经安全生产教育和培训合格的旅游从业人员，不得上岗作业；特种作业人员必须按照国家有关规定经专门的安全作业培训，取得相应资格。发现履行辅助人提供的服务不符合法律、法规规定或者存在安全隐患的，应当予以制止或者更换。

（4）旅游经营者应当主动询问与旅游活动相关的个人健康信息，要求旅游者按照明示的安全规程，使用旅游设施和接受服务，并要求旅游者对旅游经营者采取的安全防范措施予以配合。就旅游活动中的正确使用相关设施、设备的方法、必要的安全防范和应急措施、未向旅游者开放的经营、服务场所和设施、设备、不适宜参加相关活动的群体、可能危及旅游者人身、财产安全的其他情形，以明示的方式事先向旅游者作出说明或者警示。

（5）突发事件或者旅游安全事故发生后，旅游经营者应当立即采取必要的救助和处置措施，依法履行报告义务，并对旅游者作出妥善安排。

（6）旅游组织者应当对可能危及旅游者人身、财产安全的事项，向旅游者作出真实的说明和明确的警示，并采取防止危害发生的必要措施。组织出境旅游，应当制作安全信息卡。如果将旅游业务委托给另一方的，接受委托的一方违约，造成旅游者合法权益受到损害的，作出委托的一方应当承担相应赔偿责任。作出委托的一方赔偿后，可以向接受委托的一方追偿。

（二）损害赔偿的项目

安全事件发生后需要对旅游者进行赔偿的，应遵循依法办事、尊重当事人意愿的原则，在对旅游者情绪进行安抚前提下，按照国家有关规定对旅游者进行适当的物质补偿。

人身损害的赔偿项目：受害人遭受人身损害，因就医治疗支出的各项费用以及因误工减少的收入，包括医疗费、误工费、护理费、交通费、住宿费、住院伙食补助费、必要的营养费等。

因伤致残的赔偿项目：受害人因伤致残的，其因增加生活上需要所支出的必要费用以及因丧失劳动能力导致的收入损失，包括残疾赔偿金、残疾辅助器具费、被抚养人生活费以及因康复护理、继续治疗实际发生的必要的康复费、护理费、后续治疗费等。

人员死亡的赔偿项目：受害人死亡的，赔偿义务人应当根据抢救治疗情况赔偿规定的相关费用外，还应当赔偿丧葬费、被抚养人生活费、死亡补偿费以及受害人亲属办理丧葬事宜支出的交通费、住宿和误工损失等其他合理费用。

本章小结

海洋旅游安全事件调查与处理是相关部门和组织对旅游安全事件发生的原因，影响结果等进行调查、统计、分析、评估，并依据调查结果，依照法律及有关规定对旅游安全事件涉及的单位和人员进行责任处理，以便不断提升海洋旅游安全管理水平与效果。

复习思考题

1. 简述海洋旅游安全事件等级分级标准。
2. 海洋旅游安全事件调查报告的基本内容有哪些？
3. 海洋旅游安全事故调查组的职责是什么？
4. 如何进行海洋旅游安全事件经济损失的评估？
5. 海洋旅游安全事件处理原则目的是什么？
6. 海洋旅游安全事件处理内容主要有哪些？

旅游保险购买小贴士

保险是投保人向保险公司缴纳一定金额的保费，当被保险人在保险期限内遭受意外伤害，并以此为直接原因造成死亡或残废时，保险公司按照保险合同的约定向保险人或受益人支付一定数量保险金的一种保险。旅游保险是指针对旅游者在旅游途中可能发生的各种意外（除疾病、外科手术、自杀、战事动乱、职业性运动竞赛与故意行为外）所导致的一切意外死伤事故所作的保障。

一、旅游保险种类

（一）承保对象不同的旅游保险种类

根据承保对象不同旅游保险通常有三种：旅行社责任险、旅游人身意外险、交通工具意外伤害险。

1. 旅行社责任险

旅行社责任险是承保旅行社在组织旅游活动过程中因疏忽、过失造成事故所应承担的法律赔偿责任的险种，该险种的投保人为旅行社。投保后，一旦发生责任事故，将由保险公司在第一时间对无辜的受害旅客进行赔偿。旅行社责任险具有很强的社会公益性。

2. 旅游（人身）意外险

旅游（人身）意外保险指在合同期内，在旅游活动中，遭遇外来的、突发的、非疾病导致的意外保险。旅游意外保险是一种短期保险，保的是游客不是旅行社。是由游客自愿购买的短期补偿性险种。

3. 交通工具意外伤害险

交通工具意外伤害险是指在保险期间内，被保险人以乘客身份乘坐民航客机或商业营运的火车、轮船、汽车期间因遭受意外伤害事故导致身故或残疾的，保险人依照约定给付保险金，且给付各项身故保险金和残疾保险金之和不超过各对应项的保险金额。

强制性的意外伤害保险的保费已包含在票价之内，游客在购买车票、船票时，实际上就已经投了该保险，其保费是按票价的 5% 计算的，每份保险的保险金额为两万元。保险期限为验票进站或中途上车上船起，至检票出站或中途下车下船止。在保险有效期内，因意外事故导致游客死亡、残疾或丧失身体机能的，保险公司除按规定支付医疗费用外，还要向伤者或死者家属支付保险金。

机票、车票以及景点的门票大都含有保险，这些票证也就具有保险凭证的意义。一旦发生意外，它们是要求保险赔偿和给付保险金的依据，应该妥善保存。

（二）承保地域不同的旅游保险种类

根据承保地域不同旅游保险主要有三类：国内旅游保险、境外旅游保险、申根签证旅游保险。

1. 国内旅游保险

国内旅游保险是旅游保险种类中最常见的，顾名思义是指若被保险人在保险期限内于国内进行旅游出行活动时发生意外事故或者突然急性病，且因该意外事故或者突发急性病产生意外身故、残疾或者产生合理且必要的医疗费用，保险公司将承担保险赔偿责任，按照保险合同约定的条款内容给付保险赔偿金。

对于在境内游玩的旅客来说，可挑选此类保险并关注责任范围。另外，如果在旅游时选择参加高风险项目如蹦极、滑雪等，应购买可承保高风险运动的国内旅游保险，最好含有 24 小时紧急救援，并牢牢记住救援服务电话。

2. 境外旅游保险

境外旅游保险是针对国民境外旅游、探亲访友、公干在境外面临的意外、医疗等风险联合推出的 24 小时全天候、综合性的紧急救援服务及意外、医疗、救援服务费用保险保障。

在购买时不同目的地国，挑选侧重点不同。若是前往美国、加拿大、日本等经济发达国家，考虑到这些国家医疗水平发达，医药费用昂贵，在挑选境外旅行保险时，医疗保障额度最好在 20 万元以上。而对于前往东南亚游玩的旅客，由于这些国家中有的经济水平较低，气候炎热，传染病滋生，仅购买具有基本保障功能的保险还远远不够，还要注意选购能够承保各类传染性疾病的保险。倘若赴非洲游玩，需关注紧急救援和医疗运输保障，以保证出行安全。

3. 申根签证保险

申根签证保险也是常见旅游保险的种类。根据申根国家协议要求，去这些国家旅游的人都必须出示一份已购买的申根签证保险，使领馆以此作为签发申根签证的基本前提。要注意所购买的保险产品必须是附带全球紧急救援功能，并且申根签证保险须在所有申根国家和整个逗留期间有效。

二、自助游、跟团游、自驾游的旅游保险购买建议

1. 自助游

自助游自主性比较大，遇到风险也比较多。在挑选旅游保险时需格外关注三点。①保障范围要全面。除了包含意外身故/残疾、医疗补偿等基础性保障，最好增加住院津贴、紧急医疗运送和送返。②保障额度要适中。其中，意外伤害保额在 20 万元以上为佳，对于自助出国游玩的人来说，医疗补偿额度与旅游目的地实际医疗水平挂钩。③倘若自助游计划中有参加高风险运动项目的计划，如滑雪、登山、漂流等，需投保份可承保高风险运动旅游保险。挑选此类保险，需包含 24 小时紧急救援。

2. 跟团游

跟团游虽然旅行社已经投保了旅行社责任险，但这一险种保障有限，仅仅承保因旅行社失误造成的损失。由于个人原因、自然原因对游客造成的伤害，只有旅游意外险可以担负赔偿责任。可选择基础型旅游保险。在购买时，需格外关注旅游保险保障期限，必须大于等于实际出游时间，起保日期从第一天的零时开始。如果计划跟团出国游玩，在选购旅游保险时还需加强医疗补偿额度。赴东南亚地区，医疗额度在 10 万元左右即可。美、日、加、澳游玩，需在 20 万元以上，而赴欧洲申根国要在 30 万元以上。

3. 自驾游

自驾出游时人和车的保障都需关注。建议挑选人身意外险或自驾车意外险。在购买自驾车意外险时，有必要明确保障范围，最好包含自驾车意外伤害保障、自驾车意外伤害节假日补偿、路边快修服务、紧急换胎服务等，只有全面的考虑才能让自驾游旅行更安全！如果经常出游的话，建议挑选一份一年期人身意外险。这样的话，在自驾游玩结束后仍然可以享受相应的保险保障，且可以免去重复投保的麻烦。

[资料来源：根据以下来源整理。
慧择网[EB/OL].http://xuexi.huize.com/special/jingzhun/lybxzl/
欣欣旅游.旅游保险种类介绍[EB/OL]. http://lxs.cncn.com/82761/n251263
搜狗百科.旅游人身意外伤害保险[EB/OL]. http://baike.sogou.com/v60026533.htm]

第五章　海洋性自然灾害的防范与应对

教学目标

- 认识风暴潮、海啸、海浪、赤潮、海岸带灾害等海洋性自然灾害的基本定义和类型。
- 掌握风暴潮的分级和危害，熟悉风暴潮的防范。
- 掌握海啸的危害及灾害分级，熟悉海啸的特点、成因以及海啸应急与逃生方法。
- 掌握海浪的成因及危害，熟悉海浪的防御知识。
- 熟悉赤潮的成因及危害，理解赤潮的防御方法。
- 了解海岸带灾害产生的原因及危害，理解海岸带灾害的防范。

计划学时：4学时。

导入案例

北京时间 2004 年 12 月 26 日 8 时 58 分在印度尼西亚苏门答腊近海发生 8.7 级（美国地质调查局测定 9.0 级）地震引起的巨大海啸，波及东南亚、南亚和东非多国，造成了重大人员伤亡。根据联合国人道主义事务办公室报告，截至 2005 年 2 月 11 日的统计结果，海啸共造成近 30 万人死亡。7966 人失踪、超过 100 万人无家可归。其中印度尼西亚死亡 242347 人；斯里兰卡死亡 30974 人、失踪 4698 人；印度死亡 16389 人；马尔代夫死亡 82 人、失踪 26 人；泰国死亡 5393 人、失踪 3062 人；缅甸死亡 61 人、失踪 10 人；马来西亚死亡 68 人、失踪 12 人；东非死亡 394 人、失踪 158 人。非受灾国家在这次灾难中也有惨重的人员伤亡：瑞典死亡 59 人，失踪 3559 人；挪威失踪 462 人，大部分可能已遇难；芬兰有 14 名游客遇难，263 人下落不明；新加坡证实已经有 7 人死亡、18 人失踪。在泰国普吉、攀牙、克拉米等地遇难的 5393 人当中，有一半以上是来自国外旅游度假的游客。这次地震海啸造成的人员伤亡使其成为 20 世纪以来造成人员伤亡最惨重的一次自然灾害。

2005 年 3 月 28 日美国的《时代亚洲》杂志对这次海啸救援工作的经验和教训进行了总结：

1. 可以借鉴的经验

（1）受灾国家快速反应。两个受海啸破坏最严重的国家——印度尼西亚和斯里兰卡的官员很快就对外宣布本国的力量不足以应对海啸，并立即发出国际紧急求救信号。数小时之内，一架运载 600 千克医药补给的印度空军飞机就降落在斯里兰卡的首都科伦坡。未到第二天，4 艘印度的海军救援船就抵达了加勒港和亭可马里港。

（2）救援军队赢得人心。新加坡军队是第一批到达被海啸袭击的海岸城镇米拉乌的外国军队，新加坡政府要求军官和士兵尊重印度尼西亚军队和衣衫褴褛的生还者，尽管热带的阳光眩目，新加坡军人也没有戴太阳镜，因为那样显得太不平易近人。新加坡军队既没有从直升机上向外投掷救援物品，也没有出现向小孩投掷糖果等不礼貌行为。在米拉乌的一名新加坡指挥官上校说："给予灾民基本的尊严和敬意，帮助我们赢得了他们的信赖。"

（3）疾病控制及时到位。海啸退去之后，令人担忧的是会暴发霍乱等疫病，但事实上并没有发生这种情况。第一批赶到灾区的救援人员中就有医生和护理人员。在亚齐省，为了尽快埋葬死难者，印度尼西亚官员和当地的伊斯兰领导人同意集体埋葬没有穿"可番"（穆斯林葬礼中用到的白色单子）的死难者。大部分受海啸袭击的国家都具有良好的儿童疫苗接种计划和卫生教育，国际医疗队的一名队员说："斯里兰卡的疫苗接种工作非常出色，公共卫生也非常好，人们的清洁意识非常强，而且那些做法取得了很好的效果。"

2. 需要吸取的教训

（1）避免不适宜的援助。一些国际救援机构把数以千计防寒用的无窗的厚帐篷发放到斯里兰卡，在那里它们却变成了"桑拿浴室"。斯里兰卡还收到了冬天戴的帽子、古龙香水和性感内衣。出现如此混乱的捐赠其主要原因是在数以百计的非政府救援组织之间缺乏一个协调机构。

（2）需建立沿海岸的安全地带。斯里兰卡政府已经宣布，它将沿着海岸划出一个 100 米宽的地带，在该地带不允许建筑任何房屋或商业设施。但是这项规定是否会被强制推行以及是否只适用于一些新的建筑物（不拆除现有的建筑物）尚不明确。斯里兰卡政府还声称受海啸袭击最严重的东北部的无建筑地带将向内陆扩展到 200 米之宽。印度政府也声明将在其沿海采取类似的措施，在沿海地带允许建房，但建房成本由个人负担，而当局负责在远离该地带的地方为渔民建设新的住宅。

（3）建立海啸报警系统。在地震后至少两个小时以后，波浪才到达印度和斯里兰卡。如果有适当的海啸警报，将会有更多的生命被解救。从受灾国的赈灾措施来看，印度洋沿岸的发展中国家明显存在应急能力不足的缺陷。首先是危机意识淡薄。时任泰国总理他信灾后下令政府成立一个委员会，调查有关方面为何没有发出海啸警告。泰国《民族报》报道，地震后，一名官员当时得到的数据是地震强度为 8.1 级，但他认为不会造成强烈地震波，并且认为苏门答腊岛可作为天然屏障，阻挡海啸冲击本国的普吉岛等地区。而更重要的原因是由于正处于旅游旺季，所有酒店都接近爆满。若发出警告，需要对游客进行疏散，若最终没有事情发生，旅游业肯定受到冲击。这样，片面追求经济效益而导致一些官员"自觉地"降低了风险和危机意识。其次，预警机制普遍不完善。受灾国家均为发展中国家，预警能力较弱，又未加入专门针对沿海灾害的国际预警机制，因而未能及时发出海啸警报。据《印度今日新闻》报道，印度马德拉斯大学应用地质系的一个研究小组曾于 12 月 22 日将印度尼西亚强震的预测报告给了印度政府的科学和技术部。其预测地震预报的震中与实际震中的误差只有 157 千米，时间误差只有 28 分钟。但考虑到地震发生在国外，也就没把它放在心上。这是印度科学家所犯下的第一次错误。印度当地时间 12 月 26 日晨，印度空军得到地震和海啸消息，但由于官僚作风，有关传真没有传到时任科学部长的手中，而是到了前部长的手中。当天下午 1 时，印度主要负责紧急灾难事务的危机管理小组才开始召开紧急会议。但这时已经有几千人葬身海啸，这是第二次预警失灵。海啸后的 12 月 29 日，印度政府向所有受灾地区发布了新的海啸警告，希望所有人尽快向内陆撤离。但随后印度科学部长发表电视讲话否认这一预警。这是第三次预警错误。这位部长表示，政府决定投资 2700 万美元建立一套海啸预警体系，防止再次出现这样的灾害悲剧。联合国和印度洋周边国家的专家们已经达成协议，要在 2006 年底前，建立一个地区性的海啸报警系统，将使用验潮仪和海底感应器来测定一场地震是否会引发海啸。在日本，海下地震发生后的几分钟内，广播、电视和室外喇叭就会播送警报。但由于印度洋沿岸国家基础设施缺乏和人口居住分散，他们面临着更大的报警困难。

[资料来源：根据陈虹，李成日. 印尼 8.7 级地震海啸灾害及应急救援[J]. 国际地震动态，2005，（4）.
李秀芳，于波. 印度洋海啸救援工作的经验和教训[J]. 社会观察，2005，（7）.]

海洋是多变的，它可以在任何时候毫无警示的情况下危及人类的生命和财产。随着生产力的提高以及人类对海洋开发利用的不断深入，依托海洋资源和环境的旅游活动内容也随之日益丰富、充实，旅游者与海洋之间的关系越来越密切，然而人类对它的认识仍不完整，缺乏深度的了解，使得海洋旅游安全具有了不确定的因素。

根据我国对自然灾害的分类，海洋灾害是对我国影响最大的七大类自然灾害之一，其中主要包括风暴潮灾害、海浪灾害、海啸灾害、海冰灾害、台风灾害、海水入侵、海雾灾害及赤潮等，其中对旅游活动影响比较大的是海啸、风暴潮和赤潮。旅游者和旅游从业人员对海洋性自然灾害相关知识要有基本的认识，在实际的旅游活动中对异常的海洋性现象要引起足够的重视，面对突发状况要有足够的应变能力，懂得如何防范和应对。

第一节　风暴潮

海洋中最大的杀手就是风暴潮。这种灾害在19世纪中叶曾被英国科学家称为"风暴浪"，如今，它被称为"风暴潮"。历史上，严重的风暴潮灾害事件不胜枚举。在全球范围内，受热带气旋影响比较严重的地区是孟加拉湾沿岸、西北太平洋沿岸、美洲东海岸，这些地区的风暴潮灾害也比较严重。

一、风暴潮的基本知识

（一）风暴潮的定义

风暴潮是指在强烈天气系统作用下所引起的海面异常升高现象。当恰逢天文潮的高潮阶段，可导致潮位暴涨，海水涌进内陆，造成巨大破坏，严重威胁沿海地区生命和财产安全。但有时由于离岸大风长时间吹刮，致使岸边水位剧降，有人称这种海面异常下降现象为"负风暴潮"或"风暴减水"。

根据不同的条件，风暴潮的空间范围一般由几十千米至上千千米。通常情况下，形成严重风暴潮的条件包括强烈而持久的向岸大风、有利的岸带地形以及天文大潮的配合。

（二）风暴潮的分类

国内外学者较多按照诱发风暴潮的大气扰动特性，把风暴潮分为由热带气旋所引起的台风风暴潮（在北美称为飓风风暴潮，在印度洋沿岸称为热带气旋风暴潮）和由温带气旋等温带天气系统所引起的温带风暴潮两大类。

1. 台风风暴潮

台风风暴潮是指由强烈的大气扰动（台风）过境所伴随的强风和气压骤变引起的局部海面振荡或非周期性异常升高（降低）现象。当台风引发的风暴潮、暴雨引发的洪水与天文大潮三股力量叠加时（俗称"三碰头"），台风风暴潮造成的损失就更加严重。台风风暴潮常发生于夏、秋季节，台风和飓风经过的沿岸，都是风暴潮的多发地带。许多国家都会出现这种台风风暴潮，包括北太平洋西部、南海、东海、北大西洋西部、墨西哥湾、孟加拉湾、阿拉伯海、南印度洋西部、南太平洋西部诸沿岸和岛屿等处，涉及地域范围非常广，这类风暴潮来势猛、速度快、强度大、破坏力强。近年来，随着我国沿海地区人口密度的增加和社会经济的发展，台风风暴潮灾害造成的经济损失有增加趋势，转移人口的数量也在增加，这些都在一定程度上制约了沿海地区社会经济的可持续发展。

2. 温带风暴潮

温带风暴潮则是由西风带天气系统引起的，这类天气系统包括温带气旋和冷锋等。具体来说，温带风暴潮还可以细分为冷锋配合温带气旋类、冷锋类和强孤立温带气旋类三类。这种风暴潮多发生于春、夏、秋季，当它们过境时带来的向岸大风不断地将海水吹向陆地，引起沿岸海水上涨，侵入内陆，但增水过程比较平缓，增水高度低于台风风暴潮。由温带气旋引发的温带风暴潮通常没有台风风暴潮那么大的破坏力，但其覆盖影响更大范围的地理区域。全球范围内的温带风暴潮都发生在南、北半球位于中、高纬度的国家，以欧洲北海沿岸、美国东海岸以及我国的北方海区沿岸为多。

除此之外，还有另外一种有别于上述两类风暴潮的"风潮"，只在我国北方的渤海和黄海活动，由寒潮或冷空气所激发，其特点是水位变化是连续的，所以并未引起普遍的关注。

（三）风暴潮的危害

风暴潮单次引起海洋灾害的严重程度仅次于海啸，但由于其发生频率远远超出了海啸的发生频率，所以风暴潮引起的灾害居海洋灾害之首。风暴潮过境时由于强烈的大气扰动将造成水位的异常升降。风暴潮减水可使航道水深骤减，增加船舶触礁的可能。但危害更大的是水面高出正常潮位的风暴潮增水，因为风暴潮能使水位在短时间内急剧上升，冲毁堤坝、淹没农田和城镇、破坏基础设施，以致造成人们生命财产的巨大损失。因此，一般讨论风暴潮时着重关心的是它的增水的问题。人们依据风暴产生的增水的大小来对风暴潮的强度进行分级（表5-1）。

然而，风暴潮的强弱与风暴潮灾害不一定成正比。风暴潮的发生常常不是孤立的。在沿海地区，天文潮会与风暴潮共同作用，在河口地区，洪水、径流等因素也会起到一定作用。它们共同决定了实际的水位或增水。也就是说，风暴潮能否成灾及灾害程度大小，不仅仅取决于风暴本身造成的增水大小，还要看是否与天文大潮的高潮位相遇，如果两者叠加，则成灾的可能性就很大。另外，风暴潮波及地域范围与该地区的地理位置、海岸形状和海底地形、经济发达水平及防灾能力有关。一般地势低平的海岸地带，风暴潮可长驱直入，从而影响广大的地域，造成较大的损失，如我国渤海的莱州湾沿海，滩涂广阔，地势比较平坦，每次风暴潮波及范围都很大；而在地势较高的沿海地带，如山东半岛沿岸，风暴潮潮水入侵范围就有限，因此受灾程度也就轻得多。依国内外风暴潮专家的意见，一般把风暴潮灾害划分为 4 个等级（表 5-2）。从全球来看，风暴潮灾害多发国家主要有美国、日本、印度、孟加拉国、中国、菲律宾、英国等。在风暴潮给人类生产、生活带来的一系列危害中，对旅游业影响较为明显的首先是风暴潮加速了对海底的冲刷和对海岸的侵蚀。造成水土流失、海岸构筑物破坏、海滨浴场退化、海岸防护压力增大。侵蚀下来的泥沙又被搬运到港湾淤积而使航道受损；其次是风暴潮会对生态系统造成破坏。风暴潮来临会挟带大量海水淹没沿岸农田和湿地，导致农田盐碱化，破坏海岸河口植被，导致海滩生态环境恶化.加速海岸生态系统的退化。

表 5-1　风暴潮强度等级表

级别	名称	增水 / 厘米
0	轻风暴潮	30 ~ 50
1	小风暴潮	51 ~ 100
2	一般风暴潮	101 ~ 150
3	较大风暴潮	151 ~ 200
4	大风暴潮	201 ~ 300
5	特大风暴潮	301 ~ 450
6	罕见特大风暴潮	451 以上

表 5-2　风暴潮灾害等级表

等级	特大潮灾	严重潮灾	较大潮灾	轻度潮灾
参考灾情	死亡千人以上或经济损失数亿元	死亡数百人或经济损失 2000 万至 1 亿元	死亡数十人或经济损失千万元左右	无死亡或死亡少量或经济损失百万元以下
超警戒水位参考值	> 2 米	> 1 米	> 0.5 米	超过或接近

二、风暴潮的防范

全球有 8 个热带气旋多发区，位于温带气旋附近的地区也都容易受到风暴潮的侵袭。其中，西北太平洋地区的台风生成频率最高（占全球总数的 36%），台风强度也是全球热带气旋中最强的。在西北太平洋的沿岸国家中，我国是受台风袭击最多的国家。从历史资料看，几乎每隔三四年就会发生一次特大的风暴潮灾，且一年四季均有发生，受灾区域几乎遍及整个中国沿海。近年来，我国沿海地区旅游业发展迅速，旅游活动频繁，无论是旅游从业人员还是旅游者都有必要了解风暴潮的防范知识。

（一）关注海洋旅游目的地天气动态

旅游出行前应注意关注了解旅游目的地天气动态，注意查阅风暴潮预报信息，尤其是夏秋季节。我国风暴潮预报业务系统是 20 世纪 70 年代初建成的。目前在沿海已建立了由 280 多个海洋站、验潮站组成的监测网络，配备比较先进的仪器和计算机设备，利用电话、无线电、电视和基层广播网等传媒手段，进行灾害信息的传输。风暴潮预报业务系统比较好地发布了特大风暴潮预报和警报，同时沿海省市有关部门和大中型企业也积极加强防范并制定了一些有效的对策。

（二）及时撤离

海洋旅游过程中恰逢当地风暴潮过境，应迅速撤离港口、海堤，向高处转移，停止一切海上旅游活动，并应注意以下几个方面。

（1）尽量不要外出行走，倘若不得不外出时，应弯腰将身体紧缩成一团，一定要穿上轻便防水的鞋子和颜色鲜艳、紧身合体的衣裤，把衣服扣好或用带子扎紧，以减少受风面积，并且要穿好雨衣，戴好雨帽，系紧帽带，或者戴上头盔。行走时，应一步一步地慢慢走稳，顺风时绝对不能跑，否则就会停不下来，甚至有被刮走的危险；要尽可能抓住墙角、栅栏、柱子或其他稳固的固定物行走；在建筑物密集的街道行走时，要特别注意落下物或飞来物，以免砸伤；走到拐弯处，要停下来观察一下再走，贸然行走很可能被刮起的飞来物击伤；经过狭窄的桥或高处时，最好伏下身爬行，否则极易被刮倒或落水。

（2）野外旅游时，听到风暴潮预警报后，能离开台风经过地区的要尽早离开，否则应充分储备罐头、饼干等食物和饮用水及常用药品，并购足蜡烛、收音机、手电筒等照明用品。在海边和河口低洼地区旅游时，应尽可能到远离海岸的坚固宾馆及台风庇护站躲避。如果被困在海中礁石上，应时刻保持冷静，用手机向警方求助，在没有收集或手机信号不好的情况下，尽量大声地向离自己最近的人求救；如果大浪来袭，一定要屏住呼吸，避免因海水巨大的冲击力导致窒息；如果万一不慎被刮入大海，应千方百计游回岸边，无法游回时也要尽可能寻找漂浮物，以待救援。千万不要盲目自救，不可自认水性好想游上岸，如果不了解周围地形，很容易被暗礁割伤、撞伤。

（3）如果是开车旅游，则应将车开到地下停车场或隐蔽处；如果是住在帐篷里，则应收起帐篷，到坚固结实的房屋中避风；如果已经在结实房屋里，则应小心关好窗户，在窗玻璃上用胶布贴成米字图形，以防窗玻璃破碎。

海上游泳小常识

海上游泳由于是在自然环境的水域中进行，不仅使人体会到广阔的视野和自然的水温以及新鲜的空气，而且环境条件优于人工泳池，是日光浴、空气浴、水浴三合一体的自然浴锻炼，有利于增强体力和免疫力；在海上游泳锻炼，还有助于培养人的性格由含蓄、内敛、表现欲不强，向相对开放、活跃，具有较强的表现欲发展。这都有利于放松身心，提高人体对外界环境的适应能力，是一项相当有效的健身运动项目。当然，选择海上游泳应注意以下事项。

1. 注意天气、水况选择

海上游泳应在掌握游泳技能的基础上循序渐进，必须用科学态度，根据自身状况和天气情况制订合理的游泳方案，不可蛮干，亦不可急于求成。没有适应海水特点的游泳，会使游泳者晕浪、突然出现憋气、心跳加速等症状，严重的还可能出现头晕、恶心、手脚发麻等现象，如果心脏有毛病，还会有致命的危险。阳光有"天然兴奋剂"之说，适当日晒可激发人的愉快情绪，同时阳光中的紫外线有消毒杀菌作用，又能使皮肤中维生素 D 和组织胺含量增高，使血液中血红蛋白、钙、磷、镁含量上升，这些都是阴天和游泳池游泳所不能比拟的。雨天虽不见太阳，但它可使空气净化，减少污染，对健身有利。大雾天气使人感到压抑，雾天空气中的废气（酚、苯、锰、铅）不易消散，灰尘、烟尘和病原微生物等可引起呼吸系统疾病。台风天气不下海游泳锻炼。有些地区冬季多北风，也是气象病多发季节，平流层污物混入大气，人体吸收后产生一定伤害。同时，大风天气空气中磁场增强，可诱发多种疾病，因此体弱者及老人应选择适宜的天气进行海上游泳。

水质好坏与健身有着密切关系，游泳者应选择水质较好的水域锻炼身体。浪高达到 1.2 米以上的海域，不宜下海游泳。

2. 做好下水前的准备活动

下水前一定要认真做好热身运动，避免在水中发生抽筋。特别是冬天，下水前可在海边跑上几分钟，跑速不宜过快，让身体内脏器官热起来（身体表面能微微出汗更好）后再换上泳服，开始做让各个关节充分活动开的韵律操，还可用手掌在腰、膝、肩、肘等主要关节部位快速摩擦。此外，多做向上纵跳、下蹲、拉肩、振臂等肢体伸展运动，尤其对腿部、臂部、腰部进行重点热身，以免在游泳过程中突然抽筋。准备活动时间大约 5~10 分钟。老年人的热身运动时间可延长些，以免因瞬间加快心率和血压增高而导致疾病。当水温在 10℃以下时，要适当延长准备活动时间，入水应采取渐进方式，即脚、下肢、腰、胸逐步入水。

3. 游泳前不要饱食

饱食后胃部血供丰富，此时游泳容易造成水的压力压迫胃部，有沉重感，导致四肢活动不能顺畅，还可能出现呼吸困难、腿部抽筋的后果。当然，冬泳体力消耗大，易出现低血糖反应，重者导致低血糖休克，故冬泳时可以随时补充一些碳水化合物的食品和运动饮料。

4. 要重视游泳过程中的安全问题

海上游泳因体力消耗较大，加之浪潮气温等因素，有些疾病患者是不宜参加的，如心脏病、出血、发烧以及妇女在例假期等不能进行游泳。尽量不要在退潮时游泳，以免退潮时往回游体力消耗过大发生意外。不要在非游泳区游泳，非游泳区水域中水情复杂，常常有暗礁、水草、淤泥和旋流，稍有大意，就可能发生意外。水性一般的人最好不要离岸太远，进入深海区最好多人一起下水，同伴中至少一人带一个救生圈。不要在水中过分嬉戏，防止呛水，如果身边东西被水流带走追不上就千万别追。

5. 掌握好海上游泳时间

海上游泳时间的长短，应根据水温、气温以及海上游泳运动的水平来确定。海边冬泳锻炼，冬泳的安全体温是出水后 5~10 分钟内测得腋下体温不低于 27.4℃，低于这个温度对身体不利。也就是说当你在水中游时，腰以下部位感到凉时就要准备游上岸了。上岸后，如果全身发红或先白后红、迅速暖和、感觉轻松、愉快、就是"适量"的表现。

6. 上岸后需特别注意保暖和营养补充

上岸后应及时添衣保温促进血液循环。有阳光时，上岸后可躺在沙滩上让阳光晒一晒以恢复体温，然后，用毛巾擦干身子，穿上衣服。穿衣服也应先下后上，因为下肢离心脏较远，体温恢复较慢。穿好衣服后用矿泉水漱口（因海水盐分高）、慢饮一些，然后慢跑或原地跳动，直到体温渐渐基本恢复。

上岸后注意适当的营养液补充。有选择地饮用矿泉水、温开水、适量的运动饮料，然后再补充一些碳水化合物的食品补充。

[资料来源：叶林海. 海上游泳小常识[J]. 游泳，2009，（04）.
湖南安全与防灾编辑部. 海边游泳要注意[J]. 湖南安全与防灾，2013，（06）.]

第二节　海啸

海啸是一种来势猛烈的海洋灾害，具有突发性强的特点，往往是在人们毫不觉察的情况下突如其来，后果往往异常严重。多年来，海洋学家们致力于研究海啸发生的原因和防范的手段，已初步取得成功，为减少和预防海啸的危害，提供了科学依据。

一、海啸的基本知识

（一）海啸的定义

海啸是发生并移行于海洋中的一系列具有超长波长的巨波，频率介于潮波和涌波之间，波长一般为几十到几百千米，周期范围为 2 分钟至 3 小时 20 分钟，常见的是 40 分钟之内。海啸波的传播速度与水深有关，一般时速超过 700 千米/小时，最大可超过 1000 千米/小时。

海啸波长比海洋的最大深度还要大，轨道运动在海底附近也没有受到多大阻滞，不管海洋深度如何，波都可以传播出去，因此，与一般的风成波浪不同，一般的风浪往往在海面上起伏，涉及深度较浅。而海啸形成的海啸波是海水从海表面到海底的整体波动，有时是水深几千米的水体波动，它携带的能量非常大，破坏力自然也巨大。

（二）海啸的特点

海啸波具有传播速度快、波长长、在浅水水域形成巨浪的特征。

（1）传播速度快、波长长、在浅水水域形成巨浪。海啸波在大海中传播时，波高不一定很高，常常在 1.2 米以下。但它的波长和周期却很长，波长短的几十千米，最长的波长可达五六百千米，周期可达几十分钟，因而在大洋中不易被人察觉。海啸在深海大洋中的传播速度可达 700～800 千米/小时，与大型喷气飞机速度相当。

（2）能量巨大，且及时经过长途传播，能量损失仍然很小。这是海啸的另一个特点。因为是海水从上到下的整体抖动，能量巨大，但传播数千千米后能量损失却很小。海啸进入浅海或接近海岸时，由于水深变浅，波浪能量就会集中，波高突然变大，掀起的狂涛巨浪形成"水墙"，高度可以达到十几米层至几十米，历史上有高达 70 多米的波高，是波浪中的"巨无霸"。

（三）海啸的成因及类型

1. 海啸形成的主要原因

海啸就是海底地震、水下火山爆发或水下地层塌陷、隆起等大地活动的产物。这些活动释放出的巨大能量，在海里能引起巨浪，巨浪涌向岸边，形成破坏性海啸。

（1）海底地震活动。地震活动是海啸最主要的原因。地震引起的海啸，主要是板块边缘活动，造成部分海底猛烈上升或下沉，从而引起由海底到海面整个水层发生上下"抖动"，形成了海啸。地震实际上是地壳运动引起的，在全球各地都可能发生，但达到破坏性程度的地震是比较少见的。只有里氏震级大于 6.5 级的地震，震源深度在 40 千米以内，并出现垂直断层的情况下，才有可能引发破坏性海啸，如果地震没有使海底发生变形，仅出现一些弹性震动现象，那只能引起较弱的海啸。全球地震活动区主要集中在环太平洋和地中海到中亚一带，通常称为地震活动带。全球地震海啸发生区基本与地震活动带一致。其中环太平洋地震活动带，主要是环绕太平洋周边地区密布着岛弧和海沟，海底高差悬殊，地壳活动强烈，全球有 80% 的地震都出自于此，因而也是海啸发生最多的地区。而发生在日本列岛邻近海域的海啸，则占环太平洋周边海啸的一半以上，是世界上海啸最多的国家，也是海啸灾害最重的国家。

（2）海底滑坡或塌陷。海底大量不稳定泥浆和沙土聚集在大陆架和深海交汇处的斜坡上，产生滑移，从而会引发海啸。20 世纪 80 年代初，科学家们发现，大约 7500 年以前，一块相当于冰岛国土面积的不稳定海底滑行了 800 千米，来到挪威西北部海岸。这次海底滑坡被认为是世界历史上最大规模的地质运动之一，而且这次海底地滑最终引发海啸，产生了 10 ~ 20 米高的海浪，不仅袭击了挪威海岸，甚至还波及苏格兰东部沿岸。还有一种情况就是海底蕴藏的气体喷发导致浅层沉积海底坍塌，出现水下崩移，也会引发海啸。

（3）火山爆发。火山爆发是岩浆穿过地壳而上升到地球表面，当火山喷发的冲击波发生在海底时，可能会引发海啸。据记载，公元前 15 世纪地中海中，希腊东南有一个锡拉岛，由于桑托林火山发生了极为猛烈的喷发，并引起海啸，巨浪高达 90 多米，几乎整个岛屿被抛向空中，随后坠入海底，并波及 300 千米之外的尼罗河河谷。此次海啸使锡拉岛上的米若阿文化毁于一旦。海底火山喷发能否引发海啸与火山喷发的强度、火山喷发物的性质有关。当火山喷发不强烈，或者喷发物为液态熔岩时，不会引起海啸；而当火山喷发强烈、喷发物含有大量气体和岩石碎块时，则有可能引发海啸。

引发海啸的原因除了上述三点，还包括气象因素、海底核爆炸、天体坠落等。

2. 海啸的类型

（1）根据海啸的形成原因主要包括以下几类。①地震海啸。地震海啸是海底发生地震时，海底地形急剧升降变动引起海水强烈扰动而引发的海啸。2004 年 12 月 26 日发生在印度洋的海啸就是地震海啸。地震海啸又有两种形式："下降型"海啸和"隆起型"海啸。"下降型"海啸在海岸首先表现为异常的退潮现象，这是由于某些构造地震引起海底地壳大范围的急剧下降，海水首先向突然错动下陷的空间涌去，并在其上方出现海水大规模积聚。当涌进的海水在海底遇到阻力后，即返回海面产生压缩波，形成长波大浪，并向四周传播与扩散。"隆起型"海啸在海岸首先表现为异常的涨潮现象，因为某些构造地震引起海底地壳大范围的急剧上升，海水也随着隆起区一起抬升，并在隆起区域上方出现大规模的海水积聚。在重力作用下，海水必须保持一个等势面以达到相对平衡，于是海水从波源区向四周扩散，形成汹涌巨浪。②火山海啸。火山海啸是火山爆发引起的海啸。比较典型的实例是 1883 年印度尼西亚喀拉喀托火山突然喷发引发的海啸，火山喷发过程中，碎岩片、熔岩浆和火山灰不断向高空飞溅，巨大的火山喷发物从天而降，坠落到巽他海峡，激起一个 30 多米高的巨浪，以音速涌向爪哇岛和苏门答腊岛，片刻之间就吞噬了 3 万多人的生命。③滑坡海啸。由海底地滑引起的海啸，称为滑坡海啸。海底大量不稳定泥浆和沙土聚集在大陆架和深海交会处的斜坡上或者海底蕴藏的气体喷发导致浅层沉积海底坍塌，都可能产生海底地滑。④核爆海啸。这是一种人造海啸，是由于在水下进行核爆炸引起的海啸。这种海啸的破坏力，要视核爆炸威力的大小而定。

（2）按照海啸发生的地理位置可划分为两类。①远洋海啸。远洋海啸是指横越大洋或从远洋传播来的海啸。这种海啸生成后，可在大洋中传播数千千米而能量衰减很少，数千千米之外的沿海地区也会遭受海啸灾害，但这种远洋海域地震所引发的海啸需要 3~22 小时才能抵达沿岸一带。②近海海啸。也被称为区域海啸。这种海啸是近海海底地震引起的海啸，其生成源与其造成的危害同属一地，海啸波到达沿岸的时间很短，有时只有几分钟或几十分钟，往往无法预警，危害严重。近海海啸发生前都有较强地震发生，历史上多数伤亡惨重的海啸灾害，都属于近海海啸。

二、海啸的危害及灾害分级

（一）海啸的危害

这里主要介绍海底地震活动引发的海啸所造成的危害。地震发生的地方海水越深，海啸速度越快。海水越深，因海底变动、涌动的水量越多，因而形成海啸之后在海面移动的速度也越快，且由于前浪减速，后浪推过来发生重叠，因此海啸到岸边波浪升高，如果沿岸海底地形呈 V 字形，海啸掀起的海浪会更高。海啸在海边大肆发威，其表现形式为海水陡涨，形成层层"水墙"，向岸边疯狂扑去，然后海水骤然退去，裸露出海底（也可能是先退后涨），如此反复多次。海啸可使堤岸决口，舰艇船舶沉没，可以毁坏港口建筑物、沿海良田及居民点，造成屋毁人亡的巨大损失。

我国尽管是个多地震的国家，但因为我国近海有一系列岛链屏障，加上濒临广阔的西太平洋大陆架，具有削减海啸波的有利条件。因此，我国海啸并不多见。在历史上，我国曾发生过破坏性较强的海啸灾难 7 次，其中 1781 年台湾海峡发生的海啸灾害最为严重，当时是台湾海峡海底发生地震，引起大海啸，前后持续 8 分钟，台湾、福建、广东、浙江等地受灾，有 5 万多人丧生。

（二）海啸灾害的分级

对于海啸灾害的分级标准，国际上一般采用渡边伟夫海啸等级表，按照海啸能量及人员、建筑物损失程度来判定（表 5-3）。

表 5-3　国际海啸级表

等级	海啸波高/米	海啸能量/$\times 10^{10}$ 焦耳	损失程度
-1	< 0.5	0.06	只有海啸能量损失
0	1	0.25	设施轻微损失
1	2	1	损失房屋船只
2	4 ~ 6	4	人员死亡，房屋倒塌
3	10 ~ 20	16	≤400 千米岸线严重受损，人员伤亡大，房屋损毁严重
4	≥30	64	≥500 千米岸线严重受损，人员伤亡巨大，房屋尽毁

三、海啸的应急与逃生

（一）了解海啸的前兆

1. 地震

地震是最明显的前兆。地面强烈震动可能由海洋地震引起，不久可能发生海啸，因为地震波总是先于海啸到达近海岸。因此，在沿海地区，当遇到地面强烈震动的情况，除了考虑发生地震之外，还要考虑随之而来的海啸的可能性，及时作好抵御海啸的准备。

2. 海水水位的反常变化

海啸前，海水的情况通常很奇怪，涨潮的时候比平时涨得高，退潮的时候也比平时退得远。大海的远处会突然涌现出一波白色的巨浪，将蓝天和大海明显分成了两半。这种现象与一般的海浪不同，它可能只需几分钟就能到达海滩，并将整个海滩吞没。如果在海边看到海水突然反常地涨落，明显快速退去或急速升高，只有一个办法，必须以最快的速度撤离岸边，往高处跑。同时，别忘记，大声告诉周围人们快速离开。

3. 动物的奇怪举止

地震影响到地下水的流动、地球的磁场、温度和声波。动物比人类更敏感，它们能够比人类先感觉到变化。比如火山爆发或地震发生前，狗会狂吠，鸟类会进行非季节性迁徙等。总之，当观察到动物出现一些奇怪的举止，突然大量动物离开或者进入通常不会去的地方，就应该意识到海滩边可能有海啸等灾难发生，要立即想办法避险。

（二）海啸的应急与逃生

1. 海啸即将发生及发生时

如果收到了任何的海啸预警信号，无论在何种情况下，均应立刻采取行动，因为海啸几分钟内就会来临，应尽早脱离险境。

（1）尽量远离海岸，前往内陆。要尽可能离海岸线，不要去任何靠近海滩的地方（包括靠近海滩的建筑）。

（2）跑向海滨高地。如果时间紧急，无法逃离海滨地带，应选择高大、坚固的建筑物并尽可能往高处爬，最好能够爬到屋顶。海边钢筋加固的高层大楼是从海啸中逃生的一个安全场所。如果已经身处险境，那就寻找粗壮、高大的树，尽可能往高处爬。

（3）若不幸落水，则更要沉着应对。尽量抓住木板、救生圈、树干等漂浮物，避免与其他硬物碰撞；不要乱挣扎，尽量不要游泳，能浮在水面即可；海水温度偏低时，不要脱衣服；尽量不要喝海水；尽可能向其他落水者靠拢，使自己易于被救援者发现。

（4）船只应立即驶向深海区。海啸在沿岸会造成巨大破坏，但在深海传播时，由于波高和波长之比甚小，周期较长，故难以察觉到反常的现象。因此，船舶行驶在海啸波传播的海面上，对船舶并不会造成破坏力，船舶也难以察觉到海啸波。这也就是海啸发生时，船要离港离岸、驶向外海的原因。

（5）若处于危险地带的室内，则应及时撤离。接到海啸警报，如果处于危险地带的房屋内，应立即切断电源，关闭燃气，果断放弃财产和其他物品，努力跑到安全的地方。

（6）保持与外界联系。在避难的地方尽量想办法保持与外界的联系，接收最新动态信息，不要轻信谣言。

2. 海啸发生后

海啸可以持续冲击海岸数小时，避险人员应在安全地带停留足够的时间，直到从应急服务机构得到准确的信息再返回。

如果在海啸中遇到被救的落水者，应及时清除溺水者鼻腔、口腔和腹内的吸入物，将溺水者的肚子放在施救者的大腿上，从其后背按压，将海水等吸入物倒出；假如溺水者心跳、呼吸停止，须立即交替进行人工呼吸和心脏按压；苏醒后将其放进温水中恢复体温或者披上衣服毯子等保温，不可局部加温或按摩；给落水者适当喝些糖水，但不要让落水者饮酒；如果受伤，立即采取止血、包扎、固定等急救措施；伤势较重的应立即送往医院救治

（三）海啸成功逃生典型案例

在 2004 年 12 月发生的印度洋海啸中，当时年仅 10 岁的英国女孩蒂莉·史密斯充分利用了她在地理课上学到的知识，迅速认出了海啸即将到来的迹象，从而挽救了大约 100 名正在泰国一处海滩上的游客。

2004 年 12 月 26 日早晨，正在普吉岛度假的史密斯一家决定去马里奥特饭店附近的海滩散步。突然间，"我看见海水开始冒泡，泡沫发出咝咝声，就像煎锅一样，"蒂莉回忆道，"海水在涌来，但却不再退去。它不断涌上来，再上来，再上来，向着饭店方向。"她一下就认出，这是海啸很快就要来临的迹象。蒂莉于是对妈妈彭妮说："妈妈，我知道这里有些不对劲。我知道要发生什么——海啸。"但妈妈起初并不相信，她认为这只是正常现象。"蒂莉变得歇斯底里。"她父亲科林说。这促使他决定带着 8 岁的小女儿霍莉返回饭店。就在科林把蒂莉的警告传达给马里奥特饭店的工作人员时，蒂莉却跑向海滩，当时那里大约有 100 人。她告诉正在海滩上的一名日裔厨师，将要发生海啸，"他听懂了'海啸'这个词，因为它来源于日语。但他从未见过海啸"。这名厨师和附近一名饭店保安一起向周围人群发出警告，海滩上的人很快就全部疏散到安全地区。仅仅几分钟后，滔天的巨浪就涌上岸来。马里奥特饭店附近海滩因此成为这场海啸中普吉岛少数几个没有人员死亡或受重伤的地区之一。

蒂莉一家和马里奥特饭店的 100 余名客人能够在海啸面前成功逃生，都得益于她学习掌握的地理知识。就在印度洋海啸发生前两个星期，蒂莉在位于伦敦以南的家乡奥克斯肖特刚从地理老师那里了解到了有关海啸的知识，聪明伶俐的她对地理有着特殊的爱好，圣诞节的两个星期前还在学校里专门研究了"巨浪"，俨然成为了一个海

啸专家。当时，她和同学们还一起看了一部有关海啸的录像。作为对她英雄事迹的嘉奖，蒂莉应邀访问了美国纽约联合国总部，并见到了当时担任联合国海啸救灾特使的美国前总统比尔·克林顿。

34 亿年前火星曾发生海啸

火星在绝大多数人的眼里就是一片如沙漠般的不毛之地。但一项最新的研究发现，曾经的火星不但拥有海洋，还出现过高度超过 50 米的骇人巨浪。该发现为人们了解火星独特的地貌提供了一个全新视角。

此前就有研究推测，数十亿年前的火星上，不但有水还有原始的海洋，海水总量甚至超过了地球的北冰洋，覆盖了大部分北部低地区域。不过，由于火星表面缺乏明确的海岸线特征，这一假说并未得到验证。

新研究中，一个由美国、中国、德国、意大利、日本和西班牙科学家组成的国际联合研究团队决定借助新的技术手段再探"火星海洋之谜"。他们对火星北部平原环克里斯区和阿拉伯高地的地貌和热成像数据进行了分析。结果显示，曾经的火星不但有海，还发生过海啸。这些滔天巨浪在重塑火星早期景观上，或许起到了一定的作用。

美国行星科学研究所的亚历克西斯·罗德里格兹称，这些海啸很可能是由陨石撞击引发的。分析表明，产生直径约为 30 千米的陨石坑的陨石撞击，可产生到岸高度平均为 50 米的海啸波浪。这种规模的陨石坑每 300 万年会生成一次，这一时期在火星地质历史上位于西方纪的晚期，距今大约 34 亿年。他们目前已经在研究区域发现了两次海啸事件的证据。此外，火星北方平原的其他区域或许也经历过类似的海啸，并导致海岸线发生改变，不过在此之前，还需将其与其他因撞击、山体滑坡以及火星地震导致的变化区分开来。

［资料来源：http://news.xinhuanet.com/tech/2016-05/20/c_129000257.htm］

第三节　海浪

浩瀚无垠的大海，时而波涛汹涌，时而风平浪静，海水的这种变化都是源于海水的"多动儿"海浪。海浪是海洋上经常出现的一种现象。它也是海洋灾害中最为普通和严重的一种。海洋上随时随处都有海浪的踪影，受海浪遭灾的后果，往往是带有毁灭性的。自古以来，人们对其了解、认识也最为深刻。

一、海浪的基本知识

（一）海浪的定义

海浪是指海水的波动现象，这种波动比较有规则，而且带有周期性，其周期为0.15～25秒，波长为几十厘米至几百米，波高一般为几厘米至20米，在罕见的情况下，波高可达30米。当海浪的波高达6米及其以上时，则称为灾害性海浪，因为波高等于或大于6米的海浪对航行在海上的大多数船只已构成威胁，它能掀翻船只，摧毁海上工程和堤岸工程，给航海、海上施工、海上军事活动、渔业捕捞等带来极大的危害。

（二）海浪的类型及其特征

根据成因，海浪一般分为风浪、涌浪和拍岸浪，广义上也包括海啸、风暴潮和海洋内波等。航海上的分法更细致，把海浪分为风浪、涌浪、拍岸浪、海洋内波、碎浪、三角浪和睡浪等。

1. 风浪

风浪是指在风的直接作用下产生的水面波动。风浪波面粗糙，风浪大时波峰附近有浪花和大片泡沫，波峰线短，看上去前呼后拥、相互吞并、杂乱无章。

2. 涌浪

涌浪是由风浪转变而来的波浪，即风停止后或风速风向突变区域内尚存的波浪和传出风区的波浪，具有较规则的外形，排列整齐，波面较平滑，波峰线长，一般涌浪周期较风浪长，涌浪周期越长，传播得就越快、越远，由于长周期的涌浪传播速度比台风、温带气旋等天气系统移动快，因此涌浪往往能成为一种预警信号。

3. 拍岸浪（近岸浪）

拍岸浪又称近岸浪，是由外海的风浪或涌浪传到海岸附近，受地形作用而改变波动性质的海浪。当风浪和涌浪由深水区传到近岸或浅海时，受海底摩擦作用，波浪能量衰减很快，波动性质发生变化，到达岸边时几乎成为一条直线。拍岸浪的波峰前侧陡、后侧平，直至倒卷破碎，经常出现浪花四溅的场面。大多数情况下风浪和涌浪并存，两者叠加而成为混合浪，对海岸有较大的破坏力。

4. 海洋内波

海洋内波是发生在水面以下不同密度层间的波动，这种波浪多发生在密度分布不均匀、经常出现跃层的海域，或有淡水注入的河口附近海区。海洋内波有"水下魔鬼"之称，因为它隐藏在水面以下，可在海洋任何深度上出现，特别是它与一般的海流不同，通常在海水跃层上形成两支流向相反、流速达 1.5 米/秒以上的内波流，好似一把巨大的剪刀，对人类水下活动影响较大。

5. 碎浪

波浪遇到浅滩或暗礁时，产生破碎的波浪，被称为碎浪。在海上看到一些翻滚破碎的浪花时，往往是浪花下面藏有浅滩或暗礁的征兆，就要特别当心。

6. 三角浪

三角浪是由方向相反或几个方向的波浪叠加而成的波浪，多出现在陡峭的岸边或台风中心附近，其波峰往往呈锥形上下跳动。

7. 睡浪

睡浪一般由多个波浪叠加而成，浪高可达 30 多米，但不易被发现。往往是在晚上船员熟睡时，轮船遭受这种巨浪袭击，并会迅速翻沉海底，故称之为睡浪。

8. "疯狗浪"

"疯狗浪"一词来自台湾，因这种浪灾发性强、危险性大，本来风平浪静的海面上突然涌起一股大浪，突如其来，凶狠猛烈，似疯狗，叫人防不胜防，最高的"疯狗浪"高达 10 米。

（三）海浪的成因——"无风不起浪"

海上的风浪不论大小，都不是凭空而起的，而是由风吹刮起来的。俗话说"无风不起浪"，说明了风是浪之因，浪是风之果的关系。风浪不是一有风就变成那么大的，而是有一个由小到大的成长过程。风小浪就小，风大浪也大，这是一般的常识. 但是有时也有例外。因为风浪的大小是由风速、风区（风在下风方向上作用于水面的距离）、风时（刮风的持续时间）等因素共同作用的结果，即"三风定海浪"。一般地说，在一定的风速条件下，风区距离越长，风浪就越高；风时越长，风浪也就越高。当然，风浪随风区距离的增大和风时的增加而增大是有限度的。在大洋海域，波浪的分布与海洋上风的区域分布具有相似的特征，这是由波浪与风的关系所决定的，表现为风大则浪高。而在近岸海域，当盛行风自大陆吹向海洋，或受地形阻挡的海湾和内海，由于风区距离短，波浪比大洋上的小，在浅水区，出于海底摩擦的作用，风浪也较小。人们一般用浪高来反映风浪的大小，按照波高，海浪分为 10 级。除了上面介绍的用浪高来反映风浪大小外，实际工作中，人们还经常利用海况了解海面的风浪情况，海况是指在风作用下海面所出现的外貌状况，是指视野中的波浪外形、浪花和飞沫多少等海面状况，也分为 10 级。

二、灾害性海浪的危害

海上自然破坏力的 90% 来自海浪，仅 10% 的破坏力来自风，海上常说的"避风"，实际上是"避浪"。当风力为 11~12 级时，波浪的压强可达 13000 千克/米^2，波浪可使船舶倾覆，甚至把万吨轮折成两段。海上巨浪造成的海难占世界海难的 70% 左右。有史以来，地球上差不多有 100 多万艘船舶沉没于惊涛骇浪之中。海面的波浪是人们所熟知的，对水下的海浪"内波"却鲜为人知。内波的波高，一般要比海面的波浪高得多，可高达几百米，波长也有几千米，甚至上万米。海洋内波隐匿在水中，人们不容易发觉，在缺乏防备的情况下，遭到突然袭击而受灾。海浪对海岸同样具有巨大的冲击力，每平方米可达 50 多吨，足以摧毁堤岸、码头和其他岸上建筑设施。海浪灾害会引起海上船只损坏和沉没、航道淤积、海洋石油生产设施和海岸工程损毁、海水养殖业受损等和人员伤亡等。

我国海域位于欧亚大陆东南部，受世界最大陆地和最大海洋的影响，南北冷暖空气交换异常活跃。夏季，南海和东海频繁遭受台风浪的袭击，冬季和春秋两季，渤海、黄海、东海则常常受到气旋浪和寒潮浪的袭击。特别东海区域（包括台湾海峡、台湾省以东洋面和巴士海峡）是我国海浪灾害最频繁、最猛烈的区域，有全国 56% 的灾害性海浪发生在此海区。2006 年，超强台风"桑美"于 8 月 8 至 10 日在我国的台湾省以东洋面、东海和台湾海峡形成 7~12 米的台风浪，受台风浪影响，在福建省沙埕港避风渔船遭到毁灭性的打击．沉没船只多达 952 艘，损坏 1139 艘，死亡数百人。

三、海浪灾害的防御

（一）关注海浪预报

2006 年 10 月国家海洋局发布的《风暴潮、海浪、海啸和海冰灾害应急预案》，把海浪预警级别分为 Ⅰ、Ⅱ、Ⅲ、Ⅳ四级警报，分别代表特别严重、严重、较重、一般，对应的颜色依次为红色、橙色、黄色和蓝色。

海浪 I 级警报（红色）：受台风或温带天气系统影响，预计未来 24 小时内，沿海受影响海域将出现达到或超过 6.0 米浪高，或近海受影响海域将出现达到或超过 14.0 米浪高。

海浪 II 级警报（橙色）：受台风或温带天气系统影响，预计未来 24 小时内，沿海受影响海域将出现 4.5～6.0 米浪高，或近海受影响海域将出现 9.0～14.0 米浪高。

海浪 III 级警报（黄色）：受台风或温带天气系统影响，预计未来 24 小时内，沿海受影响海域将出现 3.5～4.5 米浪高，或近海受影响海域将出现 6.0～9.0 米浪高。

海浪 IV 级警报（蓝色）：受台风或温带天气系统影响，预计未来 24 小时内，沿海受影响海域将出现 2.5～3.5 米浪高。

（二）海浪的防御

1. 面对海浪蓝色预警

游客应时刻关注海浪警报和海上客轮运营等信息，取消或调整旅行计划，不要到海边游玩，减少滨海活动，远离海堤、海岸、海滩等危险区域，避免被海浪打落海中，已经在海边的游客要尽快上岸到安全区域。

2. 面对海浪黄色预警

此时，滨海旅游景区、海水浴场等都要适时关闭，海上观光船只、渡船、海峡两岸航线船只等要适时停航。游客要关注交通路况、海上客轮运营等信息，调整出行和旅行计划，已经在滨海旅游的游客应马上离开海边，不要在海边观潮观浪。

3. 面对海浪橙色预警

游客应服从旅游部门的安排，及时撤到安全区域。

4. 面对海浪红色预警

游客应服从旅游部门安排，立即撤到安全区域。

危险的离岸流

在海滨浴场的游客无论会不会游泳，都要有安全保护意识，不要往大海深处游泳。如果出现突发危险情况，海滨浴场都配有救护队，必须高声呼救，引起救护队及其他游客的注意。最需要游客注意的是，如果在海里玩水时，看到"断层海浪"（图5-1），那么应该立刻上岸，因为出现"断层海浪"的区域是极易产生浪涡的危险之地。但如果已经处在浪涡里，首先不要想着往岸边的方向游回去，能做的是游向与海岸线平行的方向，这是自救的唯一办法。断层海浪的专业术语称离岸流（Rip Current），又称"裂流"，是游客在海边戏水时最大的安全威胁，根据巴西与澳大利亚长期的研究显示：在海边，大约有90%的溺水是因为离岸流而发生的。离岸流是一种向外海方向快速移动的强劲海流，由于会将人体快速带离岸边向外海漂流，因此，人员在与其对抗时，容易耗尽体力导致溺水。离岸流会在人毫无防备的情况下突然出现，且任何天气条件下都可能发生，它会出现在多种类型的海滩上。与因猛烈撞击而发出巨大声响的波浪不同，离岸流不会引起人的注意，直到人身陷其中才会发觉。

那么如何辨识离岸流呢？离岸流出现地点的海底都比两边低，海水表面白色浪向岸上冲，似涨潮；海水下面蓝色水向海中间流，似退潮。由于离岸流是较深层的水流，所以大部分颜色比较深。而且有一些离岸流表面上看起来几乎没什么浪，同周边的白浪和浪涌相比，它们较安静，这很容易骗过游泳者。

遇到离岸流，如何自救？典型离岸流的流速大约是2米/秒，超过一般人的泳速。由于离岸流的流速很快，流幅狭窄，不只是一般的戏水者，甚至连救生员在受训时也常被其拉向外海。因此，遇险时的应注意以下几点。

（1）遇到离岸流强劲时不要选择与大自然对抗，不要尝试逆流游回岸边，而是保持镇定，用最省力的踩水或漂浮，呼叫或挥手寻求救援；

（2）不慌张、不挣扎，要随波逐流，顺着离岸流的水流方向，沿着与沙滩平行的方向游离，脱离"离岸流"后，再转向游回岸边（图5-2）；

（3）若遇到困在离岸流的遇难者，尽可能给予帮助漂浮的器具，千万不要贸然下水救援。

图5-1 "断层海浪"（离岸流）

图5-2 逃生路径

　　意外总是说来就来，谁也无法预料。所以，在进行海边游玩之前要学习一些常识和熟悉周边的环境，做好以下防范措施和心理准备。

图 5-3　离岸流警示牌

　　（1）在下水之前，首先看清海水浴场的警示牌（图 5-3），并亲自观察一下，海滨浴场的地形地貌、沙洲和缺口，因为缺口处是离岸流的多发区；

　　（2）看海里有无狭窄而浑浊的条状水流，并避开该水流；

　　（3）阴历初一或十五前后天文大潮期间，台风来临、风大浪高之时，最好不要下水游泳。

［资料来源：根据 http://mt.sohu.com/20160718/n459754784.shtml http://baike.baidu.com/link?url=C5vyh80qOAkLVq-B9HQtPU5-W4xjGl3bYlnt_MvOGuVmcfewakk0gj3zW5lTxCgFKZqIKMMwlXLJF1EehLwdxyHGlQqaAEagZ8hLwYYRPQQpizPoF6OA2wombFGUGQV3 整理］

第四节　赤潮

　　海水有时候会改变颜色，蓝色的海洋有时会变成红色、粉红色、黄色、茶色或绿色、灰褐色和白色等，大海似乎变得绚丽多彩，实际上却蕴藏着可怕的杀机，这就是赤潮带来的有害生态现象。赤潮现象在古代的文献或者文学作品中就有过记录，我国最早记录赤潮的是在元代延祐年间位于今天上海市月浦东北的黄姚盐场发生的赤潮——"一夕海潮暴涨，入夜有光熠熠，数日煮盐皆紫色"。随着社会经济的发展，赤潮这种海洋灾害有日益加重的趋势，它的蔓延，不仅破坏了海洋水体生态环境，而且给海洋渔业资源和生产造成重大经济损失，也给海洋旅游业和人类健康带来危害，是全球性的重要海洋灾害之一。

一、赤潮的基本知识

（一）赤潮的定义

　　科学家们通过观察与研究给赤潮下了一个比较确切的定义：赤潮是在特定的环境条件下，海洋中某些微小的浮游藻类、原生动物或细菌暴发性繁殖增值或高度聚集，从而引起水体变色的一种有害的生态异常现象。赤潮只是一个历史沿用名，并不是都显示为"红色"，其颜色是多种多样的，颜色是由引发赤潮的生物种类所决定的，因此，赤潮可以说是各种色潮的统称。某些赤潮生物（如膝沟藻、裸甲藻、梨甲藻等）引起赤潮的时候，有可能海水的颜色不会有变化。

（二）赤潮的类型

世界各国沿海地区所发生的赤潮现象有多种多样。按照不同的标准划分，赤潮可划分不同的类型。

1. 根据发生的海域划分

赤潮可以划分为外海型赤潮、近岸型赤潮、河口型赤潮和内湾型赤潮。外海型赤潮指外海或大洋区域发生的赤潮。大多数外海型赤潮发生在大洋或外海的上升流区与水团交汇处，该海域不是人为造成的丰富营养，而是由于海流、水团带来营养物质。而河口、近岸、内湾发生的赤潮大多数都与水体的富营养化有关。

2. 根据成因和来源划分

赤潮可以分为外来型赤潮和原发型赤潮。其中，原发型赤潮是指赤潮生物在该海域爆发性繁殖引发的赤潮。而外来型赤潮是指赤潮生物不是原地形成的，是由于风、浪、海流、潮汐或引进的养殖生物等引起的赤潮，这类赤潮持续的时间短。

3. 根据赤潮生物种类组成特征上的差异划分

赤潮分为"单项型"赤潮、"双项型"赤潮和"复合型"赤潮。"单项型"赤潮是由一种赤潮生物引起的赤潮；"双项型"赤潮是指由两种赤潮生物引起的赤潮；"复合型"赤潮则是由多种赤潮生物引起的赤潮。

4. 根据引发赤潮的生物种类划分

可以将赤潮分为硅藻赤潮、甲藻赤潮和其他生物赤潮（蓝藻、金球藻、绿藻、浮游原生动物）。

（三）赤潮的成因

科学家们认为赤潮是一种复杂的生态异常现象，其发生的原因比较复杂，是多种因素综合作用的结果。虽然赤潮的发生机理至今尚无定论，但赤潮发生的首要条件是赤潮生物增殖要达到一定的密度，否则，即使其他因素都适宜，也不会发生赤潮。大多数学者认为，赤潮发生与下列环境因素密切相关。

1. 海水的富营养化

海水的富营养化是赤潮发生的物质基础和首要条件。所谓富营养化，就是水体中有丰富的养分，致使海水太过"肥沃"，引起赤潮生物快速生长。近海海水营养的主要来源是沿海陆地过多的污染物排放入海、港口船泊污染等原因造成的，尤其是大量的氮、磷等元素入海，造成海水"富营养化"，一旦温度、盐度、光照等海洋水文气象条件适合时，海中赤潮生物便会在短时间内迅速繁殖，形成赤潮。

2. 水文气象和海水理化因子的变化

海水的温度是赤潮发生的重要环境因子。科学家发现赤潮发生的适宜温度范围是20~30℃，而一周内水温突然升高且大于 2℃是赤潮发生的先兆。另外，海水的化学成分应该说是相对稳定的，但是，某些因素也可以使局部海域发生改变，比如，急剧大量降雨可以改变局部海域海水的盐度，特别对于富营养化水域，盐度的变化是促使赤潮生物大量繁殖的原因之一。据监测资料表明，在赤潮发生时，水域多为干旱少雨，天气闷热，水温偏高，风力较弱，或者潮流缓慢等水域环境。

3. 农业污染

科学家们发现了农业污染引起海洋赤潮的直接证据，农业灌溉废水和农田排涝洪水中含有大量的营养盐，当这些废水流入海洋中，就会增加海水中营养盐的浓度，在条件适应的情况下，就会引起赤潮，而且富含氮、磷、铁的业灌溉废水，对海洋生态系统的损害可能远远超出人们早先的估计。

4. 海水养殖的自身污染

海洋养殖为人们提供了丰富的海鲜品。然而，随着各地沿海养殖业的发展，尤其是对虾养殖业的蓬勃发展，产生了严重的自身污染问题。因为在对虾和鱼类养殖中，人工投喂大量配合饲料和鲜活饵料，往往会在池内残存大量的饵料，严重污染养殖水质。养虾、养鱼池每天都需要换水，每天都有大量污水排入海中，这些带有大量残饵、粪便的水中含有氨氮、尿素、尿酸及其他形式的含氮化合物物，都会加速海水的富营养化。

二、赤潮的危害

（一）赤潮对渔业与水产资源的破坏

赤潮会破坏海洋食物链，造成渔业减产。由于赤潮发生后海洋单一种类藻类急剧增加，海洋生物多样性和生态平衡受到影响，进而影响渔场的饵料供应，从而造成渔业减产。同时，赤潮期间分泌的大量毒素，对鱼、虾、贝类有直接的毒害作用，这些个体即使幸存也失去了食用价值。赤潮生物的大量迅速繁殖会大量消耗水中氧气，使海水缺氧或无氧，导致水产养殖对象大量死亡。

（二）赤潮对海洋环境的破坏

海洋是一种生物与环境、生物与生物之间相互依存，相互制约的复杂生态系统，系统中的物质循环、能量流动都是处于相对稳定、动态平衡的。而赤潮的发生导致了平衡遭到干扰和破坏。赤潮的生成，致使海洋生态环境发生变化，海水温度升高，海水盐度、pH 值异常，溶解氧降低，亚硝酸盐、氨氮的比例失调，海水中的一些微量元素的含量也发生变化，海洋要素的变化，破坏了海洋环境化学平衡，直接影响海洋生态的平衡。并且赤潮发生后，会给海洋环境带来新的污染，赤潮生物和遭难鱼虾的残骸，在海水中氧化分解时，因耗费大量溶解氧，使已经缺氧的环境更趋恶化，导致滨海旅游业的萧条。

（三）赤潮对人类健康和生命的威胁

赤潮引发的赤潮毒素统称贝毒。目前确定有 10 余种贝毒的毒性是眼镜蛇毒素的 80 倍。有些赤潮生物分泌毒素，毒素会被食物链中的某些生物摄入，如果人类再食用这些生物，会对消化系统和神经系统产生影响，甚至导致死亡。另外，人体接触赤潮毒素还会引起皮肤不适，在含神经性毒素赤潮期间，挥发性毒素还会刺激人的眼睛和呼吸道。

三、赤潮灾害的防御

赤潮问题已引起沿海国家和地区的极大关注，科学家们为寻求防治方法，开展了赤潮发生机理及其与环境因子间关系的研究，并通过大量实验，摸索出一些防范的途径，主要有化学药物法、隔离法、生物控制法和矿物沉淀法等。

第五节　海岸带灾害

在当今全球海平面上升的背景下，海岸带灾害已严重威胁海岸带生存和生活环境，逐渐成为各相关领域关注的焦点之一，也是旅游者在海滨旅游地旅游活动中特别需防御的重要灾害。

一、海岸带灾害产生的原因

海岸带是大陆与海洋的接触地带，是陆地与海洋各种自然灾害叠合发展的区域，灾害给人类带来的灾难尤为严重。海岸带灾害主要包括以台风为主的气象灾害，风暴潮、海浪、赤潮、海岸侵蚀等自然灾害，还包括人类活动导致海洋自然条件改变所引发的灾害，如地下水超采所造成的海水入侵及海洋环境污染等。因此，造成海岸带灾害的原因是多样复杂的。

（一）相对海平面上升诱发和加剧海岸带灾害

现代科学研究表明，海平面上升的主要原因，是温室效应增强的结果。它导致全球气候变暖，两极冰山和高原冰川融解，引起海水量增加，海平面升高。海平面上升不仅能诱发风暴潮、低洼地洪涝、海岸侵蚀、污染、海水入侵等灾害，而且使这些灾害相互作用和叠加，使它们呈加剧发展的趋势。其中，海平面上升特别是对那些砂质海岸的侵蚀损害更为严重，海岸侵蚀严重破坏滨海旅游景观。据统计，中国砂质海岸被海水侵蚀的岸段已占到 70% 左右。海平面上升还会造成咸水内侵、水质恶化、地下水位上升、生态环境和生物资源遇到严重破坏。

（二）气候异常导致或加剧海岸带灾害

气候异常也容易给海岸带造成灾害，尤以台风和风暴潮灾害为盛。气候异常是指很多地区，出现了气候反常的现象。有的地方发生多年罕见的狂风暴雨，导致洪水泛滥；另外一些地区，又久旱不雨，土地龟裂，农作物绝收。而这些异常现象与"厄尔尼诺"现象的出现，在许多方面有着密切的关联。"厄尔尼诺"循环期间，赤道东太平洋持续升温，对热带大气环流的影响最为直接，热带大气环流的异常变化，必然牵动全球大气环流，给全球特别是北半球带来严重的气候异常，进而对降水、气温产生影响，这些影响就可能成为灾害发生的诱因。

（三）不合理的人类活动导致局部、全球气候异常和环境变化

海岸带是海陆交互作用的特殊地带，是人口密集、经济集中的发达地区。然而，在开发海洋经济的同时，不合理的人类活动加速了对海岸环境的破坏，优美的海岸自然景观被破坏，加剧了海岸侵蚀和海岸污染。高度的工业化、城市化，土地和水资源的过度利用，农、牧、渔业的过度围垦、过度砍伐、过度放牧、过度捕捞等种种不合理的人类活动扰动了地球系统，通过大气圈、水圈、生物圈和岩石圈间的相互作用，导致局部、全球气候异常和环境变化，环境遭到破坏的过程成为灾害形成的过程。

二、海岸带灾害的危害与预防

(一)海岸带灾害的危害

1. 海岸侵蚀

海岸侵蚀最突出的影响是加重了海岸带地区的自然灾害。沿岸土地盐渍化是风暴潮海侵、海平面上升、沿海地面沉降的必然结果。在我国,沿海地面沉降已成为沿海地区许多城市所面临的重大问题。海岸侵蚀带来的海岸沙丘的破坏和天然海岸被人工海岸所代替,是我国海岸面临的严重问题。因为海岸沙丘起着防风、防沙和防风暴潮的作用,也有着沉积物的相互交换作用,能够保护海滩,防止海滩退化。另外,海岸沙丘还能储存淡水,阻止海水内侵。同时海岸沙丘也是重要的旅游资源。

2. 海水入侵

海水入侵是指由于自然或人为原因,海滨地区水动力条件发生变化,使海滨地区含水层中的淡水与海水之间的平衡状态遭到破坏,导致海水或与海水有水力联系的高矿化地下咸水沿含水层向陆地方向扩侵的现象。在海水涨潮时,海水会沿河道自河口向上游上溯,受海水入侵的河流含盐度增加,沿海地区海水通过河流及其他渠道倒流时到达内陆区域后,盐水扩散、咸淡水混合造成上游河道水体变咸。海水入侵所造成的灾害是广泛、严重和持久的,有可能引发群发性灾害的发生。海水入侵使地下水质恶化,矿化度增加,土壤发生盐渍化,大批浅井报废,耕地不能灌溉,农业产量急剧下降。海水入侵也严重影响到沿海乡镇工业生产的发展。因海水入侵造成工业用水水源土质的恶化,由于淡水量减少,工业用水不得不转移至新井或采取远距离调水,迁移和停产使企业蒙受严重损失。另外,由于水质恶化,还会导致企业生产设施氧化、锅炉积垢,影响产品质量和产量,企业经济效益将遭受重大影响。海水入侵还使水质变咸,淡水不足,造成人畜用水困难,如果长期饮用被海水浸染的劣质水,很可能会增加一些地方病(如甲状腺肿病和氟斑牙等)的发病率。

3. 海水污染

人类在生产和生活中产生的数量巨大、各种各样的废弃物,源源不断地通过不同渠道流向海洋。污染海洋的物质众多,不同物质造成的毒性、污染以及形成的灾害也不一样。海水污染,加速了水域的富营养化,导致赤潮频发、海产品质量下降,甚至发生许多因食用海产品中毒事件;有些放射性污染物质将会给人体健康带来长久的健康隐患。

（二）海岸带灾害的预防

世界上所有的主要灾种几乎都曾出现在我国海岸带。如台风是能量很大的自然灾害，它除直接以狂风、巨浪成灾外，又导致风暴潮灾，登陆后还以暴雨的形式引发洪涝灾害，台风、风暴潮、洪涝三者并发形成台风灾害链。由于海岸带灾害复杂多样，在该地区游览观光的旅游者应特别注意防范避险。

（1）游前应掌握必要的辨识海洋灾害基本常识以及紧急情况下自救、互救的方法。

（2）及时关注灾害相关动态信息，遇到恶劣天气和自然灾害时，应远离危险地段或地区，切勿进入旅游区划定的禁区内。

（3）在整个游览过程中留意游览区内设置的安全警示标志或危险地带提示，记住安全出口、应急通道和安全疏散通道的具体位置。

本章小结

海洋性自然灾害具有突发性强、破坏性大的特点，灾害发生时很可能造成人员伤亡、财产损失、社会秩序混乱，从而影响海洋旅游活动的开展，阻碍旅游经济的发展。因而，熟知海洋性自然灾害的基础知识和防范方法，建立完善的海洋性自然灾害安全预警及应急系统，都是海洋旅游活动安全的基本保障。

复习思考题

1. 海洋性自然灾害主要包括哪些类型？

2. 假如你作为导游，带领的团队在旅游过程中恰逢风暴潮过境，该如何应对？

3. 简述遭遇海啸的应急与逃生方法。

4. 2004 年印度洋海啸中，年仅 10 岁的英国女孩蒂莉·史密斯帮助众多游客成功逃生，从这一案例中你获得了哪些启发？

5. 如何准确地观察发现离岸流，游客在险境中逃生的最佳方法是什么？

6. 请从海洋旅游安全管理者的角度谈谈旅游过程中赤潮的防范与应对。

7. 请根据下列阅读材料中提供的信息，结合相关专业知识和实践，谈谈"海洋性灾害"旅游开发的可行性。

基于体验性的"海洋灾害"旅游开发初探

海洋旅游是广受旅游者欢迎的旅游活动之一。由于气象、构造等海洋内在因素以及近代人类高频度海洋活动等外在因素的影响,产生了一系列"海洋灾害"(如风暴潮、灾难性海浪、海冰、赤潮、海啸等),给人类生产、生活及旅游业带来负面影响。但另一方面,海洋灾害在给人们带来恐惧和损失的同时,也滋生并满足了部分旅游需求。受当今求异、探险、求知等体验性旅游需求刺激,引发了旅游者对海洋灾害了解、认知、探索的欲望,因此,开发以"海洋灾害"为主题的海洋旅游为满足旅游者求异、探险等体验性旅游需求提供了契机,也有助于人类进一步了解海洋奥秘。

海洋灾害是自然灾害的一种,因而,"海洋灾害"旅游是灾害旅游的重要组成部分。目前国内外对于灾害旅游的研究较少,对由海洋灾害引起的旅游活动虽有提及,但没有展开细化、深入的研究。国外近十年在北美取得较大研究进展的黑色旅游对以自然灾害为主题的旅游活动有所提及,在黑色旅游分类中,学者们把以自然灾害为主题的旅游活动归结为灾难旅游的范畴,并有相关文章对北美沿海"卡特里娜"飓风和泰国普吉岛海啸遗址旅游进行了介绍。20世纪90年代末期灾害旅游研究受到国内部分学者的关注,他们从灾害和旅游交叉的角度探讨二者的关系以及灾害旅游实施的可行性,并认为灾害旅游是指旅游者针对给人类生命财产造成损害的客体场所进行观光游览考察的活动,其中灾害旅游资源包括灾害过程、灾害遗迹、灾害后果等,并认为在当前可持续旅游发展的背景下,灾害旅游有较好的发展前景。

"海洋灾害"旅游其实质是通过恰当的旅游形式对可用作旅游资源的海洋灾害进行的旅游活动,这些旅游资源不仅包括海洋灾害本身(如台风、海啸等)、以海洋灾害为旅游内容建设的主题公园等,还包括因海洋灾害给人类带来灾难或引致事故产生的遗址、纪念地等,如与泰坦尼克号沉船相关的旅游活动、美国新奥尔良"卡特里娜"飓风灾区游、泰国海啸恢复游、中国"南海一号"古沉船栖息场所"水晶宫"及整个中国海上丝绸之路博物馆等都可作为"海洋灾害"旅游的重要资源。

旅游体验是一种综合性的体验,以超功利的体验为主。旅游体验的目的是获得旅游愉悦——审美愉悦和世俗愉悦,审美愉悦是旅游追求的主要愉悦内容,它通过旅游活动中的优美体验和壮美(崇高)体验来实现。优美体验是由爱的情感内容产生的,而壮美体验是由恐惧滋生的快感转化而来,崇高感的获得来自于某种超越,尤其是在感觉上对巨大、有力的感性形式,对重大、深刻的理性内容以及对美与丑相斗争的艰巨过程所获得的超越。此外，与壮美体验类似的极端体验注重对生命本性的超越和张扬，是对规训社会的反叛，是一种为了追求解除个性化束缚、复归原始自然的体验。海洋灾害与灾难、恐惧有直接关系，它的诸多特点都使得"海洋灾害"旅游所获得的必然是壮美旅游体验，人们在感受海洋威力的同时，由恐惧转化而来的快感是实现自我超越、释放个性的源泉。从大众化的观点看，"海洋灾害"使人们感知到更多的是其负面影响，人们更多关注其对旅游业的冲击力，很少从旅游利用的角度审视"海洋灾害"与旅游业的关系。事实上，随着现代旅游业的发展，体验性、参与性的旅游形式日渐成为旅游活动的主流，在这个张扬个性、追求差异的时代，旅游需求的多样化促使旅游产品的多元化开发，旅游项目的范畴也日益丰富与深化。长期以来，"海洋灾害"本身的震撼力以及人们对"海洋灾害"所持有的"恐惧"同时刺激着人们对其进行探索的欲望，以旅游的形式使人们获得壮美旅游体验有助于深化人们对其认识并更好地处理人类与海洋的关系，对于实现海洋生态的可持续发展也有重大作用。因此，从体验的角度对"海洋灾害"进行旅游开发有着良好的市场基础和现实意义，具有开发的可行性。

"海洋灾害"旅游以游客获得旅游体验为设计目的，但是鉴于海洋灾害自身的特点，对其进行体验式旅游开发还需考虑一系列的因素，尤以控制"海洋灾害"旅游过程中的危害性程度以及确保所设计的旅游内容和形式能使旅游者超越心理恐惧并从中体验到快感、享受到愉悦为最终目的。海洋灾害往往以危险性强、涉及范围广、辐射海面及地域辽阔为主要特点，实时实地地参与"海洋灾害"旅游活动有一系列的限制性。因此，在将其以景观状态纳入旅游范畴的过程中，要使得这种旅游景观能够有效地为旅游业服务，必须设计合理的旅游开发方式，将大范围、难于控制的海洋灾害在有限的、浓缩的甚至是舞台化的旅游空间中充分展现出来，才能更好地展示其旅游魅力并满足旅游者的体验需求。

通过"博物馆化"开展"海洋灾害"旅游是常见的一种开发方式，就是以博物馆、灾害遗迹等形式将海洋灾害的实质内容以及与之相关的海洋文化精神内核通过科普展陈、模拟现场、设计相关体验项目等充分展示出来。浙江省岱山县的中国台风博物馆以及广州海上丝绸之路博物馆是以博物馆形式对"海洋灾害"旅游进行开发的典范。兴建海洋灾害主题公园是比较流行的旅游开发方式之一，也是在激烈的市场竞争中极具挑战和争议的开发方式。因而，以兴建主题公园的方式对海洋灾害进行旅游开发，不仅要考虑海洋灾害的特点，更要避免主题公园开发中"千园一面"的通病。以主题公园的方式对海洋灾害进行旅游开发是利用高科技手段将一些海洋灾害的表现形式、发生过程等以模拟现场等形式浓缩在一定的空间范围内，使游客在切身体验的同时加强对海洋灾害的认知。海洋灾害主题公园在选址方面应考虑资源禀赋和地方特色,以海洋灾害的多发区为最佳。与博物馆相比,海洋灾害主题公园更注重游客的体验性和参与性,而海洋灾害博物馆更具有资源方面的真实依托性,前者侧重以娱寓知,后者侧重科普知识,娱乐方面所占比例较小。

[资料来源:洪文文,方百寿等.基于体验性的"海洋灾害"旅游开发初探[J].地理与地理信息科学,2008,(6).]

第六章　海洋旅游事故的防范与应对

教学目标
- 了解世界海难事故现状及成因，掌握海难事故的避险及自救常识。
- 了解在海洋旅游活动中容易接触到的具有危险性的海洋生物，掌握危险性海洋生物侵袭的防御方法。
- 掌握主要的易出现食物中毒或过敏的常见海鲜，学会辨别海鲜中毒的症状，掌握简单的海鲜中毒后的救治方法及预防措施。
- 认识紫外线灼伤的表现，掌握紫外线灼伤后的处理方法以及预防紫外线灼伤的措施。
- 了解火灾的基本常识及火灾形成的主要原因，熟悉海洋旅游场所存在的消防安全隐患与处理方法，掌握火灾逃生方法，理解建立健全海洋旅游场所的消防安全管理体系的重要性。

计划学时：6 学时。

导入案例

1912 年 4 月 14 日晚上，"泰坦尼克"号从爱尔兰西海岸开往美国的途中，在北大西洋 41°46′N，50°14′W 附近洋面与冰山碰撞。这艘在当时号称世界一流的"不沉之船"的超级游轮，却在两个多小时后沉入了海底，造成了 1000 多人死亡的重大海难事故，震惊了整个世界。

既然是一艘"不沉之船"，为什么还会沉没呢？根据海上航行安全的有关法规和海员通常做法以及海船建造规范等方面的要求，我们来剖析一下"泰坦尼克"号海难事故的原因。从航海技术上来讲，造成"泰坦尼克"号与冰山碰撞而沉没的主要原因有三个：没有保持正规瞭望；没有采用安全航速；没有应用良好船艺。而从船舶建造规范上来讲，造成大量人员死亡的主要原因是船上没有配备足够的救生设备。其实，所谓的"不沉之船"只是相对而言的。"泰坦尼克"号的设计师托马斯·安德鲁说过，船是钢铁造的，是钢铁造的船就会沉。"泰坦尼克"号只是设计为"四舱不沉制"的船，也就是说，即使有四间船舱都破损，灌满了水，该船也不会沉没。而在一般情况下，四间船舱同时破损浸水的可能性是极小的，所以"泰坦尼克"号是不容易沉没的，故有"不沉之船"之称。也许就是这个"不沉之船"之称，使很多人产生了误解，麻痹大意。船舶制造商误认为船舶是绝对不沉的，为了使船甲板宽敞，船上配备的救生艇数量只有设计值的一半；船长过于自信，在收到冰山报告后仍然加速航行，没有考虑降速航行以利于航行安全；船舶驾驶人员和瞭望人员疏忽大意，没有谨慎驾驶、保持正规瞭望。

"保持正规瞭望"是船舶驾驶和航行中最重要的一条原则。是保证航行安全,避免碰撞的重要前提。《国际海上避碰规则》的"瞭望"条款规定："每一船舶应经常用视觉、听觉以及适合当时环境和情况下一切有效的手段保持正规的瞭望，以便对局面和碰撞危险作出充分的估计"。只有"保持正规瞭望"，才能对局面和碰撞危险作出充分的估计，才能及早采取恰当有效的避让措施，以避免紧迫局面和紧迫危险的形成及碰撞危险的发生。如果没有"保持正规瞭望"，势必险象横生，措手不及，造成千古遗恨。"泰坦尼克"号与冰山相撞，就是一个典型的例子。

"采用安全航速"是船舶驾驶和航行中另一条重要原则。《国际海上避碰规则》的"安全航速"条款规定："每一船舶在任何时候均应用安全航速行使，以便能采取适当而有效的避碰行动，并能在适合当时环境和情况的距离以内把船停住。"在决定安全航速时，考虑的因素中应包括下列各点：①能见度情况；②通航密度；③船舶的操纵性能；④夜间出现的背景亮光；⑤风、浪和流的状况以及靠近航海危险物的情况；⑥吃水与可用水深的关系。而"泰坦尼克"号在收到冰山报告后，仍保持 21 节的高速行驶，导致当船员们近距离发现冰山时，难以采取有效的避碰行动而发生碰撞。

在紧迫局面或紧迫危险的情况下，船舶驾驶人员若能拥有良好驾驶技术，或许能避免碰撞，至少能降低碰撞损失。但是，"泰坦尼克"号在近距离发现冰山的紧急情况下，驾驶人员惊慌失措，没能谨慎处理、应用良好船艺，而采取了不协调的避让措施。驾驶员发出错误指令，操作人员操作失误，造成与冰山相撞的后果。

在"泰坦尼克"号与冰山碰撞，造成船体严重破损而要沉没的情况下，如果船上配备有足够的救生艇，则船上人员完全能在船舶沉没之前全部撤离难船，也不至于造成那么多人死亡。总之，"泰坦尼克"号海难事故的发生是令人痛心和惋惜的，更应该引起广大航海者的思考。

[资料来源：温德涌."泰坦尼克"号海难事故引发的思考[J]. 武汉船舶职业技术学院学报，2006，（2）.]

　　海洋相对于陆地，环境比较多变，人类对于海洋活动的适应能力相对较弱。当海洋环境发生变化时，旅游者难以迅速适应变化，做出应对行动，而且在海洋旅游中参与性体验项目多，从而导致海洋旅游者较陆地旅游者的安全隐患更多，游客更易出现意外事故。海洋旅游中常见的事故有海难事故、海洋生物侵袭、海鲜中毒、紫外线灼伤、游船起火等消防事故、游乐设施事故等。海洋旅游者应掌握一些自我保护知识和求救知识，可有效避免事故的发生或降低事故的危害性。

第一节　海难事故

　　海难事故是指船舶在海上遭遇自然灾害或其他意外事故所造成的危难。海难事故会造成生命、财产的巨大损失。导致海难事故的原因很多，大致有船舶搁浅、触礁、碰撞、火灾、爆炸、船舶失踪以及船舶主机和设备损坏而无法自修以致船舶失控等。其中，与海洋旅游活动密切相关的是邮轮海难。在没有飞机的时代，旅游者只能选择远洋客轮跨越海洋，如今邮轮则成为周游沿海特色城市文化的高级享受，设施装备越来越先进齐全，但也会发生损失惨重的海难事故。

一、世界海难事故现状

　　海上的航行具有许多不确定性，危险性大，可能会在突遇大雾、风暴、大雨等自然灾害，或游船本身的机械故障、甚至人为因素等造成游船碰撞、爆炸、起火等灾难。据不完全统计，进入 21 世纪，世界上已发生了数十次海难（如表 6-1）。纵观世界海难事故发生的总趋势，虽有所减缓但海难事故的数量仍居高不下，造成了巨大的人员伤亡和财产损失，而且事故仍在发生。特别是历史上多次的重大海难事故，人们应从中总结经验教训，深刻思考。

表 6-1　21 世纪世界主要海难事故

时间	船舶名称	国别	遇难地点	遇难人数	事故主要原因
2000 年 9 月 26 日	渡轮"萨米纳特"号	希腊	爱琴海的帕罗斯岛附近海域触礁沉没	80 人死亡	调查结果表明：事发时船长不在船桥上，船上记录表明，他最后一次掌舵是在渡轮撞击岩石前 182 米处。渡轮在撞上岩石的时候，船上的导航记录显示，渡轮导航系统正处于自动状态

续表

时间	船舶名称	国别	遇难地点	遇难人数	事故主要原因
2002年9月26日	客轮"乔拉"号	塞内加尔	从塞内加尔南部城市济金绍尔返回首都达喀尔途中的冈比亚附近海域倾覆	1863人死亡	相关调查报告指出：人员严重超载是客轮倾覆事故的主要原因（"乔拉"号设计载客人数为600人，其中顶部甲板上限定载客人数为500人，而事发时船上载客的实际人数远远超过这个数字数倍，加上船底货舱货少，使船的重心提高，稳定性减弱，抵抗恶劣天气的能力降低）；另一个重要的原因是岸上监控中心严重失职（按照规定，监控中心和客轮每两小时必须取得一次联系，9月26日零点到早晨7点，监控中心没有采取任何措施同客轮联系）
2006年2月2日	客轮"萨拉姆98"号	埃及	距离红海东南部的塞法杰港大约95千米处的海域沉没	1200人死亡或失踪	调查显示：在海难发生当晚，客轮起航后90分钟曾发生过火灾，紧急灭火后继续前行，而当时天气情况十分恶劣，甚至出现了大风暴。午夜时分，客轮突然再次燃起大火，并且越烧越凶猛，熟睡中的大部分乘客迅速随着客轮沉入海底
2008年6月21日	渡轮"群星王子"号	菲律宾	菲律宾中部朗布隆省附近海域沉没	800余人下落不明	调查报告称："群星王子"号渡轮所属苏尔皮西欧船运公司管理层否认发动机熄火是造成渡轮沉没的原因，天气和"群星王子"号失踪船长处置不当是造成渡轮沉没的原因
2012年1月13日	歌诗达"协和"号邮轮	意大利	意大利吉利奥岛附近海域触礁搁浅	32人死亡	事故调查分析：这是一起由人为因素导致的搁浅事故，船长对安全航行的重视程度不够，在航行时指挥失误，导致了搁浅事故发生。船长谢蒂诺和大副以疏忽、误杀和在乘客完全疏散前就弃船等罪名被逮捕
2014年4月16日	"世越"号邮轮	韩国	韩国全罗南道珍岛郡屏风岛以北20千米海上发生浸水事故并最终沉没	293人死亡，11人下落不明	事故调查结果显示：沉船事故的直接原因为船务公司过度扩大船舶载重能力及超载，舵手操作不熟练等

二、海难事故的原因

发生海难事故的因素有很多，包括人为因素和自然因素两大类。事实上，很多自然因素海难又都多少与人为因素有关。例如许多事故都是由于驾驶人员的疏忽和过失造成的，对安全航行的重视度不够，设备、仪器、装置使用不当，对程序指导不精确，未能遵循正确的程序及由于配载不当降低了船舶稳定性而发生海难等。纵观历史上发生的重大海难事故，造成海难事故的主要原因有以下几个方面。

（一）恶劣天气灾害

在众多的海难事故中，恶劣的天气灾害是造成很多海难事故的主要原因之一。研究表明，当风力达到7~8级时，造成海上事故的可能性很大，如果风力在10级以上，则更易发生海上恶性事故。在恶劣的天气条件下，对驾驶人员的综合素质是个巨大的考验。相关统计表明，遇大风浪时，由于驾驶人员操纵不当，或船舶本身存在缺陷，导致船舱进水、倾覆或沉船的事故占27%；对大风浪估计不足，走锚造成主机失控而搁浅或搁浅后船体破损导致沉船事故的占18%；未使用安全航速发生碰撞事故的占14%。

（二）碰撞

碰撞包括船舶之间的碰撞以及船舶与固定物之间的碰撞。1949 年中国台湾"太平"号沉没事件、1912 年"泰坦尼克"号沉没事件都是由于碰撞造成的特大海难事故。在国际海事组织（IMO）备案的 1978—2008 年世界海难数据记录中，发生海难的船舶共 677 艘，引发事故最多的原因是碰撞，因碰撞引发海难的船舶的 313 艘，占 46.23%。

（三）火灾和爆炸

国际海事组织对 1978—2008 年世界海难数据纪录显示，在 677 艘海难事故船舶中有 203 艘是因火灾和爆炸引起，占总数的 29.99%。在 2006 年埃及客轮"萨拉姆 98"号沉没事故后的调查显示，事故发生当晚，客轮在起航后 90 分钟曾发生过火灾，紧急灭火后继续前行，而午夜时分，客轮突然再次燃起大火，并且越烧越凶猛，熟睡中的大部分乘客迅速随着客轮沉入海底。2004 年 6 月 13 日早晨，位于开罗吉萨附近的尼罗河中的一艘豪华邮轮因电源系统故障突然起火，等救援人员闻讯赶来时，火势已蔓延开，浓烟弥漫，无法扑救，邮轮上的设备几乎被烧尽。

（四）搁浅、触礁及其他原因

船舶触礁是指船舶触碰礁石，或搁置在礁石上。而船舶搁浅是指船舶搁置在浅滩上。触礁和搁浅都会给船舶造成停航和损害，特别是大型的邮轮，一旦发生搁浅与触礁，易造成拦腰折断，造成的后果不仅会带来财产和生命的损失，而且给生态环境造成灾难性的毁坏。而导致搁浅、触礁的原因又是极为复杂的，涉及港航监督和管理人员的过失因素、不利的航区条件（例如海底地形复杂、多变，水下碍航物多）、灾害天气、能见度不良、船舶自身的适航条件等众多因素。

（五）人为因素

船舶海上事故的发生绝大多数都与人为因素密切相关，甚至是人为疏忽直接导致的后果。其中很多都是船舶管理和船员任职资格方面的不足与管理上的过失所造成的，主要体现在对安全航行的重视程度不够、船员的心理不健康以及船员的素质不高等方面。韩国大检察厅在对2014年4月16日"世越"号沉船事故调查中发现：沉船事故的直接原因就是人为因素。"世越"号所属船务公司过度扩大载重能力和超载导致船舶稳性严重恶化，加之舵手操作不熟练，致使船体往左倾斜，船舶失稳最终沉没。而沉船事故发生后海警应对不力直接导致遇难者增多。珍岛交通管制中心（VTS）的工作人员未按照规定工作或制作虚假信号交换记录，并在检方开始进行调查后删除电子监控文件。事故发生后，海警方面立刻出动"海警123"号巡逻艇向事发现场派出警力，而海警抵达现场后未采取让乘客立刻逃离船舶的措施。

三、海难事故的避险

近年来，以邮轮、游艇等旅游新业态为主力的海洋旅游发展迅速，但也随之出现了溺水、碰撞、起火、沉船等一系列海难事故。调查发现，当海难发生时，海洋旅游者往往惊慌失措，无法进行有效自救，这说明其安全意识淡薄，缺乏最基本的安全自救逃生知识和能力。于海洋旅游者而言，在参加海上旅游活动中应关注和掌握基本的海上遇险的自救常识。

（1）旅游者在上船后，应注意了解安全出口的位置，以便在遇到险情时能够迅速撤离。

（2）当两船即将碰撞时，应迅速逃离碰撞处，抓住固定物体，以防摔伤。

（3）遇险时，不可惊慌失措，要保持冷静。并应及时发出求救信号，尽可能详细地将地点、时间、遇险性质告知救助中心。如果不能判断所处方位，应停留在原地，等待救援。

（4）如果听到了沉船警报信号（一分钟连续鸣七短声、一长声），应立即穿好救生衣，系牢救生衣的绳带，按照船舱内的紧急撤离图示离船。船长会放救生艇，组织游客乘坐救生艇逃离，上艇后应尽快远离船舶，防止下沉的船舶产生的旋涡打翻救生艇。

（5）假如要弃船跳水时，应选择船身较高、且无破洞的一侧，迎着风向跳，避开水中的漂浮物。跳水时，双臂应交叠在胸前，压住救生衣，双腿伸直并拢，深吸一口气，头上脚下，垂直跳入水中，并用手保护口鼻，防止呛水。

国际海事组织

国际海事组织（International Maritime Organization，IMO）成立于 1948 年，现有 170 个成员和 3 个联系会员（香港特别行政区、澳门特别行政区和法罗群岛），总部设在伦敦，是负责处理海运技术、协调各国海上安全和防止船舶污染工作的政府间国际组织，属于联合国的一个特殊机构。

IMO 历史：

1948 年 2 月 9 日在日内瓦召开海事大会；

1958 年 3 月 17 日《政府间海事协商组织（IMCO）公约》生效；

1959 年 1 月 6 日，IMCO 正式成立；

1982 年 5 月，更名为"国际海事组织"（IMO）。

IMO 宗旨：在与从事国际贸易的各种航运技术事宜有关的政府规定和惯例方面，为各国政府提供合作机制；并在海上安全、航行效率和防止及控制船舶对海洋造成污染有关的问题上，鼓励和便利各国普遍采用最高可行的标准，该组织还负责处理与这些宗旨有关的行政和法律事宜。

IMO 口号：以合作推进安全、保安、环境友好、高效可持续的航运。

IMO 职责：海上安全、海洋环境、法律事务、船员保障、技术合作、成员国审计、会议和合作交流。

世界海事日：世界海事日设在每年的 9 月下旬，具体庆祝日期由各国自行确定。设立世界海事日的目的是提醒人们关注国际海事组织工作的某些具体方面。而中国每年的 7 月 11 日航海日作为世界海事日在我国的实施日期，近年世界海事日的主题如下。

2006 年技术合作：IMO 对 2005 世界峰会的回应。

2007 年 IMO 对当前环境挑战的反应。

2008 年为航运服务的 60 年。

2009 年气候变化：IMO 也义不容辞。

2010 年海员之年。

2011 年共同应对，打击海盗。

2012 年"泰坦尼克"号事件后 100 年。

2013 年可持续发展：IMO 贡献跨越里约 20 国峰会。

2014 年有效执行 IMO 公约。

2015 年海事教育和培训。

[资料来源：http://www.cnss.com.cn/html/newspecial/2015/0129/IMO/index.html]

第二节　海洋生物侵袭与防御

根据全球海洋生物普查项目的最新报告，海洋生物物种总计可达 100 万种，而人类目前了解的只是其中的 1/5。海洋生物对人类的生活具有重要意义，也是重要的海洋旅游资源。

一、海洋生物的侵袭

海洋及海岸边栖息着各种生物，有些属掠食性动物，有些甚至有剧毒。人们在进行海洋旅游时，很可能会进入这些动物的领地，遭到它们的攻击。

（一）海鳗

海鳗是一种凶猛的海洋鱼类，具有锐利的尖齿，最长可达 2.43 米。海鳗一般栖息于海底岩石裂隙或洞穴中。游客进行潜水活动时会搅动海水，使海鳗受到惊扰，因防御而攻击人类。

（二）海狮

海狮以鱼类、乌贼、海蜇和蚌为食，也爱吃磷虾，有时在饥饿的时候甚至会吃企鹅，在吃食时，多为整吞，不加咀嚼。为了帮助消化，还要吞食一些小石子。在众多旅游者的心目中，海狮聪明可爱，但它们也会出现攻击人的行为。2017 年 5 月，加拿大列治文市渔人码头发生一起海狮袭人事件，一名女孩被海狮拽入水中，幸亏现场有一位见义勇为的游客立刻跳入水中将女孩救了起来。与所有野生动物一样，海狮的行为也具有不可预知性。

（三）刺鳐

刺鳐是目前所知体型最大的有毒鱼类，最长可达 4 米，重 60~70 千克，它们对生活的环境要求并不严苛，在全球赤道温暖的沿岸水深 100 米以内的浅海水域都有发现。刺鳐的尾巴末端长有一根大约 20 厘米长的边缘有锯齿的毒刺，构成毒刺的物质与构成鲨鱼鳞片（被称为"盾鳞"）类似。在感觉到威胁时，锯齿状毒刺便会变硬，像一把锋利的牛排刀。毒刺会释放毒液，这种毒液主要是一种基于蛋白质的毒素，能够给哺乳动物带来巨大痛苦，可能影响心率和呼吸。刺鳐通常情况下并不攻击人类，但它们的危险性仍然不可小觑。如果游泳的人不小心惊扰了刺鳐，它就会用尾巴上强壮而坚硬的尾巴毒刺刺向侵犯者。如果被刺伤，刺入皮肉再拔出，尾刺两侧锯齿往往使周围组织造成严重裂伤，尾刺毒腺分泌的毒液则使伤者立即发生剧痛、烧灼感，继而全身阵痛、痉挛，创口很快变成灰色，苍白，然后周围皮肤红肿，并伴有全身症状，如血压下降、呕吐、腹泻、发烧畏寒、心跳加速、肌肉麻痹甚至死亡。若治疗不当，数天后仍可复发，且有后遗症，如伤及手指，则手指强直，不能屈弯。如果伤及心脏，通常都难逃一死。

（四）海蛇

海蛇主要分布在印度洋和太平洋的热带海域中。海蛇经常在浅海水域出没，捕食鱼类、鱼卵和鳗鱼。在海中生活的海蛇与陆地上的蛇一样能释放可怕的毒液且毒性更加剧烈。海蛇的毒液属于最强的动物毒，例如钩嘴海蛇毒液相当于眼镜蛇毒液毒性的两倍，是氰化钠毒性的 80 倍。海蛇毒液对人体损害的部位主要是随意肌，而且海蛇咬人无疼痛感，其毒性发作又有一段潜伏期，被海蛇咬伤后 30 分钟甚至 3 小时内都没有明显中毒症状，容易使人麻痹大意。实际上，海蛇毒被人体吸收非常快，中毒后最先出现的症状是肌肉无力、酸痛，眼睑下垂，颌部强直，与破伤风的症状相似，同时心脏和肾脏也会受到严重损伤。被海蛇咬伤的人，可能在几小时至几天内死亡。多数海蛇是在受到惊扰时才伤人。全世界共有海蛇大约 51 种，分布在我国沿海的有 16 种，常见的有青环海蛇、环纹海蛇、小头海蛇等。

（五）石鱼

石鱼分布很广，在任何海域都有，但以热带及咸淡水交界处为多。石鱼的背部长着几条毒鳍，鳍下生有毒腺，每条毒腺直通毒囊，囊内藏有剧毒的毒液，当毒鳍刺中目标后，毒囊受挤压，便会射出毒液，沿毒腺及鳍射入目标体内。猎物一旦被刺中，伤口马上就会肿胀，继而晕眩，抽筋而至休克。石鱼是动物王国的伪装高手，平时蛰伏在海底石堆中，很少活动，伺机捕食游近它的鱼类、甲壳类生物。

（六）鲨鱼

鲨鱼主要生活在热带、亚热带海洋的深海区，但由于人类的滥捕滥杀和环境变化等原因，海洋中的食物量已经不足以供给鲨鱼，它们不得不常常来到浅海区觅食。在已知的 340 多种鲨鱼中，有 32 种有攻击人类的历史。大白鲨攻击人类和船只的次数是所有鲨鱼之最，致死量同样最高。但最可怕的鲨鱼并非大白鲨，而是虎鲨。虎鲨会撕咬几乎任何东西，其中包括鱼类、海豹、鸟类、鱿鱼、小型鲨鱼、海豚等。它们的身长可达到 5 米多，重量可达到 1 吨，是当之无愧的"海洋杀手"。在很多热带和温带水域，都有虎鲨的踪迹，尤其是在太平洋中部的岛屿周围。

（七）水母

在蔚蓝色的海洋中，晶莹剔透的水母如降落伞般漂浮在大海里，美丽多姿，它们使用远古的捕食系统，利用漂流来觅食，即通过产生捕食电流，在水中制造出小旋涡，将猎物吸入自己的旋涡"猎场"，并慢慢流向自己的触手，再用触手将猎物送至口腕处，然后进入伞状体的消化系统中，由消化酶来完成对猎物的消化。但这些颜色鲜艳的美丽生物大多会有毒性。例如，僧帽水母刺胞毒素的毒性就很强，人被其蛰后，会引起严重反应，发热、休克和心肺功能障碍，甚至死亡。僧帽水母蛰人极痛，伤者的身上会出现恐怖的类似于鞭笞的伤痕，经久不退。生活在热带海域的箱水母刺胞毒性极强，被称为"海黄蜂"，仅澳大利亚昆士兰州沿海一带，1986—2013 年间就有 60 人因中箱水母之毒而身亡。

二、海洋生物侵袭的防御

（一）针对海鳗侵袭的防御

当海鳗袭击猎物时，它们会紧紧咬，直至把猎物淹死。对于如何避免被海鳗咬伤，旅游者应做到两点：一个是，绝对不要将手放入水下多岩洞穴和裂缝内；另一个则是，切忌给海鳗喂食，很多海鳗咬伤事故皆因喂食导致。

（二）针对海狮侵袭的防御

在观看和与海狮互动中，旅游者一定要了解海狮的生活习性，注意警示说明，听从工作人员安排，切勿骚扰甚至激怒海狮。

（三）针对刺鳐侵袭的防御

刺鳐通常情况下并不攻击人类，但它们危险性仍然不可小觑。2006 年，"鳄鱼猎人"史蒂夫·欧文在被刺鳐刺中心脏后不幸身亡，欧文的不幸无疑提高了刺鳐这个鲨鱼近亲"危险动物"的名声。对于刺鳐侵袭的防御，要求旅游者在浅水处涉水，必须小心翼翼，尽量趟着水走，以免"打草惊蛇"。潜水至海底的时候应注意观察沙子里是否隐藏有刺鳐，切勿刻意惊动它们。在参与海上捕鱼等旅游项目时，不要轻易尝试触摸它们。如果被刺伤，应及时就近医治。

（四）针对海蛇侵袭的防御

海蛇虽像陆上同类一样能够释放可怕的毒液，但它们的生活方式更像是"海洋隐士"，喜欢在大陆架和海岛周围的浅水中栖息，在水深超过 100 米的开阔海域中很少见，它们有的喜欢待在沙底或泥底的混水中，有些却喜欢在珊瑚礁周围的清水里活动。它们很少攻击人类，更喜欢捕杀鳗鱼、贝类以及小虾。但在受到捕捉、接触等刺激时才会进行防御性攻击。因此，潜水者切勿看到海蛇艳丽的花纹而用手触碰，这会引发海蛇的攻击，带来致命的后果。

（五）针对石鱼侵袭的防御

石鱼属于毒鲉科，它们只在水底生活，而且行动迟钝。它们躲在岩礁、珊瑚以及泥底一动不动，凭着它们那一身跟周围环境几乎一模一样的伪装，不易被人察觉。但当被人误踩上时，可通过背鳍棘的沟将大量毒液注入对方体内，引致创伤和剧疼，甚至有时致命。潜水确实是一项不错的水下活动，但是一定要预防危险，其中包括"潜伏"在海底的伪装者石鱼。

（六）针对鲨鱼侵袭的防御

鲨鱼的嗅觉非常灵敏，身长 1 米的鲨鱼嗅膜总面积就可达 4842 平方厘米，几千米之外的血腥味它都能闻到。血腥味能让鲨鱼兴奋，所以在海中人或动物一旦受伤流血，就极有可能遭受鲨鱼的攻击。冲浪者在冲浪时，冲浪者与海豹极为相似（从冲浪板下方看），误以为冲浪者是海豹的鲨鱼会对猎物进行攻击。因而，在有鲨鱼出没的海域潜水，穿戴防鲨服、钢丝防鲨手套、电子防鲨设备等是必不可少的。另外，当潜水遇见鲨鱼时，千万不能惊慌。遇到鲨鱼时，人会因紧张而心跳会加速。鲨鱼会感到心跳产生的感应波。

（七）针对水母侵袭的防御

水母分为钵体水母、十字水母亚纲、立方水母亚纲三个亚纲，现有200多种。一些海滨旅游地也有有毒水母出没，如澳大利亚昆士兰州的大堡礁。在这些旅游地的海滩上，要当心水中和沙滩上的水母，即使是与水母分离的触手也可能蜇伤人。每年7—9月是海蜇生长活动的旺季，也是游人在海滨游泳时易为海蜇蜇伤的高峰期，要特别注意。如果被海蜇蜇伤要立即上岸，千万不要用淡水冲洗，淡水会促使刺细胞释放毒液，应尽快用毛巾、衣服、干沙擦去粘附在皮肤上的触手或毒液，并可使用碱性溶液冷敷伤口，或者用酒精、醋、尿液清洁受伤部位。同时，还要及时联系并前往医院进行治疗。

棘皮动物带来的海洋灾害

棘皮动物全部生活在海洋中，现存6000多种。成体多数五辐射对称，幼虫两侧对称；由中胚层产生内骨骼，并向外突出成棘，故得此名。主要有海星纲、蛇尾纲、海胆纲、海参纲和海百合纲。有些棘皮动物可能会给海洋带来灾害，影响海洋生态系统的平衡，并影响人类的生产活动。

（一）海星灾害

海星属棘皮动物门海星纲，是海滨最常见的棘皮动物，外形似五角星，亦称星鱼，西方也称轮星鱼。海星的体形大小不一，小到2.5厘米，大到90厘米。体色也不尽相同，几乎每只都有差别，最多的颜色有橘黄色、红色、紫色、黄色和青色等。海星是一种典型的底栖生物，它的主要捕食对象是一些行动较迟缓的海洋动物，如贝类、海胆、螃蟹和海葵等。海星摄食时将胃翻出体外，直接附到摄取的食物上，进行口外消化。此摄食习性为海星所特有，从而扩大了它的食物来源，海星的食物来源主要包括两类：一是大而无法吞下或本身具有完好保护的（如具有坚硬外壳的贝类）食物；二是一些基质表面的细菌膜或呈薄壳状的有机物。

海星的暴发性增殖会吞噬大量的底栖生物，严重影响养殖业以及生态系统的平衡和稳定。自2006年以来，黄海沿海地区突发大量海星，密度高达300个/米^2，高峰期每天在2000~3000米^{2}海域内能拣捕到海星500多千克。海星主要集中在青岛的崂山、胶州湾、唐岛湾和胶南海域，疯狂地摄食鲍鱼、菲律宾蛤仔、扇贝等养殖经济贝类。据估算，一个海星每天能吃掉十几只扇贝，食量惊人，给贝类养殖业造成巨大的经济损失。

青岛近海海星爆发的主要原因有以下几个方面：首先，近年来近海海洋生态系统的结构发生明显变化,近海海星的天敌生物种类和数量锐减,为海星的存活率迅速增长提供了可能;其次,山东近海海水养殖业的迅猛发展,为海星的掠食性入侵提供了基础;再次,青岛近海水域的水质有逐渐趋好,更适合海星生存;最后,最重要的是对海星入侵的情况没有足够重视,没能及时清除,以至于泛滥成灾。

(二)"海底蝗虫"——海胆

海胆别名刺锅子、海刺猬,属棘皮动物门海胆纲,体呈球形、半球形、心形或盘状。体表具棘刺,是海洋里一种古老的生物,主要以海底藻类生物为食。海胆味道鲜美,营养丰富。据了解,我国有 100 多种海胆,常见的如马粪海胆、紫海胆、心形海胆、刻肋海胆等。2012 年 12 月,山东青岛黄岛区高峪海域出现了大量的海胆,在养殖池内海胆更多,海胆像蝗虫一样,来势凶猛,所到之处,海草就被一扫而光,并将人工投喂的海带等饵料也吃个精光。海草是海参和鲍鱼等底栖生物的饵料,海胆的入侵,不仅海参、鲍鱼没有了食物,而且海底生物的食物链也被海胆给破坏了。

大面积海胆聚集的情况,说明海水存在一定程度的富营养化,而富营养化一般与大面积海产养殖有关。海胆和海参、鲍鱼都是底栖生物,生活规律完全一致,两者之间的差别就在于海胆适应性、生长速度等都快于海参和鲍鱼,因此海胆的入侵性比较强,它与其他养殖海产生物争食,对于搞海产养殖的人来说,海胆虽美味却不是善客。

[资料来源:郑家声,罗艳等.话说中国海洋生物[M].广州:广东经济出版社,2014.]

第三节　海鲜中毒

在旅游六大要素"吃、住、行、游、购、娱"中,"吃"是一个非常重要的环节。"吃什么""怎样吃"都会直接地影响着旅游者的健康状况,进而又影响着旅游者能否顺利地完成旅途的全部过程。在海洋旅游中,对旅游者颇具吸引力的一个重要因素就是品尝海鲜,因为海鲜食物味道鲜美且营养丰富,海鲜拥有丰富的优质蛋白质,包含有多元不饱和脂肪酸(EPA、DIIA)、维生素(维生素 A、B、D、E)、矿物质(钠、钾、钙、磷、铁、锌、硒)等,海鲜所含的蛋白质不仅能完全提供人体必需的 8 种氨基酸,而且几乎百分之百都能被吸收利用。当然,旅游者品尝海鲜不仅是因为其营养丰富,更为重要的是品尝美味海鲜的过程是对海洋文化和海滨地方特色深度体验的过程,海鲜本身是海洋旅游特色的体现。然而,海鲜类食物很容易受到海水中的细菌或毒素的污染,处理不当或者食用方法不当,进食这些受污染的海鲜后,很可能会感染食物传染病，包括甲型肝炎、霍乱、痢疾和食物中毒等，还容易引起过敏现象或加重某些疾病。因此，无论是海洋旅游从业人员，还是海洋旅游者，掌握一定的海鲜饮食防护常识具有重要的意义。

一、海鲜概述

地球上不同的海域生长着各种不同的海洋生物，种类异常丰富，所以海鲜的种类也是不胜枚举。

全球海洋里有两万多种鱼类，目前人类所获得的只是其中一小部分而已。大多数国家对于捕捉食用鱼的品种都是比较保守的，比如欧洲人大量捕捉的鱼类主要是鳕鱼、无须鳕、鲱鱼、鲭鱼、沙丁鱼和鳗鱼。而在日本，平均每日的捕捉鱼量约 7000 吨（大约有 60 多种），大部分的鱼都是做成生鱼片供给人食用。事实上，海鲜还涵盖着许多甲壳类水生动物，包括可食性无脊椎动物、甲壳类动物和软体类动物。甲壳类动物如龙虾、斑节虾、蟹等都有一个无关节的坚硬外壳。软体动物栖息于贝壳中，如牡蛎、蛤蜊、鲍鱼、海螺、滨螺等。无壳的海生动物如鱿鱼、乌贼、章鱼都归属于海产类。甲壳类水生动物因肉质细嫩而备受称赞，但是其腐坏变质的速度之快也是众所周知的。海鲜虽然营养价值高，但并不完美，在食用中要特别注意一些基础常识，以防出现食品安全问题。

二、易出现食物中毒或过敏的海鲜及中毒或过敏症状

（一）河鲀鱼及中毒症状

河鲀鱼是非常美味的鱼，民间有"不食河鲀不知鱼味，吃了河鲀百鱼无味"的说法，河鲀鱼肉疏而不散、黏而不腻、嫩滑润口。但属于东方鲀类的河鲀鱼的血液、卵巢、肝脏及皮肤有剧毒。河鲀鱼的毒素为神经毒素，其毒性是氰化钾的近千倍，河鲀鱼肉中毒素含量较小，而卵巢和肝脏最高。一般地，食用有毒河鲀鱼后的中毒症状：先是舌尖及嘴唇发麻，进一步经上肢到足尖以致全身麻痹，并感到身体疲倦、眼睑睁不开，视觉模糊，听力减退，陷入昏迷状态。重者恶心、呕吐、腹痛、头痛，面色苍白，瞳孔对光失去反应，周身麻木，四肢冰冷，语言不清、血压下降.脉搏微弱，呼吸由困难到逐渐停止，最后死亡。如果不及时抢救，中毒后最快的可以在 10 分钟内死亡，最迟 4～6 小时死亡。

（二）青皮红肉鱼类及中毒症状

青皮红肉鱼类包括竹荚鱼、蓝圆鲹、鲐鱼、扁舵鲣、长鳍金枪鱼、普通金枪鱼、秋刀鱼、鲭鱼、沙丁鱼、青鳞鱼、金线鱼等。这类鱼身体中组氨酸含量较高，经脱羧酶作用强的细菌（如摩氏摩根菌）污染后，组氨酸脱羧基而产生组胺。当组胺积蓄到一定量时，食后便有中毒的危险。常见因食用不新鲜或腐败的青皮红肉鱼类而引起中毒的情况。中毒的主要症状有：脸红、头晕、头痛、心跳加快、脉快、胸闷和呼吸窘迫等。部分病人出现结膜充血、瞳孔散大、视物模糊，脸发胀，唇水肿，口和舌及四肢发麻，恶心、呕吐、腹痛，荨麻疹，全身潮红，血压下降等症状，严重者会造成死亡。含高组胺鱼类中毒特点是发病快、症状轻、恢复快，潜伏期为 0.5～1 小时，最短 5 分钟，最长达 4 小时。

（三）贝类及中毒症状

有些经常食用的贝类可突然被毒化，食用后可引起中毒。这可能与"赤潮"或海水受到污染等因素有关，"赤潮"时某些单细胞微藻类在海水中迅速繁殖、大量集结。贝类摄食有毒的藻类，其本身不会中毒，而有富集和蓄积藻类毒素的能力，人们食用后会引起食物中毒。贝类的有毒部位主要是肝脏、胰腺、中肠腺等。毒贝类含有的有毒成分有石房蛤毒素及其衍生物，大田软海绵酸及其衍生物，软骨藻酸及其异构体、短裸甲藻毒素等。食用贝类中毒后主要表现以麻痹型及日光性皮炎型为多见。麻痹型中毒的早期有唇、舌、手指麻木感，进而四肢末端和颈部麻痹，直到运动麻痹，步履蹒跚，伴有发音障碍、流涎，头痛，口渴、恶心、呕吐等，严重者因呼吸肌麻痹而死亡。死亡通常发生在病后 2～12 小时内。日光性皮炎型中毒的症状通常是面部和四肢的暴露部位出现红肿，并有灼热、疼痛、发痒、发胀麻木等感觉，继而可出现淤血斑、水疱和血疱，破溃后引起感染，并可有发热、头痛、食欲不振。

（四）螃蟹及中毒症状

螃蟹味道鲜美，肉质细嫩。但食用不当会引起呕吐、腹泻等中毒症状，甚至会致人死亡。由于螃蟹喜食动物尸体等腐烂性食物，胃肠道内常带有致病菌和有毒物。这些病菌在螃蟹死后就大量繁殖；而且螃蟹体内含有较多的组氨酸，它们死后，组氨酸很快分解成组胺和类组氨物质。螃蟹死的时间越长，食后中毒的可能性就越大。另外，螃蟹的蟹鳃、胃、心、肠忌食用。食用螃蟹中毒症状主要是会出现恶心、呕吐、腹痛、腹泻等，严重者还会上吐下泻不止，引起人体因失水过多，造成酸碱失调或虚脱，甚至出现生命危险。

（五）海蜇及中毒症状

海蜇属腔肠动物门的水母生物，其含水量达 96%，此外还含有五羟色胺、组胺等各种毒胺及毒肽蛋白。新鲜的海蜇必须经盐、白矾反复浸渍处理，使毒肽蛋白分解后才能食用，而且食用未腌渍透的海蜇也会引起中毒。食用新鲜海蜇引起中毒的主要症状是呕吐、腹泻、腹痛等。

（六）海鲜过敏

还有一种特别的海鲜中毒是海鲜过敏，表现为类似过敏的症状，皮肤瘙痒、发红、水肿等。海鲜过敏还表现为食用虾、蟹、贝类、鱼等海鲜食物后出现腹痛、腹泻，过敏性肠炎的情况，这大多是由于饮食者本身是过敏性体质或者海鲜食用不当导致的。有些人群对鱼过敏，即使只吃一点点鱼，都会产生脸部潮红、发痒、起疹子和头痛等过敏症状，这是因为这些人体内缺少可以分解鱼肉中组织胺的酶，一旦鱼肉中的组织胺被人体吸收，进入免疫系统，就会引发过敏现象。

三、海鲜中毒的处理

（一）海鲜中毒救治方法

1. 紧急救治

如果出现了海鲜中毒的症状，应立即促使患者催吐、导泻，以排出体内毒素。

（1）对症治疗。针对剧烈呕吐、腹泻者，补充液体及电解质。用 5%葡萄糖盐水、碳酸氢钠静脉滴注，必要时加氯化钾。腹绞痛则用阿托品或颠茄合剂。

（2）抗菌治疗。首选氯霉素，成人每次 0.5 克，每日 4~6 次。

（3）河鲀鱼中毒治疗。小苏打溶液进行皮下注射或静脉注射，或者还可以分别使用肾上腺素、毛地黄苷、樟脑、咖啡碱等进行注射，可在一定程度上解毒。

（4）海鲜过敏症治疗。口服抗组胺药物，如扑尔敏、希斯敏。

2. 中医药治疗

（1）苏叶 20 克，或鲜苏叶 30 克，放入茶壶中开水冲泡，多次饮用后症状很快缓解消失。

（2）苏叶 15 克、藿香 10 克，水煎，多次饮用。

（3）川黄连 6 克、木香 6 克、甘草 3 克，水煎服，每日 1 剂，分 2 次口服。

（4）苏叶 10 克、甘草 6 克，水煎后，多次饮用。

（5）鲜橄榄 120 克、鲜芦根 120 克，两者捣汁或煎汁服下，可暂缓河鲀鱼毒素蔓延，之后速送医院救治。

有些海鲜中毒后，症状恶化速度迅速，在选择进行上述的紧急救治方法外，应立即送往医院。

（二）海鲜中毒预防措施

（1）进食海鱼时不可吃鱼的内脏和卵，因为通常含有大量的毒素。

（2）减少进食大型海鱼的次数，所有鱼类要彻底煮熟才可食用，避免患上其他传染病。

（3）每年 2—5 月是海藻生长及鱼类繁殖高峰期，此时期鱼体内的毒素会较多，所以要特别小心。

（4）青皮红肉鱼类要特别注意鲜度，及时烹调，烹调前去内脏，洗净，切段后用水浸泡几小时，然后红烧或清蒸、酥焖，不宜油煎和油炸。

（5）不食用发生赤潮海域的贝类，食用贝类时应除去内脏。

（6）不吃腐败变质的螃蟹。吃新鲜螃蟹时，煮前先刷干净，把蟹放入淡水中浸一下，这样可使其吐出污水和杂质，蒸煮时须待水沸后再煮 20 分钟以上，吃时先去蟹鳃、胃、肠、心，宜多佐以姜末和香醋，这样既能开胃消化，又能除腥杀菌。

（7）过敏体质的旅游者应选择食用组胺含量低的海鲜，如虾、蟹、乌贼等，并尽量避免生吃海鲜，避免食用腌制的成或本身带有毒性的海鲜。

（8）河鲀鱼虽味道鲜美，加工河鲀鱼必须由专业人员进行去毒处理，而且河鲀鱼在不少的地方是禁止上市的，旅游者最好不要食用。

海鲜饮食禁忌

海鲜是容易引起过敏现象或加重某些疾病的食物。有人吃一点儿海鲜就会出现皮肤出疹、头痛、腹泻等过敏症状，这是因为人体内缺少种可以分解海鲜组织胺的酶素，一旦组织胺进入免疫系统，就会引起过敏。需要小心的是，如果摄入的组织胺超过人体的忍受上限，就有可能引发过敏性中毒。以海鲜来说，参考国际先进国家食品药物管理局的统计，每千克鱼肉，如果含有 200—500 毫克的组织胺，就可能引发食用者中毒。而过敏性中毒的症状与先天性过敏发作时的情形几乎一样，因此，在诊症时，一定要清楚地告诉医生吃过哪些食物与食用数量，以便医生作出准确的诊断和治疗。

[资料来源：赵生.吃海鲜的学问[M].天津:百花文艺出版社，2007.]

第四节　紫外线灼伤

旅游者在海洋旅游活动中可能会比较频繁地接触紫外线照射，因此，掌握有关紫外线灼伤的防护知识的十分必要的。

一、紫外线灼伤

人们知道，晒太阳对人体有好处，这是因为紫外线直接照射皮肤，具有杀菌作用，还有调整和改善神经、内分泌、消化系统、循环系统、呼吸系统、免疫系统以及促进维生素 D 生成的功能。然而事物总有其两面性。过量的紫外线照射会引起光化学反应，使人的机体发生一系列变化，尤其是对人的眼睛、皮肤及免疫系统造成危害。

（一）紫外线对皮肤的伤害

1. 皮肤对紫外线的敏感度

人类的皮肤有一种天然的保护性色素，称为黑色素，这种色素决定皮肤的颜色。当皮肤暴露于太阳之下，皮肤的颜色便会逐渐变深，最上层的皮肤细胞会变厚，以阻挡太阳的辐射。皮肤对紫外线的敏感程度是因人而异的。肤色深（黑色素多）的人抗晒的能力要强于肤色浅的人。在不同的年龄段，皮肤对紫外线的敏感度也不同。一般而言，幼儿时期、青少年时期以及中年后期，皮肤的抗晒能力最强。而儿童在 6 至 8 岁，女性在 25 至 30 岁，男性在 30 至 35 岁，皮肤的抗晒能力最低。在阳光最强烈的 10 时至 15 时，皮肤对紫外线的敏感度也最强。如果经常在这段时间内将皮肤暴晒在阳光下，很容易伤害皮肤。

2. 过量的紫外线照射对皮肤的伤害

过量的紫外线照射会造成皮肤晒黑甚至被灼伤。不同波长的紫外线对皮肤的作用不一样：长波紫外线对身体有益处，能够直接导致色素积淀，晒黑皮肤，但不会令皮肤产生红斑；中波紫外线会使人中暑及造成红斑；短波紫外线不能进入大气层，因而不会导致色素积淀及晒黑皮肤。紫外线透入皮肤的深度是决定于紫外线的波长，大约有5%的中波紫外线及10%的长波紫外线会进入真皮的最底层。当紫外线辐射进入基层的皮肤细胞，细胞核中的脱氧核糖核酸便会产生变化，使细胞分裂生长的过程出现不正常现象，长期暴露在阳光下会对皮肤细胞造成较大损害，损坏亦严重和明显。皮肤在被紫外线照射后几个小时内开始变化，表皮的角质蛋白细胞在以后数天会迅速分裂生长，令最外层的表皮加厚至原来的4倍，这层厚表皮会吸收部分紫外线，将其转化成热能而散布到四周的细胞之中，从而减少紫外线进入底色脆弱的皮肤细胞中进行破坏。经过12个小时被太阳照射，紫外线会在血管产生作用，令微细血管扩张，导致血管纤维被破坏，使皮肤产生红斑。纤维细胞是构成皮肤主要的一种细胞，它们会直接受红斑影响，而在红斑之后可能出现的水肿，亦会间接地影响纤维细胞。

在海滨地区，旅游者进行一系列旅游活动（海滨浴场、海上项目等）时通常会长时间暴露于阳光下，皮肤很容易被紫外线灼伤，轻度灼伤的症状是被灼伤部位自我感觉发烧、灼痛感、敏感，灼伤通常在皮肤暴露在阳光下1～16小时出现，24小时达到高峰，然后褪为褐色或棕色。中度灼伤的症状是皮肤不仅发红、敏感，表面还出现小而充满液体的水疱，自我感觉瘙痒，最后破裂，剥去皮肤显露出嫩而发红的皮肤下层。严重的灼伤则发红、水疱皮肤伴有寒战、发热、恶心或脱水，这一阶段被认为是一度烧伤。

（二）紫外线对眼睛的伤害

人们对进行防晒护肤基本有一些了解，但不少人对紫外线会损伤眼睛进而引起眼病还一无所知。事实上，紫外线除了会造成皮肤的晒伤，导致皮肤癌之外，眼睛如果没有适当的保护，也容易受到伤害。紫外线从眼睛外部进入内部，从结膜、角膜、晶状体、玻璃体到视网膜，都会产生大小不等的损伤，紫外线对眼睛造成的伤害有结膜翳状赘片（俗称眼翳）、光照性眼炎、白内障、黄斑部病变、眼睑皮肤癌等。最常见的就是"光照性眼炎"，又称为"电旋光性眼炎"或"紫外线眼炎"，是指由于紫外线的照射，造成眼球表面的角膜及结膜发生浅层炎症反应。阳光中的紫外线虽然只占太阳总放射能量的5%，但是长期照射，没有防护措施，也会造成眼睛不适。在高山、雪地工作或游玩时，或在沙漠、海面等环境下，或在烈日下长途逆光行驶在高速公路，这些环境将阳光中的紫外线反射进入眼内，如果没有很好防护，会引起类似光照性眼炎的症状。光照性眼炎的症状通常出现在接受紫外线照射后约2~12小时，突然发生怕光、流泪，剧烈的疼痛、异物摩擦感、灼热感、眼睑痉挛及张不开眼，同时合并有视力减退及看灯光周围有光晕或彩环。经常是白天游玩时没有症状，而在半夜睡眠中痛醒。检查时可见结膜充血水肿、角膜水肿及上皮呈点状破皮，瞳孔痉挛缩小及对光反应迟钝。

对于海洋旅游者而言，在海滩、海上的一些活动中很容易忽视对眼睛的保护，眼睛出现紫外线灼伤的情况比较普遍，这种紫外线灼伤就是上述提到的光照性眼炎，其明显的症状是患者都有接触紫外线的经历，此后约 6~8 小时开始发病，最短 30 分钟，最长不超过 24 小时：严重的怕光、流泪、双眼有异物感、剧烈疼痛、眼睑肿胀、痉挛、眼结膜充血明显。一般来说，病症可自然痊愈，且一般不会留下疤痕或视力障碍的后遗症。

二、紫外线灼伤的预防

旅游者在海洋旅游中要特别注重紫外线灼伤的防护，因为紫外线伤害具有累加性，预防紫外线灼伤应作为海洋旅游活动甚至是日常生活中的一项重要工作。

（1）一天之中，紫外线最强的时段是 10 时至 14 点。所以，在晴朗的夏日，这个时段应尽量减少外出，尤其是避免在这个时段前往海滨地带。

（2）如果要在紫外线强烈时外出游玩，最好打遮阳伞或戴上宽边遮阳帽（帽檐 7 厘米长的帽子），遮阳帽能遮挡 50% 的阳光，遮阳伞能遮挡 90% 的阳光。外出最好穿长袖衫（红色和浅颜色效果最好），尽量减少皮肤的裸露。

（3）戴防紫外线的太阳镜，因为防紫外线的太阳镜可以吸收 90% 以上的紫外线，所以一副好的太阳镜成了使眼睛免受紫外线伤害的关键。太阳镜之所以能够阻挡紫外线，是因为镜片上加有一层特殊涂膜，可以有效阻挡透过镜片的 UVA（生活紫外线）和 UVB（户外紫外线），起到保护眼睛的效果。镜片颜色选择也是关系到护眼效果的关键，灰色及茶色镜片护眼效果最好，尤其灰色镜片透光率好，最能平衡所有色系，是最自然、平和温润的色调。

（4）在光线强烈的海滩娱乐或游泳时，应涂抹防晒霜。选择防晒用品要考虑皮肤性质和生活环境。防晒系数高的防晒用品防晒效果虽好，但给皮肤的负担也多。防晒霜分吸收剂型和散射剂型，前者能吸收紫外线能量并将其转化成热量释放出来，后者能使紫外线在皮肤表面散射开来。儿童最好选择散射剂型，即物理防晒，以防引起过敏性皮炎。

（5）游泳时应尽量少裸露皮肤。在海滩或游泳池边，应利用遮阳伞等避免皮肤受阳光的直射。没有遮阳伞时可戴宽檐帽，或者利用干燥的浴巾盖住皮肤。

三、紫外线灼伤后的处理

（一）皮肤被紫外线灼伤后的处理

皮肤灼伤后应及时躲到阴凉处，避免继续阳光下直晒。对于轻度皮肤灼伤，可立即用温水冲洗两次，彻底清除皮肤上的汗渍、油腻等；接着在受伤的皮肤处涂抹适量护肤乳液，轻轻按摩使皮肤吸收；然后再涂一些营养护肤霜，补充些脂类。对于灼伤严重的皮肤用湿冷毛巾局部冷敷清洁，出现小的水疱，切忌用针头挑破或用手抓破，应在患处涂抹一些抗菌素软膏，以控制皮肤炎症，然后用消毒纱布敷盖，以吸收水疱中的水分，保护皮肤创面，促使其愈合。灼伤处经过 2~4 天会出现脱皮现象，此时也不可用手剥脱，而应让它自行脱落，并在脱皮过积中将少许牛奶加水调和. 用棉花蘸着涂在患处。这样有助于皮肤自我调整，减轻疼痛，加速肌肤的康复。严重者转送医院进一步治疗。

（二）眼睛被紫外线灼伤后的处理

眼睛被紫外线灼伤后应冷静应对，多闭眼休息，可对眼部进行冷敷减轻疼痛、减少充血，可用人奶或鲜牛奶滴入眼内，可以止痛且有助于眼角膜的修复，并滴抗生素眼液或涂抗生素眼药膏，防止角膜损伤后继发感染。较轻的光照性眼炎一般 24 小时后眼角膜可自行恢复，症状随之消失。如症状较为严重应及时到专业医疗机构进行正规的检查治疗。

第五节　消防事故

火给人类带来了光明与温暖，人类对火进行利用和控制，是人类文明进步的重要标志之一。但是，失去控制的火就会给人类造成灾害，这种灾害通常被称为火灾。具体而言，火灾是指在时间或空间上失去控制的火的燃烧所造成的灾害事故，这种灾害事故是威胁公众安全和社会发展的主要灾害事故之一。有一些海洋旅游活动未知性强，存在一定的危险性，尤其是海上航行的邮轮、游艇，除了其他类型的灾害外，各种因素引发的火灾也是需要重点防范的灾害事故。例如，2010 年圣诞节期间，丹麦 DFDS 邮轮公司的"斯堪的纳维亚明珠"号因为电路问题导致机舱失火，进而引擎失灵，2000 余名乘客依靠直升机投递生活基本物资，最后通过驳船才被拖进哥本哈根港。2012 年 2 月机舱着火的歌诗达"爱兰歌娜"号邮轮上有 1000 余名乘客，邮轮在印度洋上漂浮 3 天后才抵达附近的维多利亚港，期间断水断电，严重影响了游客的生活。

　　人类使用火的历史与同火灾作斗争的历史是相伴相生的。人们在用火的同时，不断总结火灾发生的规律，尽可能地减少火灾及其对人类造成的危害。而狭义上的"消防"就是人们防火和灭火的各项活动。随着海洋旅游业的快速发展，海洋旅游者不断增加，发生火灾事故的危险性也在日益增加。海洋旅游活动场所、住宿设施、餐饮场所及相关商业网点都可能存在火灾隐患，无论是海洋旅游相关企业组织，还是旅游者都应高度重视，了解消防安全知识，提高警惕，预防为关键。

一、燃烧与火灾

（一）燃烧及其类型

　　燃烧是指可燃物与氧化剂作用发生的放热反应（或）发烟的现象。燃烧必须具备可燃物、氧化剂（助燃物）、火源（温度）三大要素。但是，可燃物、氧化剂要达到一定的数量或浓度，火源要达到一定的能量，三者相互作用，燃烧才会发生。

　　燃烧按其形成的条件和瞬间发生的特点，可分为闪燃、着火、阴燃、自燃、爆炸等类型，它们具有不同的表现形式。

　　闪燃是一种瞬间燃烧现象。在规定的试验条件下，液体表面上能产生闪燃的最低温度称为闪点。闪燃的发生是因为液体在闪燃温度下蒸发速度不快，液体表面上累积的蒸汽一瞬间燃尽，而来不及补充新的蒸汽以维持稳定的燃烧，故闪燃一下就熄灭了。值得注意的是，闪燃是着火的先兆，闪点是衡量液体火灾危险性大小的重要参数。闪点越低，火灾危险性越大。

　　着火就是燃烧的开始，最常见的燃烧现象，是可燃物质在空气中与火源接触，达到一定温度时，开始产生有火焰的燃烧，并在火源移去后仍能持续燃烧的现象。在规定的试验条件下，液体或固体能发生持续燃烧的最低温度，称为燃点。燃点对固体物质及闪点较高的液体物质具有实际意义，它是衡量固体物质火灾危险性大小的重要参数。固体物质燃点越低越易燃。

　　阴燃是指物质无可见光的缓慢燃烧，通常产生烟和温度升高的迹象。一些固体可燃物在空气不流通、加热温度较低或含水分较高时会发生阴燃。但阴燃不是一种持久状态，随着空气量的增加、燃烧温度的升高，阴燃即可转变为明火燃烧；而随着空气量的减少．燃烧温度的降低，阴燃会逐渐熄灭。

　　自燃是可燃物质在没有外部火花、火焰等火源的作用下，因受热或自身发热并蓄热所产生的自然。在规定的条件下，可燃物质产生自燃的最低温度，称为该物质的自燃点。在这一温度时，可燃物质与空气（氧）接触，不需要明火的作用，就能发生燃烧。通常情况下，物质的自燃点越低，发生火灾的危险性越大。

广义上的爆炸是指物质由一种状态迅速地转变为另一种状态，并在瞬间以机械功的形式释放出巨大能量，或是气体、蒸汽在瞬间发生剧烈膨胀等的现象。而从消防的角度讲，爆炸是指由于物质急剧氧化或分解反应产生温度、压力增加或两者同时增加的现象。爆炸最重要的一个特征就是爆炸点周围发生剧烈压力突跃变化。当然，不同类型的爆炸（物理爆炸、化学爆炸、核爆炸）又有着各自的特点。物理性爆炸是物质同状态或压力发生突变而形成的爆炸现象，爆炸前后物质的性质及化学成分并不改变。而化学件爆炸是由于物质发生极迅速的化学反应，产生高温、高压而引起的爆炸，爆炸前后物质的性质和成分均发生了根本的变化。

（二）火灾的基本常识

1. 火灾的种类

火灾不仅发生频繁，且种类很多。了解火灾的分类，便于有目的地预防火灾，从而减少火害的发生，并可在火灾发生之时，有针对性地进行紧急扑救，使灾害造成的损失减少到最低程度。根据物质及其燃烧特性，可以将火灾分为 A、B、C、D 四类。A 类火灾指固体火灾，这类物质绝大多数具有有机物性质，一般在燃烧时能产生灼热的余烬，如木材、棉、毛、麻、纸张火灾等；B 类火灾指液体火灾和可熔化的固体物质火灾，如煤油、柴油、原油、甲醇、乙醇、沥青、石蜡火灾等；C 类火灾指气体火灾，如液化石油气、天然气、烷、乙烷、丙烷、氢气火灾等；D 类火灾指金属火灾，如钾、钠、镁、钛、锆、锂、铝镁合金火灾等。

此外，还有一种带电火灾，这种火灾是由于带电物体燃烧而引发的火灾。但物体带电并不改变该物体自身的属性，如电线、电缆属于固体物质，变压器油属于液体物质。扑救此类火灾时，要选择不导电的灭火剂或采取防触电的措施。

2. 火灾等级的划分

根据 2007 年 6 月 26 日，我国公安部下发《关于调整火灾等级标准的通知》，新的火灾等级标准根据火灾事故造成的人员伤亡或者直接财产损失，将火灾等级调整为特别重大火灾、重大火灾、较大火灾、一般火灾四个等级。特别重大火灾是指造成30 人以上死亡，或者 100 人以上重伤，或者 1 亿元以上直接财产损失的火灾；重大火灾是指造成 10 人以上 30 人以下死亡，或者 50 人以上 100 人以下重伤，或者 5000 万元以上 1 亿元以下直接财产损失的火灾；较大火灾是指造成 3 人以上 10 人以下死亡，或者 10 人以上 50 人以下重伤，或者 1000 万元以上 5000 万元以下直接财产损失的火灾；一般火灾是指造成 3 人以下死亡，或者 10 人以下重伤，或者 1000 万元以下直接财产损失的火灾。

上述各项所称的"以上"包括本数，所称的"以下"不包括本数。

3. 火灾形成的主要原因

引起火灾的原因大致可分为自然因素和人为因素两个方面。从已经发生的众多火灾来看，绝大多数火灾是人为因素所引起。火灾的自然成因主要包括雷击、火山爆发、物质自燃、地震、大风等自然灾害等。而从火灾总体看，自然因素引发的火灾在火灾总数中所占比例很小。实践表明，在旅游活动中引发火灾的主要是人为因素。

（1）消防安全意识淡薄。由于很大一部分旅游企业组织和旅游者消防安全知识欠缺、风险意识淡薄，认为发生火灾的偶然性很大，存在大意、侥幸和抵触心理。同时社会公众缺乏必要的报警、灭火、逃生等基本安全知识和技能，也是导致灾害损失加重的重要原因之一。

（2）各类活动中用火不慎。很多旅游区为了增加收入，开展多种经营，甚至将一些周边的房屋出租，以致消防安全难以控制，一旦周边着火，后果很难控制。而旅游区的员工以及游客用火不慎，也会引发预料不到的火灾。2005 年 4 月 5 日，韩国襄阳一座有 1300 年历史的古寺庙发生火灾，大火蔓延到邻近的民居，1800 多名居民被迫疏散。此次大火将古寺庙化为一片废墟，所幸未出现人员伤亡。据调查，此次火灾原因可能是由于游客用火不慎引发的。

（3）相关设备老化或操作不当。用电设备问题所引发的火灾事故一般占火灾总数的 30%。电器使用不当、电线破损、用电线路导线没有满足用电设备的绝缘要求造成短路和漏电、电器设备陈旧老化、超负荷用电等都可能引发火灾。例如，2012 年 2 月 27 日，意大利"科斯塔·阿莱格拉"号邮轮，共载有 1049 人，其中乘客 636 名，船员 413 名，在从毛里求斯驶往塞舌尔途中，邮轮上的工作人员在当地时间 10 时 39 分，发现邮轮尾部发电机室起火，立即对着火灾现场进行了抢救，虽然没有导致人员死亡或受伤，却导致邮轮熄火，只能在海上漂流。有分析认为，"科斯塔·阿莱格拉"号邮轮起火的原因一方面可能与设备老化有关，因为该邮轮已服役 45 年，另一方面与电力操作失误有关。

（4）消防设施配备滞后或不全。消防设施是指火灾自动报警系统、自动灭火系统、消火栓系统、防烟排烟系统以及应急广播和应急照明、安全疏散设施等。各大旅游企业单位应按照国家消防技术规范的要求进行建设和配备。如果旅游活动等相关场所消防设施配备不全或者消防器材年久失修，缺乏必要的维护保养，长期带病运行，这种先天性的火灾隐患带来的后果不堪设想。2000 年 6 月 23 日凌晨零时，澳大利亚昆士兰州的切得斯旅馆发生火灾，死亡 16 人。切得斯旅馆是一家百年老店，旅馆是木质结构，防火条件不佳，设备比较简陋，虽然装有火灾自动报警器，但因年久失修，早已失灵。发生火灾的当天，这家旅馆里的 86 名旅客已经进入梦乡，旅馆失火，工作人员因旅馆内无消防设备而束手无策，一时扑救不及，便燃成一片火海。被火焰惊醒的旅客穿着睡衣纷纷逃离险境，有 70 人死里逃生，16 人葬身火海。

二、海洋旅游场所存在的消防安全隐患与处理方法

（一）海洋旅游场所存在消防安全隐患

海洋旅游场所的消防安全隐患主要存在于海滨海岛地区有古建筑的旅游场所、旅游住宿场所、旅游餐饮场所以及海滨游乐区，还有就是邮轮、游艇等船舶本身以及上面的游乐设施设备的运行。

1. 海滨海岛地区相关旅游场所的消防安全隐患

（1）拥有大量古建筑的旅游场所。在海洋文化集聚的海滨及海岛地区，许多的旅游场所拥有众多的古建筑，这些古建筑不仅有悠久的历史和独特的风格，而且是传承展现海洋文化艺术的宝贵财富。由于古建筑大多以木构架为主要结构形式，大量采用木材，因而具备了容易发生火灾的物质基础，使古建筑具有比较大的火灾危险性。这种危险性是由木材的燃烧特性决定的。木材的燃点为 200~350℃，比煤、木炭和焦炭低，所以木材比木炭、焦炭等都容易起火。另外，古建筑的木材含水量极低，火灾危险性就更大一些。还有，我国的古建筑通常是以单体建筑为基础，组成各种庭院、建筑群体。这种庭院和建筑群体的布局，从消防的角度来看有极大隐患。如果其中一处起火，得不到有效、及时的扑救，毗连的木构架结构建筑很快就会出现大面积的燃烧，形成火烧连营的局面，甚至会使整个建筑群体全部烧光。尤其是靠海的区域，火势在海风的助推下，燃烧速度更快，需格外注意。

（2）海滨海岛地区的旅游住宿场所。随着海洋旅游业的发展，各具特色的海滨旅游饭店、度假村、海岛民宿等纷纷兴起，给消防工作提出了新的课题。由于很多旅馆、饭店消防设施不足和管理不善等种种原因，火险隐患十分突出，火灾频繁发生。旅游住宿场所潜伏的火灾危险主要有可燃物多、潜在的起火源多、建筑结构不合理、消防设施不足、人员的防灾意识淡薄等。

（3）海滨海岛地区的旅游餐饮场所。由于大多数餐饮场所聚集人员多，使用明火

多，使用电器多，因而存在较大的火灾危险性。厨房用火多，若可燃气体管道漏气，操作不当或烹调菜肴、油炸食品时不小心，都容易引起火灾。此外，厨房内有许多用电设备，因厨房雾气、水气大，电气设备受潮，绝缘层老化，极易发生漏电、短路而起火。

2. 邮轮、游艇的消防安全隐患

对于邮轮旅游者、游艇爱好者来说，安全是其关注的首要问题。火灾就是邮轮、游艇航行过程中常见的安全事故之一。2010 年 11 月，嘉年华"光辉"号邮轮在墨西哥太平洋海岸附近海域因尾部操作间起火而失去动力，船上近 5000 名游客和船员被困，后经救援脱险，但仍给邮轮公司带来了巨大的经济损失和负面影响。邮轮、游艇起火的原因是多方面的，碰撞等海上事故可能会导致船舶起火，而船舶电力系统故障、电气设备使用不当或游客随处丢弃烟头等是邮轮、游艇发生火灾的主要原因。最为特殊的是，邮轮、游艇等船舶在航行时一旦发生火灾，获得外援救助的可能性较少，不可能像陆地上发生火灾一样能够及时调集大量消防力量，而邮轮、游艇的复杂结构也会增加查明火源和灭火工作的困难程度。

（二）灭火的基本方法

根据燃烧发生的条件，使用灭火剂或通过其他机械作用消除某个燃烧条件，或者阻止燃烧持续发展，从而使燃烧反应终止，这就是灭火的基本原理。灭火的基本方法有四个，即冷却灭火、隔离灭火、窒息灭火、化学抑制灭火。

1. 冷却灭火

冷却灭火是根据可燃物发生燃烧需要一定的温度这个条件，将灭火剂直接喷洒到燃烧物体上，使可燃物的温度降到燃点以下，从而使燃烧停止。用水冷却灭火，是扑救火灾的常用方法。除用水直接灭火外，还应及时用水冷却尚未燃烧的可燃物质，如建筑构件、生产装置和容器等，以防其受热起火，或受热变形倒塌，或受热压力增大而发生爆炸。还可用雾状水稀释空气中的可燃气体、有毒气体浓度，防止气体爆炸和人员中毒。

2. 隔离灭火

隔离灭火是将燃烧物与附近的可燃物隔离或分散开，使燃烧停止。这种灭火方法适用于扑救各种固体、液体和气体火灾。如火灾中，关闭管道阀门，切断流向火区的可燃气体和液体通道；打开有关阀门，使已经燃烧的容器或受到火势威胁的容器中的液体可燃物通过管道引流到安全区域；拆除与火源毗连的易燃建筑物，搬走火源附近的可燃物等。

3. 窒息灭火

窒息灭火是根据可燃物质发生燃烧需要足够的空气（氧）这个条件，采取适当措施来防止空气流入燃烧区，或者用惰性气体稀释空气中氧的含量，使燃烧物质因缺乏或隔绝氧而熄灭。如一般碳氢化合物的气体或液体蒸汽通常在氧浓度低于 15% 时不能维持燃烧。这种灭火方法，主要适用于封闭性较好的空间或设备、容器内的火灾。如采用石棉毯、湿棉被、湿帆布等不燃、难燃材料覆盖燃烧物或封闭孔洞；将水蒸气、氮气、二氧化碳等惰性气体先充入燃烧区域内；用泡沫覆盖燃烧液体表面；关闭、封堵建筑物上的门窗孔洞，阻止新鲜空气流入等措施窒息灭火。

4. 化学抑制灭火

化学抑制灭火，就是使灭火剂参与燃烧链式反应，使燃烧过程中产生的自由基快速消失，形成稳定好或低活性的自由基，进而使燃烧反应停止。

（三）火灾事故的处理方法

如果在海滨海岛旅游区遇到火灾事故，要沉着镇静，应针对着火的具体情况，迅速、正确地采取应对措施。发生火灾事故，应按照救人重于灭火、先控制后消灭、先重点后一般的原则来处置。具体的应对措施包括以下几项。

1. 迅速报火警

发现着火后，如果火势较小，现场又有灭火器材，在场人员掌握灭火技能而且完全有把握迅速将火扑灭，就应立即进行灭火，切不可离去喊人报警而错失灭火的有利时机，造成火势蔓延扩大。如果火较大，情况又较复杂，若现场人员较多时，应派人迅速去报警，其余人员投入灭火，控制火势蔓延扩大；若现场仅为一人时，应迅速去报警，切不可采取灭不了再报警的错误做法，以致因延误报警时间而造成更大的损失。报火警的程序、方法和要求具体如下。

（1）向消防队报火警。公安消防队火警电话号码为"119"。报火警时要讲清着火单位名称、地址；着火建筑类别、物质性质和火势大小；并应留下报警人姓名和联系电话。

（2）向着火建筑内的人员报火警。报警可采用警报器、警铃、警笛、广播、电话及呐喊等方式，必要时应派人逐层逐户去报警。

（3）向旅游区单位领导报火警。单位领导负有组织灭火抢险的责任。

另外，在拨打 119 报告火警后，还应主动报告当地公安部门，以便他们能在第一时间赶到现场展开火灾原因的调查工作，维持现场秩序。

2. 及时组织引导着火建筑内的游客及其他人员安全疏散

安全疏散的顺序是：①二层及二层以上楼层着火，应先通知组织着火层及与着火层相邻的上、下层人员疏散；②楼房的首层着火，应首先通知、组织首层、二层及地下各层的人员疏散；③楼房的地下层着火，应先通知、组织地下各层及首层的人员疏散；④含多个防火分区的单层建筑着火，应先通知、组织着火的防火分区及其相邻的防火分区的人员疏散。然后，再通知、组织其他楼层、防火分区的人员疏散。以确保安全疏散，防止造成混乱拥挤，发生踩踏伤亡事故。

3. 立即组织人员扑救初起火灾

应针对火灾种类，选择使用合适有效的灭火器材和措施，灵活运用冷却、隔离、窒息、化学抑制等灭火方法，争取将火灾扑灭在初起阶段。

4. 切断进入着火建筑物的气源、油源和非消防电源

建筑物发生火灾，为防止油、气泄漏着火爆炸和触电伤亡事故，应迅速通知有关部门，关闭向着火建筑内输送油、气的管道阀门，对着火建筑内的非消防电源拉闸断电。

5. 设置警戒区域，维护火场秩序

发生火灾后，应在火场四周和出入口设置警戒线，禁止无关车辆和人员进入，维护好火场秩序，保障灭火救援工作的顺利进行。

6. 保护好火灾现场

火灾扑灭后，失火单位或个人应保护好火灾现场，协助配合公安消防人员调查起火原因，核查火灾损失。

如果是在邮轮、游艇上发生火灾，最重要的就是能够及时发现，将火灾扑灭在开始阶段。发现火情后，应立即发出火警警报，寻觅火源，控制火势。通过观察火灾浓烟及异味来判断火源的位置和起火原因，切断电源和油舱通道，封闭起火舱室门窗和通风口，尽力防止火势扩展蔓延，并根据具体情况采取不同的灭火器材和方法。明火扑灭后，仔细检查现场余烬是否完全熄灭。事后对火灾原因及施救工作认真总结，以吸取教训和归纳经验。

三、海洋旅游场所的消防安全管理

在我国古代，人们就总结出"防为上，救次之，戒为下"的消防经验。预防是防火的前提和关键，灭火是被动手段、挽救措施。因此，对于海滨海岛旅游目的地而言，消防安全管理是保障海洋旅游业平稳发展的关键之一。

（一）健全消防安全管理制度

1. 健全消防制度

依据国家和当地政府发布的消防法规和有关指示，制定防火制度和灭火方案，建立健全一整套科学合理、适用于海滨海岛旅游目的地相关场所的消防安全管理制度，并按照立足自防的原则，实行科学防范和严格管理，有效地预防和消灭火灾。

2. 保障消防投入

消防安全需要充足的资金保障。没有消防建设投入，就不会有消防安全。因此，应保障一定的经费投入，抓好"人防、物防、技防"措施的落实，配备必需的消防设施，设备器材应布局合理，使用方便。

3. 落实消防责任

构建旅游区消防责任体系，层层签订消防安全责任书，实行逐级消防安全责任制和岗位防火责任制，做到分工明确、责任到人、各尽其职、各负其责。加强消防责任追究、确保消防安全责任、消防安全制度和措施落到实处。

4. 严格消防检查

旅游场所的消防管理应符合《中华人民共和国消防法》和其他相关法规、标准的规定，在指定位置安装灭火器、报警器、消火栓、消防水缸等消防设施。并且，应定期对旅游场所进行检查，严格排查火险隐患，找出薄弱环节，采取有针对性的对策和措施，彻底消除火灾隐患，确保消防设施、设备及器材始终处于良好状态。在营业时间和营业结束后，还应指定专人进行日常的安全巡视检查。

（二）完善消防设施设备

无论是旅游住宿场所、餐饮场所，还是旅游景区，共同的特点就是人流量大、客流集中，特别是在节假日。因此，消防设施设备的有效性是基本的保障之一。应加大旅游场所消防系统的科技含量，应用先进的消防设施和报警装置，如利用电子技术、气象科学、遥感技术、激光和通信技术等，为消防安全提供先进的手段和技术条件。同时，应根据旅游场所的建筑布局和使用性质的要求、火面和建筑物内的防火分区和防烟分区的规定，对容易起火的部位与其他部位之间安装防火分隔设施设备。另外，在游客集散地、主要通道、危险地带等区域张贴消防安全标志，利用人们在危险时趋光的心理，合理布置足够应急照明设备和疏散指示灯。严禁将安全出口上锁、阻塞，时刻保持消防通道和人员疏散通道的畅通。

（三）建立社会消防的联防协作机制

消防安全管理更应注重动员各种社会力量积极参与，各个旅游区应与当地公安消防总队建立"消防共建、资源共享、隐患共查"的区域消防协作组织，把旅游区域作为示范区，促使示范区内各重点单位推进消防安全工作管理规范化、消防设施完好化、消防标识标准化、消防知识普及化的"四化"建设。其中，成员单位的消防安全控制室值班人员要接受专业培训，全部从业人员要接受消防普及培训，为社会消防安全管理建设起到表率作用。区域内各单位还可以共享消防动态、消防工作动态和管理经验等，为传播和交流消防安全信息提供窗口和平台。

（四）建立消防安全宣传教育体系

消防宣传教育是旅游业消防安全工作的重点。只有旅游管理人员、从业人员、游客都具有消防安全意识，懂得防火、灭火常识，主动地采取火灾预防措施，一旦发生火灾能及时逃生自救，才能真正有效地做好旅游消防安全工作。

1. 加强旅游相关人员的培训工作

要有计划、分批次地组织消防安全责任人、消防安全管理人、专职（兼职）防火员、重点岗位和普通员工进行消防安全培训，把取得合格证作为上岗的必要条件之一。并可以根据旅游企业单位的具体情况，通过多种形式进行宣传教育，提高员工的消防安全意识，消除麻痹思想，落实防范措施，培养员工的消防技能和素质，提高本单位自防自救的能力。

2. 广泛宣传，构筑游客消防安全意识的"防火墙"

提高游客的消防安全意识，是一道不可忽视的"防火墙"。因此，应从游客下飞机、上旅游车、上船、住酒店、游景区、逛商场等各环节入手，对游客开展"全程跟踪式"的旅游消防安全宣传。例如，在各种旅游车内张贴消防安全标识，在酒店大堂入住登记时说一句消防提醒；进入电梯有一幅消防常识宣传漫画；房间里放一张疏散示意图、一份消防安全须知、一份禁止吸烟提示、一个紧急报警按钮、一只应急手电筒、一具简易逃生面罩，电视开机时出现一条消防警句；在景区开展一分钟消防讲解、电子导游牌消防提醒、消防宣传指示印上门票、义务消防队每日巡防等活动，强化游客消防安全意识。

第六节　游乐设施事故

游乐设施的雏形大约出现在 16 世纪 50 年代的欧洲。那时的室外项目有喷泉、花园、保龄球、游戏、音乐、舞蹈和原始的娱乐乘骑等。直到 18 世纪，在法国、英国、美国等地才诞生了真正意义上的游乐园。而真正的快速发展阶段则是在 20 世纪 50 年代以后。1955 年，经济得到恢复和发展的美国洛杉矶建成了世界上第一座迪斯尼乐园。此后，全世界范围内掀起了建造主题乐园的热潮。而我国游乐设施行业起步较晚，大型现代游乐设施从 20 世纪 80 年代才开始出现。1980 年，日本东洋娱乐株式会社赠送给我国一台 "登月火箭"，安装在北京中山公园。这是我国第一台大型现代游乐设施，标志着我国有了真正意义上的游乐设施。

游乐行业的产生和发展是社会经济发展的必然结果，也是现代社会文明的重要标志。在现代科学技术迅猛发展的背景下，为了满足人们寻求冒险、刺激的娱乐需求，游乐设施逐渐向高空、高速、高刺激的方向发展。然而，随着游乐设施高度的不断提升、运转速度的不断加快、摆动角度的不断增大，游客的身体和游乐设施承受的冲击载荷也不断增加，事故发生的概率和严重程度随之加大。特别在海洋环境中，各种不确定因素造成的安全隐患会更加复杂，因此，海洋类游乐设施的安全问题更需要引起足够的重视。

一、游乐设施概述

（一）游乐设施的定义及分类

一般意义上的游乐设施是指为满足游客娱乐和健身需求，且出于经营目的，利用机、电、光、声等原理制造的承载游客游乐的各类设备。按照运用的先进技术和设备结构不同，它经历了由游艺机向游乐设施发展的阶段。游乐设施被列为特种设备后，又提出了大型游乐设施的概念。由于游乐设施运动形式各有不同，其种类繁多，这给管理工作提出了更高的要求。从游乐设施法规和标准的角度讲，不可能每种游乐设施都制定一个标准。目前主要是按照游乐设施的结构和运动形式进行分类，也就是将结构和运动形式类似的游乐设施归为一类，每一类游乐设施的名称用其中一种常见的有代表性的游乐设施命名，作为该类型游乐设施的基本型。例如 "陀螺" 类游艺机，"陀螺" 为基本型，与 "陀螺" 结构和运动形式类似的游乐设施均属 "陀螺" 类。除此之外，还可以按照工作场所分为陆地游乐设施和水上游乐设施；按照驱动方式不同，游乐设施可分为人力驱动游乐设施和动力驱动游乐设施。

根据《游乐设施术语》（GB/T20306—2006）的相关规定，对游乐设施的界定如下。

（1）游艺机：具有动力驱动。供游客进行游乐的器械。

（2）游乐设施：在特定的区域内运行，承载游客游乐的载体。广义上除可包括具有动力的游乐器械外，还包括为游乐而设置的构筑物和其他附属装置以及无动力的游乐载体。

（3）大型游乐设施：用于经营目的，承载乘客游乐的设施，其范围规定为设计最大运行线速度大于或者等于2米/秒，或者运行高度距地面高于或者等于2米的载人游乐设施。

（4）移动式游乐设施：无专用土建基础，方便拆装、移动和运输的游乐设施。

（5）有动力类游乐设施：具有动力驱动，承载游客进行游乐的设施。包括转马类游艺机、陀螺类游艺机、飞行塔类游艺机、自控飞机类游艺机、观览车类游艺机、滑行车类游艺机、架空游览车类游艺机、小火车类游艺机、赛车类游艺机、电池车类游艺机、碰碰车类游艺机、观光车类游乐设施等。

（6）无动力类游乐设施：本身无动力驱动，由乘客在其上操作或游乐的设施，包括蹦极、滑索、充气弹跳、儿童娱乐城、空中飞人、系留式观光气球、光电打靶类游艺机等。

（7）水上游乐设施：借助水域、水流或其他载体，为达到娱乐目的而建造的水上设施。如游乐池、水滑梯、造浪机、水上自行车、游船等。

（8）其他类游乐设施：不适用于上述类别或由上述类别组合而成的游乐设施，都归属于这一类。

（二）游乐设施的功能

随着人民生活水平不断提高，休闲娱乐在调节身心、享受生活中的地位和作用愈显突出，对游乐设施的需求也越来越大。总体而言，游乐设施的功能主要体现在以下三个方面。

1. 休闲娱乐功能

休闲娱乐是游乐设施最基本的功能。游乐设施之所以富于吸引力，关键在于其能在确保安全的前提下，亲身体验到惊险刺激，在惊险刺激中获得愉悦，享受快乐。

2. 释放压力的功能

在竞争日益激烈的现今社会，人们的生活节奏紧张，学习、工作的压力巨大，而在游乐场轻松快乐的氛围，人们可以暂时忘却烦恼，借助疯狂、刺激的游乐设施，在畅快淋漓的吼叫过后很好地释放自己的压力。这也是游乐设施的魅力之一。

3. 健身社交功能

有些游乐设施在设计时也会考虑到人体各项能力的训练，包括平衡能力、肌肉的锻炼、关节柔韧性等方面，使得游客在获得欢笑和激情的同时也锻炼了身体协调能力和平衡能力。另外，游乐设施也为乐在其中的人们提供了一个相互亲近、相互沟通的空间，特别是增进了家庭成员之间彼此的了解、互动和沟通。

除了上述三项功能，人们认为游乐设施还有很大的开发空间，特别是针对某些特殊人群。期待未来的游乐设施在科学技术的强力支撑下，为人们带来更多的惊喜。

（三）海洋类游乐设施的界定

基于上述对游乐设施的认识，海洋类游乐设施是指为满足游客休闲娱乐和健身需求，出于经营目的，利用机、电、光、声等原理制造的承载游客游乐的各类设备，且该类设备建造或运行的范围主要集中在海滨地区、海岛或海上。一般而言，陆地上的游乐设施同样适用于海滨海岛地区。同时，在海滨海岛地区也有一些特色的游乐设施，其魅力是无可比拟的。例如，摩托艇、香蕉船、沙滩摩托、水上自行车、帆船、冲浪、海上水滑梯、造浪机等都是游客们喜爱的游乐设施。马尔代夫的索尼娃贾尼岛度假酒店是索尼娃品牌旗下的第四家度假酒店，酒店 24 栋"漂浮"在纯净海面的水上私人别墅不仅可以全方位观看日出日落海景，还建造了海上滑梯，游客们可以从 2 楼卧室直接滑入印度洋，如图 6-1 所示。另外，航行于海上的邮轮同样拥有多种多样的游乐设施，任何不同年龄层次的游客都能够找到适合自己的活动，如邮轮上的旋转木马、水滑道、水上过山车、攀岩墙、甲板跳伞、海上冲浪、水上乐园等带给游客特别的欢快体验。

图 6-1 索尼娃·贾尼岛度假酒店海上滑梯

（图片来源：http://travel.sohu.com/20160712/n459035042.shtml）

二、游乐设施事故的预防与应急管理

（一）游乐设施事故的类型

依据国家质量监督检验检疫总局特种设备安全监察局网站公布的我国特种设备事故、中国游乐设施安全网统计的国外大型游乐设施事故的相关数据，2004—2014年国内外大型游乐设施运营过程中安全事故 169 起，其中国内事故 42 起、国外事故 127 起。将这 169 起大型游乐设施事故进行分类统计，发现有机械伤害、高处坠落、碰撞伤害、高空滞留、火灾、触电、物体打击、坍塌、淹溺、突发疾病和其他危险因素等 11 种类型，其中机械伤害事故 44 起，占 25%，高处坠落事故 33 起，占 20%，高空滞留事故 30 起，占 18%，碰撞伤害事故 22 起，占 13%，这四类事故占事故总数的 76%，各类型事故所占比例均在 10% 以上。坍塌、淹溺、物体打击、火灾、触电、突发疾病分别占 7%、5%、4%、3%、1% 和 2%，均小于 10%。如果按照发生事故的设备类型进行统计分析，发生事故的大型游乐设施包括滑行类、观览车类、陀螺类、飞行塔类、架空游览车类、自控飞机类、转马类、无动力游乐设施类、水上游乐设施、小火车类、碰碰车类、赛车类和其他类共 13 类。可见，滑行类设备最容易发生事故，占事故总数的 36%，其次是观览车类和陀螺类，分别占 16% 和 11%。水上游乐设施、无动力游乐设施、飞行塔类、自控飞机类、小火车类、架空游览车类、赛车类和碰碰车类，它们所占比例分别为 8%、8%、7%、5%、2%、1%、1% 和 1%。

（二）游乐设施事故的原因

截至 2012 年底，我国在运营的大型游乐设施达到 1.67 万台（套），大中型游乐园（场）400 多家，年接待 3 亿多人次。近年来，大型游乐设施平均每年发生约 5 起事故、伤亡约 4 人。而根据国内的相关调查统计显示，导致游乐设施发生人身伤害的众多因素中，游乐设施运营存在的问题占据约 60%，设计和制造方面分别占到 15% 左右，而导致设备本身出事故的主要原因则是制造环节，其次是运营环节以及设计环节。

1. 设计本身存在缺陷

设计方面存在的缺陷主要有设计安全系数不够、结构设计不合理、安全装置设计不合理、主要设计参数超过了规范标准要求、安全指标达不到要求以及安全设施设计不配套。比如，《游乐设施安全技术监察规程》和《游乐设施安全规范》是游乐设施设计的基本依据之一，这些规范都对游乐设施安全系数给出了明确的规定，然而有些设计人员却对此知之甚少，导致一些游乐设施安全系数小于规范和标准定值，这必定给游乐设施的运行埋下安全隐患。还有安全设施设计不配套也是至关重要的因素之一。在该设保险装置的地方没有设置，安全带、扶手等安全设施安装位置不当，固定不牢等表现了设计上的不精心而留下的隐患。

2. 新技术的不断应用增加了保障设备安全的难度

游乐行业追求新奇和惊险刺激，不断创新外观、主体结构、运动形式，不断挑战人类生理极限，一些新技术应用于游乐设施中，但缺乏技术标准和成熟经验，增加风险识别的难度，保障设备本质安全的难度很大。

3. 产品质量不合格

我国游乐设施是近 30 年来发展起来的新型行业，因起步较晚,特别是大型游乐设施制造企业的技术能力相对薄弱。大部分制造企业起步较晚，资源条件、人员素质、机加工水平等技术条件还存在一定差距，同时，受产品本身（单台小批量）的制约，企业很难形成规模化生产模式，保障产品质量，安全性能稳定性存在一定难度。例如，有些部件必须经过热处理，否则制造质量就不合格。2004 年 1 月 26 日，广西柳州某公园"架空游览车"发生轴销断裂事故，直接原因就是由于设备在制造过程中未对部件进行热处理。

4. 运营存在问题

由于游乐设施在操作、维修、管理等运营方面存在问题而引发的人身伤害事故占有相当的比重。首先，操作不当导致的安全事故频发。一些操作人员在设备运行前没有认真检查和确认安全装置，乘客未坐好、没系好安全带就开机，甚至未经过安全培训就上岗，结果很容易出现操作不当，而且一旦遇到异常情况，这些操作员往往惊慌失措，不知道采取何种措施。其次，管理不善也是重要原因。游乐场内秩序混乱，游客抢上抢下，游乐设施运转过程中无关人员随意进入安全栅栏，甚至有些游乐场未设游客须知或不清晰，对游客特别是对儿童没有实施有效监护。实际上有相当数量的大型游乐设施由个体经营，个体经营者在租赁的场地上从事大型游乐设施的运营工作，出租场地的单位仅收取租金，但缺少对租赁者实施有效的安全管理。个体经营者完全以短期营利为目的，缺少日常检查和维护保养方面的投入，缺乏安全意识和自我保护意识，安全管理水平低下，而且躲避政府监管。再次，设施维护保养不到位会增加事故的发生。有些游乐园人员素质、维修力量和资金等方面存在一些问题，造成了维护保养不到位。

5. 设备使用条件复杂，超负荷情况突出

各地区的气候、环境差异较大，部分地区的游乐设施，常年运行时间长、设备负荷大、运行环境恶劣。特别是在节假日游客集中时段，设备和作业人员经常处于超负荷状态。

除了上述原因外，游客自身的不安全行为以及天气也是诱发安全事故的因素，特别是对于在海上运行的游乐设施安全性深受天气和潮汐变化的影响。

（三）游乐设施事故的预防和处理

1. 游乐设施的安全防范

（1）提高产品质量和安全性能。游乐设施的安全防范应从设计、制造、安装等主要环节入手，进一步提升游乐设施质量，提高系统可靠度和游乐设施本身的安全度，减少危险因素和隐患，保证游乐设施的质量和安全性达到标准要求。并且应加强对游乐设施的设计审核和制造许可制度，对关键零部件及构件的设计要严格把关，对制造安装单位按相关规定实施许可。同时建立设备制造单位产品质量档案，加强产品质量信息采集和处理工作。另外，鼓励制造商在设计计算中采用有限元、仿真等软件，通过模拟设备的运行轨迹、方式，对其结构的受力情况、运行状态进行科学的计算和安全分析，提高设备的可靠性，降低设备故障率。

（2）完善法规规章，加强安全监管。完善的法规规章和有效的安全监管制度是游乐设施事故预防的有力保障。因此，应进一步完善现有游乐设施法规规章，法规规章与标准的制定应结合实际需要，且对设备的性能和安全性同时提出要求，明确给出游乐设施安全风险的评估和分析方法。完善运营单位安全管理责任，强制实行操作人员的培训考核，持证上岗制度，并应定期进行岗位业务培训和安全意识教育。同时，游乐设施监管部门应加强对游乐设施设计、制造、安装、使用单位的监督与检查，有针对性地对不同的设备采取不同的监察检验方式，从而保障游乐设施的安全运营，减少事故的发生。

（3）提高管理水平。游乐场通常接待大量游客，而游客群体构成复杂，游乐园的管理任务繁重。因此，游乐设施运营单位需进一步提高管理水平，不仅要对游乐设施设备进行分类分级管理，建立设备台账，对容易发生事故的设备进行重点监控，加强日常检查、维护保养和安全检测，在应急预案中对发生较多的事故伤害类型制订有针对性的应急救援措施。还应特别加强对操作人员的培训教育，提高操作人员的安全意识和操作技能，明确各项操作规程，避免违章操作，操作岗位上的操作人员应相对固定，且要有健全的岗位责任制。另外，需要特别注意的是，从事故预防的角度出发，对于未遂事故也要进行统计分析，把事故隐患消灭在萌芽状态。

（4）加强游客安全宣传和教育。为避免游客在乘坐过程中因自身原因发生的事故，运营单位需在游乐设施及其附近区域醒目位置张贴游客须知、指示和危险因素警示标志。在游乐活动开始之前，工作人员应对游客进行安全知识讲解和安全事项说明，确保游客掌握游乐活动的安全要领，指导游客正确使用游乐设施，并在设备运行前为每位乘客检查安全装置是否完好有效。在游乐过程中，密切观察游客行为，如有不安全行为发生应及时制止，排除安全隐患。

2. 游乐设施事故的处理

游乐设施、设备出现故障或发生异常情况时，应当对其进行全面检查，消除事故隐患后，方可重新投入使用。一旦发生事故，应迅速采取有效措施，组织抢救，防止事态扩大，减少人员伤亡和财产损失。根据国务院《特种设备安全监察条例》和国家质量监督检验检疫总局《特种设备事故报告和调查处理规定》，游乐设施运营单位在事故的调查和处理中应做好以下事项。

（1）事故发生后，游乐设施运营单位及相关操作人员应当立即停止设施运行，如有受伤人员，应进行现场救治，或及时送医院诊治。同时，做好相关游客的安抚工作，及时疏散人群，保持救护通道畅通。并立即报告所在地质量技术监督部门、公安等有关部门，如需海上救援，应立即向当地海事部门、海上救援中心等机构求援。

（2）妥善保护事故现场以及相关证据，及时收集、整理有关资料，为事故调查做好准备。因抢救人员、防止事故扩大以及疏通交通等原因，需要移动事故现场物件时，负责移动的人员应当作出标记，绘制现场简图并做好书面记录，妥善保存现场重要痕迹、物证。有条件的，应当现场制作视听资料。必要时，应对设备、场地、资料进行封存，由专人看管。事故调查期间，任何人不得擅自移动事故相关设备，不得毁灭相关资料、伪造或者故意破坏事故现场。

（四）游乐设施的应急管理

游乐设施的应急管理是安全管理工作的重要一环。应急管理工作主要包括应急预案的编制、应急演练等。在《特种设备安全监察条例》中对游乐设施运营单位的应急管理工作都有具体的相关规定和要求，这是游乐设施应急管理工作的基本依据。

1. 做好游乐设施危险识别、风险分析和评价的基础工作

科学的应急管理工作是建立在危险识别、风险分析与评价的基础上的。也就是说，游乐设施运营单位在制订应急预案前预先分析游乐设施有可能出现的各类最危险状态及危险源以及出现不同级别危险情况的概率和相关后果。实际上，本项工作应提前到游乐设施最初的设计制造环节。单就游乐设施运营单位而言，应根据危险因素的评估，考虑整个游乐园的环境、何种意外事件、外部救援能力和气候情况等因素，制订应急救援的方案。预案一定要切合实际、科学合理、易于操作。

2. 制订好应急预案是游乐设施安全管理的重要环节

游乐设施应急预案应具备科学性、实用性、权威性、综合性的特征，其主要内容应包括如下。

（1）明确应急处理期间的负责人和所有参加应急处理的人员，包括起特殊作用的人员，如消防员、急救人员等。各级人员应有明确的职责、权限和义务。

（2）明确游客疏散和解救程序。

（3）明确安抚游客的措施。

（4）与外部支援机构的联络方法，包括电话号码、救援车辆、行车路线、支援机构联络人员所在部门、姓名等；与行政管理部门的联络方法，包括负责人、联系电话，以便及时汇报情况或请求给予协助；与游客亲属的联系方法，以便及时通报情况。

（5）应急处理时期必须使用的游艺机、游乐设施布置图、技术参数、运行说明书、制造厂联络方法等。

（6）根据紧急状态的具体情况，应备有充分的、可靠的应急设施。如报警系统、应急照明和动力能源、逃生工具、游客安全避难场所、消防设备、急救设备、通信设备。

3. 定期进行应急演练以检验预案的可操作性

为了保证预案有效与可靠,游乐设施运营单位应根据《特种设备质量监督与安全监察规定》定期进行演习,相关人员通过亲身体验和处理应急状态下发生的问题,对于事故的预防和处理具有非常重要的作用。例如,假定因设施异常、天气恶劣、地震或其他原因,必须紧急停止游乐设施时的紧急停止训练;假定因紧急停滞、故障、停电等情况,游客在停止游乐设施上的救援训练;假定发生人身事故时的救出、救护、紧急联络训练等。

演习训练应作为游乐设施运营单位工作的一项重要内容,列入全年工作的计划中。演练可以与培训、操作技能竞赛结合起来,甚至在条件允许时,和外部支援机构共同进行演练。通过演练,确认应急预案的有效性,检验有关各方的反应灵敏程度、行动的准确与快速程度。

三、游客在参与海洋类游乐活动中自身安全防护

为了最大限度地减少在游乐设施使用过程中伤亡事故,除了游乐设施运营单位加强安全管理外,游客自身也应增强自我保护意识和能力,尤其是在海洋环境下。

(一)预防意外

选择正规的游乐场所,注意观察游玩的指示和安全警示标志,远离有潜在危险的区域。

在游玩前,要观察游乐设施是否有监督检验部门颁发的安全检验合格标志,仔细阅读游乐设施的游乐规则和游客须知,以确定自己是否适合乘坐。

在乘坐游乐设施时,认真遵从工作人员的安排,系好安全带,扣好锁紧装置,检查安全压杠是否压好。对有反转、剧烈碰撞等形式的游乐项目,还应听从指挥,将挎包、背包等交给工作人员暂时保管,眼镜、钥匙等物品要提前拿掉,以免损坏物品或伤及身体。

游乐设施运行时,切忌好强逞能,私自解除安全装置,不可打闹、站立或将手、脚、头部私自伸出护栏之外。游玩时发现游乐设施有异常声响、气味、抖动、晃动等情况,或者感觉身体不舒服,应及时告知工作人员,并尽早离开游乐设施。

如果参与海滩、海上或海底的游乐项目时,要特别注意海洋环境下各类游乐设施游玩时的注意事项,认真听相关工作人员或教练的讲解,留心记住安全注意事项和安全警示标志,禁止碰撞、超速等不安全行为,以免发生意外。

（二）意外处置

一般来说，游乐设施都有齐全的安全保护装置，运营单位也有安全有效的应急救援措施。因此，在发生故障或事故，被困在空中或座舱中时，不要惊慌，也不要试图采取从空中跳下等危险动作，而应听从工作人员指挥，不要乱动、乱跑，应在安全设备的保护下，待游乐设备完全停稳后，在工作人员指导下，有序离开事故现场。

本章小结

由于海洋旅游活动对海洋的依赖性大，受海洋气候气象、地质地貌、水文等自然因素的影响显著，且参与性体验项目众多，使得海洋旅游事故具有波及面广、伤亡巨大、救援难度大等特点。因而，了解海洋旅游活动中常见的事故类型及特点，熟练掌握相关事故中自我保护措施及逃生求救方法，建立、健全海洋旅游安全管理系统，是顺利开展海洋旅游活动的基础条件。

复习思考题

1. 请分析海难事故发生的原因。
2. 对于海洋旅游者而言，如遭遇海难事故，应具备哪些基本的自救常识？
3. 如何在海洋旅游活动中防范和应对海洋生物的侵袭？
4. 简述海洋旅游活动中海鲜中毒后的症状及正确的处理方法。
5. 海滨旅游活动中，如何预防来自强烈紫外线的伤害？
6. 简述海洋旅游场所存在的消防安全隐患及火灾处理方法。
7. 在对海洋类游乐设施事故原因分析的基础上，谈谈此类游乐活动事故的预防及处理办法。
8. 阅读以下两则材料，结合所学专业知识思考分析邮轮、游艇上的火灾事故防范与处理存在哪些特殊困难？并请谈谈针对材料中邮轮火灾发生后邮轮公司和船员的反应获得的启示。

阅读材料1

美国豪华邮轮起火，4000 余乘客被困海上 5 天

2013 年 2 月 14 日，一队拖船把失去航行能力的嘉年华"凯旋"号游轮被拖进美国南部的阿拉巴马州的莫比尔港口。这艘运载 4000 多名乘客的豪华游轮在海上漂流 5 天后，乘客们终于上岸，踏上回家的旅途。

嘉年华"凯旋"号的船东为全球最大的游轮公司美国嘉年华游轮集团。2 月 7 日，嘉年华"凯旋"号游轮离开得克萨斯州的加尔维斯敦，开始为期 4 天的航程。两天后，游轮的机房起火，主要动力来源被切断，这艘游轮只能在距离墨西哥尤卡坦半岛 240 千米的海面上漂流。

船上乘客抱怨说，舱房被水淹，船上卫生环境恶劣，过道上污水横流，他们只好睡在甲板上，以避开酷热、发臭的舱房。他们还说，要排长队领取食物和其他用品，等候的时间很长。这些等待救援的人们不得不忍饥挨饿地在满是粪便的甲板上睡觉。船上乘客贝克女士 10 日与美国全国广播公司通电话时表示，船上的环境"非常可怕"，除了没有电力以外，也只有少数洗手间可用。贝克并称，她在等候食物的时候看见一名女士在旁昏倒，"这根本就是一场噩梦"。一些乘客描述他们的生活状况非常悲惨。得克萨斯州居民纳特被困船上的妻子告诉他，船上的条件十分恶劣，脏水和粪便满地都是，充满了难闻的臭味。许多乘客都用床单在甲板上搭起"帐篷"，以躲避没有空调的内舱的闷热和臭气。也有乘客抱怨，他们每隔 4 小时才能得到 1 个汉堡包，一些人的三明治里只有调味剂而没有肉。由于管道堵塞，人们不得不在袋子里如厕。更倒霉的是一对新婚夫妇。在邮轮结婚本来很浪漫，但 37 岁的莫勒姆和 27 岁的史蒂文森却大失所望。他们婚后首个情人节就被困大海中心，忍受饥饿和肮脏。由船长主持的婚礼"简短、甜蜜而安静"，没想到蜜月却如此凄凉——放眼望去可见的"金黄液体"并不是香槟，而是装在一个个塑料袋的大小便。没有温馨和甜蜜，取而代之是疲累和伤心。

为平息乘客的怒气，美国嘉年华游轮集团宣布，这起事件中的乘客将可以获得全数退款及将来乘坐邮轮的折扣优惠，该公司还宣布每名乘客可额外获得 500 美元的赔偿。

[资料来源：http://news.sina.com.cn/w/2013-02-16/113426272875.shtml]

美豪华邮轮突发大火，3000 余人逃命仿佛"泰坦尼克"

2013 年 5 月 27 日，美国皇家加勒比国际邮轮公司宣布，其旗下一艘邮轮"海洋富丽"号航行途中于深夜时分突然起火，被迫停靠巴哈马的自由港（图 6-2），而船上的 3000 多人则不得不在慌乱之中一一转移，从而让他们见证了惊魂一刻，以为"泰坦尼克"般的惨剧又要上演。不过，最终所有人员都安然无恙。

2013 年 5 月 28 日凌晨，美国皇家加勒比国际邮轮公司在其官方网站上发表了致歉声明："无法让乘客们完成自己的海上之旅，我们深表歉意。""海洋富丽"号是皇家加勒比邮轮公司梦幻系列中最高等级的豪华邮轮之一，总价逾 10 亿美元。这艘长达 280 米的梦幻度假邮轮上当时共有 2224 名乘客、796 名船员，邮轮于 5 月 24 日从美国的巴尔的摩出发，按照计划将于几天之后抵达巴哈马的可可岛，总共行程为 7 天。

据皇家加勒比邮轮公司称，邮轮"海洋富丽"号的火灾于当地时间凌晨 2 点 50 分发生。当时一名正在工作的船员表示说，他一开始闻到了刺鼻的焦糊味儿，预感到不妙，但采取措施已经来不及了，火苗快速蹿了出来。经历了这场大火的乘客凯蒂·柯乐曼说："这是我一生中最可怕的时刻。所有的乘客都聚集在甲板上，等着救生艇。"乘客邦·沃伦在警报响起后就立刻逃出房间，她说："每个人都惊恐万分，还有人已经戴着氧气面罩、穿着救生衣。我知道，还有些孩子害怕得开始呕吐。"23 岁的丹妮乐·米勒在火灾发生时还在睡觉，浑然不觉外面发生了什么，直到船舱广播开始要求所有乘客穿上救生衣。"我当时的第一反应是我们的船要沉了！我打开门，看到人们都穿着救生衣、恐慌地跑来跑去，有人朝我吼，叫我穿上救生衣并跑到两层楼上面的甲板去。但我当时还没弄清楚到底发生了什么，我睡觉前正好有风暴，所以我以为船要沉了。"米勒说，她当时手抖个不停，心都快跳出来了。"有一对夫妻吓晕过去了，人人都在哭喊。"一名乘客回忆说："有人吐了，有人在哭，很多人都很恐慌，现场一片混乱。"这名乘客还说，这一场景让他想到了电影《泰坦尼克号》。

火灾发生后，船员们迅速组织船上的乘客们转移，让他们登上救生艇离开已经浓烟滚滚的邮轮。在逃离过程中有数名游客被困装配站长达 4 个多小时，急得他们又喊又叫，好在最终全部脱险。历经数小时的努力，2000 余名乘客终于转移完毕，之后船员也被迫弃船逃离。船员们是最后离开邮轮的人。公司说，火势在两小时之后于凌晨 4：58 分被顺利扑灭，邮轮也被导向停靠巴哈马的自由港。公司在声明中强调，在这起事件之中没有一人受伤，"2224 名乘客、796 名船员安然无恙"。据乘客们称，尽管当时处于紧急状态，但船员们处理井井有条，有的甚至一直面带微笑地向乘客们提供食物和饮料，从而使乘客们感到危险离他们并非近在咫尺。一名来自英国的乘客为此表扬说："船长为我们提供了尽可能多的信息，从而避免了进一步的慌乱。"

图 6-2　失火后的皇家加勒比邮轮公司的"海洋富丽"号停泊在巴哈马的自由港港口

由于邮轮受损，公司还宣布，接下来的全部行程已经取消，并安排航班将所有的乘客全部接回巴尔的摩。而本次航行的乘客们也获得了旅费赔偿，其中包括在未来免费乘坐该公司的邮轮一次。

这场大火是从周一凌晨 2 点 50 分开始烧起来的，经过两个小时的奋力扑救，大火被扑灭。但由于船体损伤严重，"海洋富丽"号不得不于周一上午返回最近的港口巴哈马自由港。据初步调查，起火点位于三层甲板，但具体起火原因仍有待更加详细的调查。

［资料来源：http://tj.sina.com.cn/travel/message/2013-05-30/074829063_2.html］

第七章　海洋旅游目的地社会文化事件的
防范与应对

教学目标

- 了解海洋旅游目的地社会文化安全事件的基本概念,掌握海洋旅游目的地社会文化安全事件的类型、特点及对目的地带来的冲击,理解并积极思考海洋旅游目的地社会文化安全管理的策略。
- 了解政治社会安全事件及其影响,掌握政治社会安全事件的防范方法。
- 掌握海洋旅游目的地刑事案件的影响及原因,掌握海洋旅游目的地刑事案件的处理程序,掌握海洋旅游目的地刑事案件的一般性防范措施及针对盗窃、行骗、抢劫、绑架劫持的具体防范措施。
- 了解群体事故发生机制,掌握旅游群体事故的防范。
- 认识文化习俗冲突类安全事故的特殊性及成因,思考有效避免文化习俗冲突的策略。

计划学时: 4 学时。

导 入 案 例

　　众所周知,旅游业是最需要和平环境的产业,恐怖事件与旅游就像火与水一样不可相容。但从"冷战"结束开始,埃及的旅游业经常受到恐怖袭击的困扰。1993 年 2 月 26 日,开罗市中心最大的广场的一家咖啡馆发生了恐怖爆炸,20 多人遇难。同年 3 月 16 日,广场的另一侧,埃及历史博物馆和希尔顿饭店前的停车场的 5 辆旅游车被炸。同年 6 月 8 日一枚炸弹在开罗的一辆旅游车旁爆炸,炸死 2 名埃及人,炸伤 22 人,其中包括 5 名英国游客。据不完全统计 1993 年有 6 个月都发生了恐怖事件,1994 年更是多达 12 次。1997 年、2004 年和 2005 年发生了对埃及影响较大的三次恐怖事件。1997 年 11 月在卢克索 6 名恐怖分子向游客疯狂扫射,导致 60 名外国游客和

4名埃及人死亡，25人受伤；2004年10月7日也就是犹太节日"住棚节"的最后一天，在西奈半岛的塔巴希尔顿饭店和其他两处旅游度假村发生汽车炸弹爆炸事件，共造成35名以色列游客死亡，125人受伤；2005年7月23日凌晨几名恐怖分子在旅游胜地埃及沙姆沙伊赫发动了连环爆炸袭击。这起连环爆炸事件造成83人死亡，200多人受伤。死伤者中多数是埃及人，此外，还有来自英国、荷兰、卡塔尔、以色列、俄罗斯、科威特的游客以及当地人。2014年2月16日，在埃及西奈半岛一辆载有33名韩国游客和导游的大巴车在埃及与以色列边境遭恐怖分子袭击，造成一名埃及司机和3名韩国乘客死亡，14人受伤。由于埃及西奈半岛地区近10年政治冲突不断，沙姆沙伊赫旅游业严重受挫。2015年10月，俄罗斯科加雷姆航空公司一架从埃及沙姆沙伊赫飞往俄罗斯圣彼得堡的客机在起飞后不久坠毁，224名乘客遇难，随后英国外交部和联邦政府办公室称埃及旅游具有"高风险"，告诫游客除必要飞行外避免去沙姆沙伊赫旅行，并在其网站上公布不再开通由英国飞往沙姆沙伊赫的航班。2016年1月9日埃及遭遇两起恐怖袭击。一名警察和一名军人在首都开罗附近被枪杀，当时这2名军警正在前往工作的途中，另一起袭击发生在红海旅游胜地，3名欧洲客人在一起由恐怖组织"伊斯兰国"发动的袭击中受伤。2016年12月11日，埃及开罗一家教堂遭到袭击，导致至少25人死亡、49人受伤。埃及连年遭受的恐怖主义袭击，给旅游业造成了巨大损失和无法挽回的负面影响。可以说，受恐怖事件影响严重是埃及旅游业发展过程中较为突出的特点。

　　埃及的恐怖袭击事件绝大多数都是发生在旅游胜地，对旅游资源的破坏不言而喻，由于旅游资源的独特性、整体性以及多数实体性原生旅游资源的不可再生性。一旦遭到恐怖袭击，旅游资源就很容易遭到破坏，且难以恢复。许多名胜古迹在恐怖事件中消亡。此外，旅游基础设施也受到严重的破坏，如2004年发生在塔巴的恐怖袭击使旅游区内的希尔顿五星级酒店被完全摧毁。2005年沙姆沙伊赫爆炸事件后，埃及旅游部长顾问穆罕默德·萨列赫宣布，"沙姆沙伊赫连环爆炸对埃及旅游业影响较大，至少需要3年时间才能恢复。"这其中当然包括对旅游资源和旅游设施的修复和重建。

　　恐怖事件的发生给游客心理带来一定的阴影，影响了旅游者的旅游决策。2005年埃及本想抓住庆祝中埃建交50周年的契机，吸引中国企业投资埃及旅游业与中国企业合作开辟和推进埃及旅游线路，但随着爆炸事件的发生，许多企业代表都表现出谨慎态度。同时有关国家政府也会发出旅行忠告，告诫本国公民谨慎前往恐怖活动的事发地。如：2005年发生在开罗旅游工艺品市场的爆炸，使驻开罗美国使馆在爆炸发生后马上向所有美国人发出警告，要求远离爆炸现场，近期不要前往爆炸附近地区观光。并且现在影像技术发达，新闻媒体对遭恐怖袭击的现场血淋林的拍摄和有时过于夸大的报道，都给埃及旅游目的地形象造成不良的影响。

美国心理学家马斯洛提出的需要层次论中，第二层次的需要便是安全需要，这包括心理上与物质上的安全保障。当恐怖事件发生时，旅游者会出于自身安全的考虑，放弃前往埃及旅游的决策，从而影响了埃及的旅游人数。受 2015 年恐怖事件影响，2016 年 2 月埃及游客数量仅为 34 万，与 2015 年同期相比，减少了 45.9%。当地沙滩、饭店、市集几乎无人问津，商业举步维艰。为维持旅游收入，埃及政府否认当地安全隐患，但游客对此持怀疑态度。昔日游人如织的沙姆沙伊赫已沦为一座无人问津的"鬼城"。而来埃及旅游人数的减少，最终造成埃及旅游收入减少，这对于埃及政府来说，绝对不是一个好消息，因为旅游业是埃及经济支柱产业之一，在国内生产总值中占比达 12%，外汇收入贡献率超过 14%，从事旅游业的埃及人占全国劳动人口的 12.6%。

旅游业是一个相关性很强的产业集群，交通运输业、饭店业、娱乐业等都与旅游业有着密不可分的关系，它们相辅相成，相互制约。由于航空运输是长途旅行的主要交通方式，因此恐怖事件发生之后，人们对航空安全保障失去信心，这对航空业是沉重的打击。沙姆沙伊赫连环爆炸案发生后，许多从外地飞来的班机几乎是"空机"，载不到旅客。绝大多数外国旅游公司取消了到西奈半岛的组团计划，众多游客纷纷离开，使得航空公司不得不取消航班。同时，恐怖事件一旦发生，政府往往会关闭机场和港口，城市的地铁、桥梁、公共场所也会因此暂停开放，使得人们无法出外旅行和经商，从而导致旅馆、饭店客房出租率下降。例如 1997 年卢克索事件后近 200 家国营旅馆和饭店的客房率因游客锐减而骤降，并面临破产倒闭的危险；旅游商品市场受打击最大，据统计，传统旅游商品的销售额下降了 80%，不少店铺门厅冷落，不得不关门停业。

旅游业发展的基础是旅游安全。"没有安全，就没有旅游"，这是旅游实践正反两方面经验和教训的高度总结。恐怖事件时有发生，埃及的旅游业也大受影响。但与全球同行业相比，埃及旅游业却仍旧独领风骚。在中东地区，埃及仍是各国游客的首选之地，赴埃及旅游的游客约占该地区游客的 1/5，这与埃及政府积极采取应对措施是分不开的。比如在恐怖袭击发生后，政府会加派警察、严格安检，并派旅游车队为旅游团队护送，确保旅游者的安全。同时埃及政府会强烈呼吁加强地区和国际反恐合作，召开高级别的"国际反恐大会"，集合各国的力量与智慧研究对策。同时，埃及政府会及时公布事件的损害程度以及事件发生的原委，并通过电视、媒体等方式，将政府采取的救援措施告之外界，极力地挽救埃及旅游业的形象，消除恐怖事件对国内外游客的影响，增强旅游者对前往埃及旅游的信心与动力。另外，为对抗恐怖袭击这一影响旅游业发展的不利因素，埃及旅游部门往往会加大旅游推介力度和旅游业的宣传投入。经历恐怖袭击后，许多客源市场的游客容易把埃及和恐怖主义联系在一起，但却不认为海滨目的地与恐怖事件有什么必然联系，因此，埃及旅游部门在进行旅游宣传时，只是大量地描述旅游方式和旅游效果，却闭口不提埃及，从广告中去除了所有关于埃及的文字和图片信息，从而避免旅游者将这些海滨旅游目的地和埃及联系在一起，让旅游者感觉到旅游目的地是安全的，消除了不安因素。

［根据以下资料整理：

刘晶.恐怖主义对埃及旅游业的影响及政府的应对措施 [J]. 内蒙古民族大学学报（社会科学版）.2011（5）.

http://go.huanqiu.com/news/2016-04/8799762.html

http://news.qq.com/a/20161212/008846.htm

http://news.163.com/16/0526/01/BNV52PUR00014Q4P.html ］

安全是海洋旅游者进行出行决策的首要考虑因素，按照马斯洛的需求层次理论，只有满足人的安全需求，才会产生旅游等自我实现的高层次需求。而社会文化事件破坏了海洋旅游目的地的环境安全状态，会从根本上动摇海洋旅游目的地在旅游者心目中的心理预期，从而影响甚至改变旅游者的旅游动机。因此，随着海洋旅游的发展，有效地预防和处理好目的地社会文化事件是海洋旅游可持续发展的重要基础。

第一节　海洋旅游目的地社会文化安全概述

旅游目的地社会文化环境是旅游目的地空间和时间结构中形成和存在的社会及文化的实物形态和精神氛围的总和。它是旅游目的地吸引力和魅力再现的重要内容，是旅游目的地系统不可分割的一部分。由于旅游目的地系统涉及社会生活的方方面面，突发性的社会事件易对旅游目的地系统产生一系列的连锁反应，造成旅游目的地系统的紊乱。如何有效地对旅游目的地社会文化安全事件进行预警、处理、恢复是值得关注的课题。

一、海洋旅游目的地社会文化安全事件类型及特点

海洋旅游目的地社会文化安全事件是指发生在海滨、海岛等目的地的破坏旅游者旅游体验，扰乱旅游业正常经营秩序的非预见性社会文化事件，这些事件将会影响甚至丧失旅游者对海洋旅游目的地的信心。目的地的社会政治环境和经济文化环境与旅

游安全息息相关。社会秩序、恐怖活动等与人类活动相关的诸多因素，都在影响着旅游的进程和发展。

（一）海洋旅游目的地社会文化安全事件的类型

海洋旅游目的地社会文化安全事件的类型根据不同的标准有不同的划分方式，如果根据影响旅游发展的主要成因来划分，可以划分为政治类事件、社会类事件和文化习俗类事件等。

1. 政治类事件

旅游目的地社会政治或国际局势的动荡如战争、武装冲突、恐怖活动、国际关系危机等都会破坏旅游业所需要的和平稳定社会环境，进而导致旅游业的危机，影响目的地旅游业的发展。例如 1998 年至 2000 年的所罗门群岛国内暴力冲突，使该国入境旅游几乎遭到毁灭性打击，2000 年的入境旅游人数比 1998 年下降 67%。2000 年巴布亚新几内亚国内骚乱和斐济军事政变，给这两个国家的入境旅游造成了严重影响，入境游客数量分别比上年下降 13.4% 和 28.3%。在泰国，旅游和投资是泰国经济增长的主要推动因素，而 2014 年泰国军方发动政变，对旅游业所产生的破坏性影响，致使当年入境游客人数较 2013 年下滑 6.6%，减少了 200 万人次。

2. 社会类事件

由于旅游目的地社会治安的恶化导致针对游客的犯罪活动会给旅游业带来的危机，例如罢工、骚乱、盗窃、抢劫、谋杀、绑架劫持等都可能造成旅游业衰退，有时还严重损害到旅游目的地的良好形象。近年，时常有中国游客在国外被盗被抢的事件发生。根据中国驻法国大使馆的统计，2012 年只是因护照被偷到领事部办理旅行证的中国游客就超过了 900 人。另外，由于大众旅游是群体参与、规模互动的行为，不同心理素质和身体条件的游客驾驭旅游活动的能力千差万别，而旅游景区承载力是有限的，当客流量远远超出景区容纳量，又没有应有的景区客流安全引导、分流与疏散时，发生群体事件的可能性将成倍增加。

3. 文化习俗类事件

文化习俗类安全事故主要是因宗教、民族、意识形态等文化差异而导致的纠纷或冲突，主要表现形式有口角、谩骂甚至殴打。文化习俗类旅游事件发生频率较高，但由于其伤害性相对较小，因此，此类事件曝光率相对较低。但如果这类旅游安全事件中的冲突被激化，有可能导致某些暴力性犯罪事件发生。

（二）海洋旅游目的地社会文化安全事件的特点

1. 突发性与紧迫性

旅游目的地社会文化安全事件是一种非预期的突发事件，是人们无法提前预知的，具有突发性的特点，这必然会给与各行各业都密切相关的旅游业带来巨大冲击并造成一定程度的混乱。同时，当安全事件发生后，将迅速扩大与蔓延，其演化速度与危害程度非常快，若无法及时把握其走向、遏制恶化的势头，那么将造成无法估量的损失，这是旅游目的地社会文化安全事件紧迫性的体现。当然，多数安全事件在发生前都会有一定的征兆，如果能及时发现这些征兆并采取恰当的措施，就能有效降低事件带来的危害。

2. 连带性与危害性

旅游业与各行业紧密相连，是敏感性相当高的产业，使得外部环境一旦发生了变化，旅游业必然会受到牵连，反之，旅游业一旦发生突发事件，对其他相关产业如交通业、制造业甚至是基础产业等同样会产生巨大的影响，形成"连带效应"。而且，由于旅游业与其他行业密切相关的特点，导致其在发生安全事件后的危害性与影响范围巨大，后续影响持续时间较长。这些都充分体现了旅游目的地社会文化安全事件的连带性和危害性。

3. 敏感性与可变性

在现代媒体高度关注的背景下，旅游目的地社会文化安全事件一旦发生，很容易在社会中扩散开来，刺激人们的好奇心或恐惧心理，形成公共舆论和新闻媒介的热点，对旅游目的地的良好形象造成冲击，这种敏感性往往会使事态难以控制，甚至会产生连锁反应。

二、海洋旅游目的地社会文化安全事件带来的冲击

（一）目的地社会文化安全事件对旅游者的冲击

目的地社会文化安全事件发生对旅游者产生的冲击主要体现在旅游恐惧心理增加、旅游信心损害、旅游需求下降等方面。社会文化安全事件尤其是具有大规模破坏性的事件一旦发生，对人们造成的伤害是巨大的，特别是心理上的伤害，短期内阴影很难抹去。旅游者会表现出深深的不安和恐惧，在很大程度上影响了旅游者的出游决策，为了确保安全，他们通常选择保守的策略。根据西蒙的"有限理性模式"，旅游

者对突发安全事件本身的风险感知是有限理性的，往往存在反应过度的行为特征，导致大部分旅游者对海洋旅游目的地作为一个具有吸引力的、安全的游览和居住地失去了信心，相关的新闻报道也会使潜在旅游者失去旅游的后续动力，如停止或推迟旅游活动、减少旅游次数、削减旅游消费、对价格更为敏感、寻求替代性旅游等。法国曾经是国际游客的顶级目的地，其旅游收入高于欧洲其他国家，然而，赴法的国际游客量在 2015 年 11 月巴黎恐怖袭击事件后下降了 11%，2016 年上半年日本赴法游客同比减少 46.2%，俄罗斯赴法游客同比减少 35%，中国赴法游客同比减少 19.6%，美国赴法游客同比减少 5.7%。

（二）目的地社会文化安全事件对旅游企业的冲击

战争、恐怖活动、政治动乱等目的地社会文化安全事件的发生通常会冲击到整个旅游行业，如旅游交通、旅行社、饭店等，造成旅游市场萎缩和旅游企业经济损失甚至带来致命的打击。法国巴黎接连发生的恐怖袭击事件重创巴黎旅游业，2016 年上半年大巴黎地区的宾馆住宿次数下降 8.5%，旅游业损失 7.5 亿欧元的收入。另外，旅游企业的信誉是指其产品和服务给旅游者和潜在旅游者带来的整体形象和评价。一般而言，自然因素导致的安全事件容易被旅游者理解，只要处理得当，对旅游企业的信誉影响相对较小。但社会、文化、安全事件发生对旅游者安全造成的威胁或损害，可能使现实的和潜在的旅游者对旅游企业的服务质量及产品产生严重质疑，对旅游企业的信誉产生非常不利的影响。例如，菲律宾马尼拉劫持游客事件中相关的旅行社、旅游交通和饭店饱受其害，突发事件发生的次日，旅游团在马尼拉当地的旅行社紧急召回所有团队，并暂停所有以马尼拉为目的地的旅游线路。作为此次突发事件的主角之一的康泰旅行社为了保障游客的利益和旅行社的声誉，除对购买了旅行社责任险的游客进行 20 万元的责任赔偿外，安排仍在菲律宾的 3 个旅行团共 53 人尽快返港，取消随后一周的该公司 9 个发往菲律宾的旅行团，对这些取消的旅行团和正安排返港的旅行团，造成的损失和违约金皆由康泰旅行社承担，给旅游企业带来很大损失。

（三）目的地社会文化安全事件对旅游目的地的冲击

目的地社会文化安全事件的影响是多方面的，安全事件可能使事件发生地的旅游者受到伤害或者遭受财产的损失，也可能导致旅游资源和旅游设施的破坏，进而影响到旅游业的正常经营。安全事件最突出的影响是严重打击旅游目的地的形象，触动人们"出游是否安全"这根最敏感的神经，影响到他们对旅游目的地的环境感知，使计划旅游者、潜在旅游者形成对旅游目的地"不安全"的心理图谱（意境地图），进而影响到旅游者的决策，可能会使旅游者取消或改变他们的旅游计划，引发该目的地游客量陡降，从而使目的地的旅游产业链被打断，经济活力减弱，使旅游目的地的可持续发展受到威胁。

三、海洋旅游目的地社会文化安全管理策略

（一）构建海洋旅游目的地社会文化安全系统

海洋旅游目的地社会文化安全系统的构建要求对安全事件给旅游业造成的危害作出充分估计，做好预防和相应的准备工作，使事件影响最小化。并且安全系统应涉及政府旅游部门、旅游企业、旅游公众以及目的地居民，他们是安全事件直接的"受灾体"。因此，构建海洋旅游目的地社会文化安全系统有利于增加旅游者、旅游企业的安全意识、提高目的地的安全防范控制能力，有利于旅游者和相关的旅游企业及时、有效地预见问题并采取积极的防范措施。

海洋旅游目的地社会文化安全系统功能应涉及指挥中心、预警、安全救助、安全保障、信息沟通等方面，组建能用多国语言提供援助的旅游安全警察队伍和和紧急呼救中心等。

（二）加强海洋旅游目的地社会文化安全事件应急处理

目的地社会文化安全事件发生时会表现为事态的急速发展和升级，负面影响形成、社会和个体开始承受事件所带来的损失，这一阶段虽然持续时间短，但对社会的冲击是最大的，引起的关注和恐慌最强，有效的应急处理可以帮助旅游业尽快从事件中恢复。而海洋旅游目的地社会文化事件的应对方式和一般的目的地大致相同，但又有所差别，在制订应对策略时要充分考虑其海洋环境的特殊性。

1. 立即开展救援

目的地社会文化安全事件发生时目的地应立即启动应急预案，根据事件的具体等级，迅速制订处理计划，并针对具体问题，统一指挥协调有关部门维持现场秩序，提供救援，并对已经与旅行社签订合同但尚未入境的游客，劝其取消行程或调整游期。同时，相关旅游企业应冷静对待，任何不谨慎的反应都可能陷入更大的被动，总的处理原则应当是将公众的利益放在首位，对受到事件影响者进行合理的赔偿并做好其他旅游者的沟通协调工作，争取旅游者的理解和支持。如果是港澳台和外国旅游者发生伤亡事件时，组团社和地接社或相关星级饭店除了积极采取救援外，还应注意核查伤亡人员所在的旅游团名称、国籍、性别、护照号码以及在境外的保险情况，并通过有关渠道，及时通知港澳台地区或有关国家的急救组织，请求配合处理有关救援和安抚事项。

2. 适时发布事件的客观信息

事件发生后，应根据事件涉及的范围及严重程度，专门设立新闻中心，由相关管理部门，坚持诚实和透明原则，通过媒体适时向公众发布信息，使外界能够及时了解事件的客观情况及事实真相，防止任何可能造成社会不安定的谣言等不良信息的传播所带来的负面影响。

3. 保障信息沟通顺畅

政府、企业、协会之间保持较高频度的信息交流沟通，了解现状与各项进展情况。旅游企业设立新闻及沟通处，提供准确、正面和积极的信息，定期安排记者招待会，与媒体进行交往，与旅游者进行沟通，让外界了解实情，并争取支持和理解。

4. 对目的地社会文化事件实施监控

事件发生后除了及时采取救援行为、保持信息畅通之外，还要对事件进行严密监控，追踪事件发展动态，评估事件损害状态，预测事件发展的方向，通过对目的地采取必要的预防措施来保证游客和当地居民的人身财产安全。同时，在危机期间，政府部门应要求旅游相关部门制订旅游行业安全保障措施，确保事件发生地旅游者的安全，任命专人负责与其他政府部门、专业服务机构、旅游行业和世界旅游组织等在安全保障方面的联络。

（三）重视海洋旅游目的地社会文化安全事件后的形象恢复

一般来说，目的地社会文化安全事件处理结束后所带来的负面影响通常会持续一段时间，恢复过程需要各部门的协调和努力。2002 年巴厘岛爆炸案后，印度尼西亚建立了一个基于安全、产品开发和市场营销的恢复策略，包括拯救、复原、常规化和扩张四个步骤，升级印度尼西亚的出入境安检系统，改进移民服务等措施，使得入境旅游人数后来反超爆炸发生前。

1. 加强宣传，重塑旅游新形象

目的地应加强形象建设，增加沟通方面额外的预算和人力资源配备，加强与媒体的沟通，促使新闻界回到目的地并向他们展示重振已取得的成果，邀请国内外的媒体记者对事件后的旅游地形象进行宣传报道，以尽快恢复游客信心。必要时，可邀请国家和地方政府领导人亲自对旅游业进行宣传促销。如美国的前总统里根、克林顿，英国的前首相撒切尔夫人，韩国的前总统金大中等都曾为本国的旅游业做广告宣传，目的地领袖的广告宣传势必会引起强烈反响。

2. 进行市场调查，采取措施重新激活旅游市场

组织专业的市场调研队伍，对现有及潜在游客进行调查，了解他们对旅游目的地的感知印象，并将信息及时反馈给相关部门，进行深入的市场研究，根据研究结果及时调整促销计划，使促销活动更具有针对性和功能性。同时，应针对新的机会市场开发新产品并展开促销活动。在举办促销活动中，政府也有义务加大投入，增强促销力度，恢复旅游业良性发展，重建旅游者对旅游地的信心。还有，旅游企业应重新审视自身发展战略，并考虑调整产品结构和价格策略等，以提高自身竞争力，适应旅游市场变化。

中国安全文化诞生的历史背景

安全是伴随着人类的生活及生产活动而产生的。人类从远古时代就在解决生活及生产中的安全问题。从文化溯源的角度可以将其起源追溯到远古时代人类的防灾害活动。但是安全工程作为一门学科提出来，是 20 世纪 60 年代的事。60 年代才在少数发达国家的大学中成为一门独立的学科，因此，严格来说，安全成为一种文化是工业社会发展的产物。

我国安全文化产生的背景有以下三个。

（1）现代工业社会生活的特点。由现代科学技术构造的现代社会生活（家庭及办公）特点是：技术含量越来越高，机器及物质的品种越来越多，生活及办公室越来越密集化和高层化，人造环境越来越复杂，交通越来越拥挤和城市规模越来越大等。在提高了生活和办公效能的同时也不断发生前所未有的巨大灾害。这样一个社会中的安全问题已不再是手工业时代的安全常识所能解决的，而是需要复杂的现代技术，这就要求公民具有现代安全科学知识、安全价值和安全行为能力。

（2）现代工业生产的特点。现代工业生产更是技术复杂、大能量、集约化、高速度的过程，一个液氨罐储量可达 5000 立方米，一个发电厂的控制台有上百个仪表，一个中等企业有上千名员工，现代工业一旦发生事故损失极大，而现代工业设备又非常复杂，生产、运输及储存都具有很强的技术性，需要多部门、多工种准确地配合，需要高度的责任心和组织纪律，就这要求企业全体人员都具有高度的现代生产安全文化素质，具有现代安全价值观和行为准则。

（3）随着工业社会的发展，企业管理的方法由单纯的制度管理进入了企业文化管理的时代，即以企业整体的经营文化品格来统一企业的经营管理行为。安全文化是企业整体文化的一部分，是企业生产安全管理现代化的主要特征之一。我国安全生产的形势始终不稳定，不断出现事故突发、火灾造成的严重局面，总结我国几十年安全管理的经验可以看出，传统的单纯依靠行政方法的安全管理不能适应工业社会市场经济发展的需要，营造实现生产的价值与实现人的价值相统一的安全文化是企业建设现代安全管理机制的基础。

[资料来源：http://www.safehoo.com/Civil/Theory/201010/152590.shtml]

第二节　海洋旅游目的地政治社会安全事件防范与应对

一、政治社会安全事件及其影响

旅游目的地的安全问题广受关注。对旅游业影响最大的是战争、军事冲突和恐怖主义活动，这类事件完全可以拖垮相关国家的旅游业，尤其是国际入境旅游。

（一）政治军事动荡及其影响

政治军事动荡给交战双方带来巨大经济损失，导致旅游市场的萎缩，直接影响旅游发展。第二次世界大战给德国、法国、波兰、英国、苏联、东欧 7 国、西欧 10 国造成的财产损失总额达到 3949 亿美元，严重影响了旅游业的发展。第二次世界大战后，在全球范围内，各地区和国家都致力于经济发展，全球旅游业发展势头总体保持良好，但中东地区的局势持续动荡，军事冲突不断，对一些国家的旅游业造成严重打击，旅游业发展起伏不定。比如，旅游业是埃及经济的一大支柱，也是埃及外汇收入的重要来源之一，2010 年埃及的旅游业收入达到 125 亿美元，外国游客总数高达 1480 万人。但 2011 年发生政局动荡和社会动乱，对埃及旅游业造成重大破坏，2011 年埃及旅游业收入降至 88 亿美元。再如，伊拉克拥有气势磅礴的瀑布、终年积雪的山脉、考古遗址等，2013 年伊拉克旅游业创收 12 亿美元，但伊斯兰"圣战"组织造成的"六月城殇"使得伊拉克再一次陷入混战中，旅游业全面崩溃，饭店客房无人预订，景点因战争无人问津。

（二）恐怖袭击及其影响

恐怖主义（Terrorism）这个术语概念的出现已经有 200 多年了。最早出现在法国大革命时期，当时它是作为"恐怖统治"的同义语在使用。真正具有现代意义的恐怖主义出现在 19 世纪后期，1881 年 3 月 13 日，俄国"民意党"人在彼得堡刺杀了沙皇亚历山大二世。这起事件常常被人们认为是近代以来的第一次典型的恐怖主义活动。

恐怖主义活动在旅游目的地社会安全事件中占有突出位置，给全球旅游业蒙上了阴影。恐怖主义活动通常以极端形式展现冲突，采用的手段有常规手段和非常规手段，常规手段包括爆炸（炸弹爆炸、汽车炸弹爆炸、自杀式人体炸弹爆炸等）、枪击（手枪射击、制式步枪或冲锋枪射击等）、劫持（劫持人、劫持车、船、飞机等）、纵火等；非常规手段包括核与辐射恐怖袭击、生物恐怖袭击、化学恐怖袭击、网络恐怖活动等。这些都将最大限度地冲击旅游者对目的地的心理预期和信心，同时也给旅游设施带来巨大的破坏，严重影响旅游业的可持续发展。实际上，从恐怖袭击对象来看，有不针对旅游者的一般性恐怖活动，有将旅游者作为特别袭击对象的恐怖活动。然而，无论如何，都会危及旅游者的生命安全。因为恐怖主义活动具有明显的暴力性，构成了对旅游安全的最大威胁，对社会、政治、经济的影响也比较极端。

恐怖袭击事件通常会对基础设施造成严重破坏，对旅游者信心造成全面打击，而且政府会发出警告告诫本国公民不要前往受恐怖活动威胁的目的地，加之媒体对其夸大其词的报告都会在一定程度上损害旅游目的地的形象。相关研究表明，恐怖袭击事件，尤其是针对旅游者的恐怖活动给世界旅游业造成了上百亿美元的损失，而且作为旅游目的地的国内恐怖主义活动对其入境旅游有明显的负面影响，入境游客的大幅下降，并难以在短期内迅速恢复。2001 年的"9·11"事件，美国纽约世贸中心和华盛顿五角大楼被恐怖分子袭击，造成 3000 多人死亡，美国"超强"和安全形象受到严重挑战，旅游者出游信心降低，入境旅游团和航班纷纷取消，旅游业受到重创，袭击事件发生当月入境旅游人数比 2000 年 9 月下降 32.6%。

二、政治社会安全事件的自我防范

（一）政治军事动荡的安全防范

2006 年 5 月 27 日，在斯里兰卡反政府武装"泰米尔伊拉姆猛虎解放组织"控制区附近的一座国家公园发生了地雷爆炸事件，当场造成 8 名乘车追踪野生大象的欧洲游客死亡。对于这种政治军事类安全事件的发生具有一定的不确定性，但又不同于恐怖袭击，相对而言是可预见的。因此，要做到对政治军事动荡事件的防范，首先应当保持对旅游安全事件的警觉。旅游安全事件的发生，并不以人的主观意志为转移。从人们的主观意识出发，恐怕没有谁愿意看到危险出现。但事实上，各种危险还是源源不断地向人们袭来。对于旅游者来说，在出游前应充分评估旅游目的地的安全状况和旅行过程中所蕴涵的风险，特别是那些政府不稳定、短时期内政局动荡或刚刚发生了军事政变、政府由具有特殊种族背景或属于正统宗教派别的单一政治集团控制之下的旅游目的地，非常容易发生暴力事件，而且这些地区在发生暴力事件时往往缺乏紧急反应和救援系统，人身安全难以得到保障，应慎重前往。

（二）恐怖袭击的安全防范

2004 年 10 月 7 日，埃及红海旅游胜地塔巴的希尔顿饭店发生剧烈爆炸，造成 23 名以色列人死亡。2006 年 4 月 24 日，埃及南部的旅游城市宰海卜，发生了 3 起自杀式爆炸，连外国游客在内，共有 24 人罹难，数十人受伤。爆炸几乎在同一时间发生。恐怖分子刻意选择在旅游高峰期、街上挤满游客的时候动手。3 个受袭地点分别为加扎拉超级市场、游客云集的卡彭餐厅和一家咖啡座。这是红海西奈半岛 18 个月来第三度受袭，攻击事件都发生在公共假期的夜晚。因此，为了防范恐怖袭击，无论是旅游目的地还是旅游者个人，任何时候都要对周围环境保持警觉和足够的了解。

1. 注意识别嫌疑人

实施恐怖袭击的嫌疑人往往会有一些不同寻常的举止行动，可能会有神色慌张、言行异常，着装、携带物品与其身份明显不符，或者与季节不协调，冒称熟人，假献殷勤；在安全检查过程中，还存在催促检查或态度蛮横，回避检查的情况；频繁出入大型活动场所或人群密集场所，反复在警戒区附近出现等。如果遇到有上述行为特征的人，应该提高警惕，列为重点排查对象。

2. 注意识别可疑包裹

可疑包裹的识别一般需要较为丰富的经验，但对于普通的游客而言，也应掌握一些简单的知识。在不触动可疑包裹的前提下，应做到：一看，由表及里、由远及近、由上到下无一遗漏地观察，识别判断可疑包裹或包裹的可疑部位是否有暗藏的爆炸装置；二听，在寂静的环境中用耳倾听是否有异常声响；三嗅，黑火药含有硫黄，会放出臭鸡蛋（硫化氢）味，自制硝铵炸药的硝酸铵会分解出明显的氨水味。一旦发现可疑包裹，不要轻易触动包裹，应立即报警，并迅速撤离。警察到达后，应协助警方调查。

3. 注意识别可疑车辆

可疑车辆的识别可重点关注以下特征：车辆状态是否异常，车辆结合部位及边角外部的车漆颜色与车辆颜色是否一致，车辆是否改色，车的门锁、后备箱锁、车窗玻璃是否有橇压破损痕迹，车灯是否破损或用异物填塞，车体表面是否附有异常导线或细绳；车辆是否停留异常，违反规定停留在水、电、气等重要设施附近或人员密集场所；车内人员是否表现异常，发现警察后是否启动车辆躲避。如果发现类似可疑车辆应立即报警，并远离可疑车辆。

4. 注意识别化学恐怖袭击

化学恐怖袭击是袭击者利用有毒、有害化学物质侵害人、城市重要基础设施、食品与饮用水等，如东京地铁沙林毒气袭击事件。因此，识别化学恐怖袭击应重点观察是否有异常气味、异常感觉和异常物品以及异常现象。异常气味有大蒜味、辛辣味、苦杏仁味等；异常现象有大量昆虫死亡、异常的烟雾、植物的异常变化等；异常的感觉有恶心、胸闷、惊厥、皮疹等不适感；异常物品有遗弃的防毒面具、桶、罐以及装有液体的塑料袋等。

5. 注意识别生物恐怖袭击

生物恐怖袭击是袭击者利用有害生物或有害生物产品侵害人、农作物、家畜等，例如美国"9·11"事件之后的炭疽邮件事件。对于生物恐怖袭击的识别需要细致及时地观察到一些异常情况才能作出判断：发现不明粉末或液体、遗弃的容器和面具、大量昆虫；微生物恐怖袭击后 48~72 小时或者毒素恐怖袭击后几分钟至几小时，出现规模性的人员伤亡；在现场人员中出现大量相同的临床病例，在一个地理区域内出现本来没有或极其罕见的疾病；在非流行区域内发生异常流行病；患者沿着风向分布，同时出现大量动物病例等。

6. 生化恐怖袭击的应对

假如遭遇生化恐怖袭击，切勿惊慌。应利用环境设施和随身携带的物品遮掩身体和口鼻，避免或减少毒物、病原体或放射性尘埃的侵袭和吸入；尽快寻找出口，逆风撤离，使用交通工具，迅速有序地离开污染源、污染区域或辐射源；及时报警，请求救助；进行必要的自救互救，采取催吐、洗胃等方法。加快毒物排出；脱离危险区后，应尽快用温冷水淋洗身体；听从相关人员的指挥，配合相关部门做好后续工作。

7. 出游中的注意事项

在旅行过程中，应友好地同陌生人交流，但在谈及自己的情况和旅行计划和行程时，要注意有所保留。在公共场合始终保持低调，避免大声交谈或争论问题。远离无人看管或无人认领的行李，并及时报告给保安人员。在明显有不安定因素存在的目的地旅行时，要避免参加当地的各类示威游行。

第三节　海洋旅游目的地刑事治安事件的防范与应对

　　旅游者旅游过程中，除了可能会由于遭遇战争、恐怖袭击等事件危及生命财产安全外，社会治安也是一个需要重视的安全因素。旅游中发生的盗窃、抢劫等刑事犯罪会出现在任何国家或地区，即使是一些人们认为社会治安良好的国家或地区。例如2016年8月2日，法国巴黎戴高乐机场附近的饭店外，当27名中国游客正准备登上旅游大巴时，遭到6名男子抢劫，这些劫匪向大巴司机喷射催泪瓦斯，并殴打中国游客，还抢走一些行李，2名游客和1名翻译在袭击中受轻伤。尽管自2013年开始，法国当局加强了中国旅游团周边的保安措施，但中国游客被抢的事件仍屡见不鲜。

一、海洋旅游目的地刑事治安事件的处理程序

　　目的地相关从业人员、相关企业单位及旅游者个体应清楚地了解发生歹徒行凶、抢劫财物等刑事治安事件后的基本处理程序：目的地旅游工作人员应挺身而出，发动游客一起与不法分子斗智斗勇，遵守相关规定并及时报案；目的地安保部门接到报案后，应迅速派人赶赴现场，如有游客受伤，应立即组织抢救；采取有效措施保护现场，不准任何人进入现场，等待警方勘察；向相关人员了解案发经过和有关情况，询问相关事宜，通过询问，要对事发前后的情况有初步认识，判明事件真伪；警方到来后，划定勘查范围，确定勘察顺序，并对现场进行勘察，勘察重点是进出口、事发现场及周边；通过勘察情况，分析判断案情，确定嫌疑人；查明案件后，应准备好必要的证明、资料，撰写书面报告，处理好各项善后事宜。

二、海洋旅游目的地刑事治安事件的一般性防范与应对措施

（一）刑事案件发生规律

　　1. 时间规律

　　在时间上，一般在夏秋两季，性侵害与性犯罪比较多；冬春两季日短夜长，盗窃案件比较多；就一天而言，夜间犯罪率高于白天。

2. 空间规律

在空间上，拦路抢劫、性犯罪案件通常多发生在行人稀少的偏僻地区，盗窃案件多发生在商业街区、旅游胜地等公共场所以及公共交通工具上。

3. 寻找侵害对象规律

在侵害对象上，犯罪分子对侵害对象在心理上投其所好、骗取信任，在行为上，抓住被害人胆小怕事的弱点，并利用其错误和隐私勒索财物。

（二）刑事案件的自我防范与应对

1. 不炫富

钱财是引发犯罪最主要的因素之一。外出旅游时尽量不要携带过多的现金、贵重的珠宝首饰，在穿着、言行中不过分显示自己的财富，在公共场所不外露、不炫耀钱财和贵重物品，在外用钱尽量使用借记卡、信用卡或旅行支票。携带的小额现金、钱财、护照等应贴身存放。手提包是盗抢的重点，乘车和用餐时不要将其放在明显位置，不要离开自己的视线。如果投宿的宾馆、饭店有保险柜，可以把贵重物品寄放到保险柜里。

2. 尽量结伴而行

外出最好结伴而行，女性游客须尤其注意，不要独自在偏远、阴暗处行走或滞留；万一要单身行走时，可以携带"哨子"，遇到侵害时可以吹响哨子示警，一可吓退坏人，二可用哨声呼救；与他人发生冲突时，不可恶言相加和污蔑、咒骂对方；单身女性搭乘电梯时，可站到电梯控制键旁，一旦受到侵害可用双手按下所有楼层的按钮或紧急救援铃，利用电梯每层都停的时机，设法逃脱或呼救。

3. 保持足够的警惕

警惕身边举止和神色异常的人，不接受陌生人馈赠的饮料或食物。回到住处时要记住锁门，尤其要锁上安全锁链，会客应在公共场合，有人敲门要先通过猫眼观察，不要随便给陌生人开门，离开饭店时不要遗留任何个人资料。在公共场所不要显示房卡钥匙，或是随意放置于餐厅桌上、游泳池或其他容易被窃走的地方。如果发现任何可疑的人或事，立即反映给安保部门。

4. 夜间避免出门

到一个不熟悉的环境，要避免夜间外出，白天也不要到游人较少处停留。天黑外出应走明亮、人多的街道，不要在僻静、狭窄、昏暗的小巷或街道行走停留，在马路上最好沿着迎面有车来的一边行走。当发现有人尾随或窥视时，不胆怯、不畏惧，可以采取改变原定路线等方式迅速躲避。

5. 掌握防身方法

旅途中遭到歹徒的攻击和行凶，易造成财产损失，甚至人身伤害。在遇到威胁时，应保持镇静，谨慎应对，迫不得已自卫时按照原则快、准、狠地打击凶犯的要害部位（双眼、喉咙、腰部、裆部），保护自己。因此，在平时的健身锻炼时非常有必要掌握一些简单的防身术。

（1）巧用硬物防身。在面对歹徒无路可走时，可将梳子、钥匙、瓶子等随身的硬物戳夹在手指间握拳，使硬物的末端从拳头中伸出，用以打击歹徒，或戳其脸、眼等脆弱部位。在使用这些临时武器时，事先要隐蔽，待歹徒扑上来时，乘其不备，猛烈打击。

（2）对付棍棒攻击。对付棍棒的攻击，要大致判断自己与歹徒的距离，保持戒备，随时注视对方的动作。以闪身左右、跳等动作躲闪犯罪分子，躲闪时寻找机会与其靠近，看准时机快速反击，攻其要害，或抢夺其棍。

（3）对付徒手攻击。徒手搏击容易形成对峙，甚至扭打在一起。要利用对方身体、平衡、力量的变化，快速解脱。同时，凭借对方力量破坏其身体平衡，将其抓获。另外，可以运用手、膝、脚等部位进行防卫或出击。

（4）对付匕首攻击。保持一定的距离，注意其刺砍方向，迅速躲闪；架挡歹徒持匕首的手臂，并顺其移动方向给予反击；趁着歹徒没有防备，打击其关节，猛击其要害；利用熟悉的道路、街巷环境与犯罪分子周旋；利用棍棒等有效的防卫武器与其搏斗，或脱下上身外衣，展开并抖动，干扰歹徒视线，缠住歹徒凶器，飞脚踢歹徒裆部，将其制服。

（5）枪击事件应对。在高度危险地区旅游也许会遭遇枪战，如果附近有炸弹爆炸或枪击事件发生，第一选择就是迅速逃离，越远越好，未经训练的枪手很难射中 20 米以外的目标；一时难以逃离的，应选择质地不易被穿透、形状易于隐藏且能挡住身体的掩蔽物，如墙体、立柱、大树干，如一时没有掩蔽物，也可躲藏在门、灌木丛、座椅等隐蔽处，趴卧在地上，待确认枪声完全停止后再起身，逃生时要左右闪身，沿不规则路线跑动。如在车辆上，应迅速低头隐蔽于座椅后或蹲下、趴下，不可站立或跑动。

（6）女性简易防身。单身女性成为歹徒袭击的主要对象，是各国犯罪的一个重要特征。女性在遭到攻击时，面对歹徒时可用脚踢或膝盖顶男性要害部位，歹徒会因剧痛而下蹲和放手；如歹徒从后面抱住，可一手向后顶男性要害部位，或用脚后蹬其膝盖或用力将歹徒的手指迅速扳向背侧等，使歹徒因剧痛而放手，乘机摆脱。如遇到强暴时，可将手指放进喉头，造成呕吐，甚至撒尿、拉屎，或者谎称自己有性病等，使对方恶心而失去兴趣。如有可能，见机采取防卫方法保护自己。根据《中华人民共和国刑法》规定，对于强奸、杀人、绑架等暴力犯罪，采取防卫行为，造成不法侵害人伤亡的，不同于防卫过当，不负刑事责任。

三、盗窃的自我防范与应对

针对旅游者的盗窃行为十分常见，在旅途中不可麻痹大意，要提高防范意识，时刻保持警惕，随时清点自身财物，以防止钱财、物品被盗。

（一）学会识别扒手

很多扒手有很好的伪装术，但细心观察，还是能够察觉一些扒手的明显特征和行为。识别扒手，一看衣着，二看眼神，三看表现，四看动作。

（二）注意防范扒手

要保持必要的防盗意识，出行时穿着要保守些，尽量少带现金，财不外露，包不离手。在处理事情时，要将提包或行李等置于自己的目光视线之内，或者暂时托付给熟悉的团友看护。

（三）懂得对抗扒手

如遇盗贼正在作案，应尽快拿起手边可用以自卫的工具，如棍子、酒瓶、凳子、砖头等，堵住盗贼逃跑的路线，大声呵斥、警告盗贼，对其形成威慑，同时大喊"捉贼"，招呼团友。如盗贼胆敢行凶，可进行正当防卫，同时，发挥团队力量制服盗贼。如遇扒窃团伙，还要善于分化瓦解，逐个击破，力求一网打尽。

四、行骗的自我防范与应对

（一）行骗者的骗术伎俩

骗子的骗术五花八门，诡计多端。有的采用装骗的手法，就是伪装身份、职业或假扮其他为世人所崇敬的角色行骗，其中有装官行骗（伪装成领导、高干子弟、政法公安人员等行骗）、装亲行骗（装成老乡，骗取钱财）、装富行骗（乔装成公司高管或富商，招摇撞骗）、装神行骗（装神扮鬼，以画符、念咒、扶乩、祈神禳鬼等花样愚弄群众，骗财骗色）；有的采用色骗的手法，以女色为钓饵，骗取钱财；有的采用吓骗的手法，用恐吓手段敲诈勒索钱财，恐吓旅游者交出钱款、财物，常见的有不法旅游娱乐休闲场所利用推拿、按摩等休闲消费活动敲诈钱财；有的采用诈骗的手法，施用各种奸诈之诡计行骗，在旅游中常见的有以假乱真、以次充好等诡计行骗；有的采用串骗的手法，骗子大多结成团伙，串通行骗，狼狈为奸，例如设在街头巷尾、车站码头及风景旅游点等处的绳套、扑克和残局等赌局骗术。

（二）学会识别行骗者

骗子往往利用一些人贪小便宜、迷信权贵、追名逐利等心理需求或心理缺陷，抓住当前社会上最带有趋向性并具有诱惑力的信息，主动与受骗者热情攀谈。旅游者要努力提高观察、分析和识别事物的能力，通过对方的语言、表情和行为，拆穿识别行骗者的丑恶行径，并将其绳之以法。

对于旅途中的旅游者而言，整个身心都希望是放松的状态，对目的地的一切都充满着新鲜感和好奇心，虽然旅游者之间兴趣、爱好、性格、职业等个体差异很大，但还是会表现出明显的从众行为。防止受骗上当的关键在于自己，我们应当像抵制不良诱惑那样，努力加强锻炼自己的意志，通过各种方法识别骗子，并努力克服自己的心理缺陷，使自己的需求与社会的道德规范相一致，绝对不要试图通过不正当的途径来满足自己的欲望，从而抵制诱惑、避免上当。

五、抢劫的自我防范与应对

抢劫者以非法占有为目的，以暴力、胁迫或其他方式使受害人当场交出财物或抢走受害人财物。旅游者在外旅行时，应注重防范，切忌麻痹大意。

（一）防范麻醉抢劫

旅游者应留心麻醉抢劫，旅途中要警惕上前搭讪的陌生人，不要与陌生人过于亲近。住宾馆、饭店时不要混住，如与别人同住，应对同室住宿的人有所警惕，若感觉不对，应立刻更换住处，同时向有关部门反映。不要随意使用陌生房间里的杯子，最好自己有专用的水杯，而且使用前应仔细清洗。热水瓶里的剩水不要喝，应该换新水饮用。在饭店、餐厅吃饭时，视线不要离开自己的食物，以防被投放麻醉药物。避免与自己不熟悉的人一起进餐，婉拒陌生人请吃的东西（食品、饮料、香烟等）。

（二）面临抢劫时的应对

面对抢劫时，保持镇定，加快脚步，迅速向附近的商店、繁华热闹的街道或居民区转移。用手机打电话给朋友或家人，告知自己的位置和处境。如果被歹徒纠缠，应高声喝令其走开，并以随身携带的物品或就地拣到的木棍、砖块等作防御，同时迅速跑向人多的地方。没有绝对把握取胜时，不要轻易与歹徒发生正面冲突，不反抗则有生命危险时，则一定要奋起反抗，不能坐以待毙。反抗时，动作要迅猛，打击歹徒的要害部位，同时大声呼喊以震慑歹徒，在此过程中要不断寻找机会脱身。

六、绑架劫持的自我防范与应对

绑架是指使用暴力、胁迫、麻醉等方法，劫持要挟人质的犯罪行为。有关游客在旅游目的地被绑架劫持的事件频频发生。2014 年 4 月 2 日，马来西亚沙巴州仙本那新佳马达度假村，遭遇一伙武装人员袭击，一名中国上海女孩和一名菲律宾籍酒店女员工被劫持，她们被快艇带到菲律宾南部岛屿，幸运的是在中马双方政府的全力营救下，最终于 5 月 30 日，被绑架上海女游客获释。这类刑事案件在跨境旅游中特别具有代表性，面对绑架劫持，旅游者应学会一些应对的策略和技巧。

（一）与绑匪尽量保持沟通

与绑匪沟通是有困难的，但只有交谈才能争取到更多的存活时间和机会，要设法与绑匪攀谈，采用幽默的方式与作案人说笑，用言语引发对方的同情，或用其所感兴趣的话题对其进行说服教育，晓以利害，感化绑匪。

（二）善于保护自己

当已处于作案人的控制之下无法反抗时，应降低姿态，凡事顺从，但也不可一味求饶，要保持镇定，表示自己会交出全部财物，并无反抗意图，消除绑匪的戒心。劫持事件通常解决起来费时较长，要节省精力与体力，多进食、多饮水，维持良好的体能状态。若无充分把握，不要轻易逃跑或反抗，也不要以言语或行动刺激绑匪，以免受到伤害。

（三）懂得机智、科学地反抗

因地制宜，利用各种方法麻痹罪犯，抓住有利时机，借助有利地形，利用身边的石头、木棒、泥土、沙灰等与作案人僵持，使作案人短时间内无法近身，以引来援助者并给作案人造成心理上的压力。无论在什么情况下，只要有可能，就要大声呼救，或故意高声与作案人说话，惊动四周的人，引来周围人的救援。要趁作案人不注意时在作案人身上留下暗记，如在其衣服上擦点泥土、血迹；在其口袋中装入有标记的小物件等。

（四）想办法挣脱绳索

在被绳索捆绑时，人质可深吸一口气，将肩膀向后收，绷紧胳膊，使其顶住绑绳，想办法将胳膊叠起来，留下尽量多的空隙。当绑匪捆绑了绳索离开后，肩膀向前收，胳膊收进身体里侧，使绳子松动；交错移动手及手腕，慢慢地让绳子向下滑动，直到手可触及，如果位置合适，可用嘴叼开绳头。大腿、膝盖与小腿要尽力挣脱绳索。如果绑在脚踝上的，可用脚趾与膝盖一起移动，使两个脚踝彼此分开。如果绑在树上或者其他桩上，则不平整的地方捆绑处会更好松脱。绳索松开后，在突出物上把绳子磨断。

（五）伺机逃脱求救

衡量歹徒人数及发生地点是否对自己有利，寻找一切机会，伺机留下求救信号，如眼神、手势、私人物品、字条等。找借口委婉拖延，寻求脱身机会，如周围有人，可寻机呼救，看准时机反抗或向有人、有灯光的场所逃脱，然后大声呼救。逃脱后动员群众抓获犯罪分子，并立即向公安机关、家人或亲友求助。

（六）及时报案

尽可能保留和隐藏自己的通信工具，及时把手机改为静音，适时用短信等方式向外界报案。

给独行姑娘的三十个安全锦囊

这篇安全锦囊不止针对女生，男生也照样需要注意安全。对于单独出游的女性旅游者而言，应在以下方面保持警惕。

资讯方面

1. 动身前往局势动荡或火山爆发、台风、海啸等自然灾害较为频繁的国家和地区前，密切关注当地最新动态。除了查看新闻、外交部安全警示以外，也尽量搜索最新的旅人情报，甚至联络正在当地的游客，获取安全建议。如果你已经身在当地，保持资讯畅通，必要时提前结束行程。

2. 充分了解当地情况，包括哪个区域治安不好、当地人惯用什么骗术等。

交通方面

3. 在偏远地区搭车，尽量避免看起来很破旧、严重超载的交通工具；尽量避免夜班长途车；在大雪、大雨等恶劣天气影响路况时，不冒险搭车。

4. 尼泊尔、东南亚等地区的摩托车事故相当多，租车要先检查车况，佩戴头盔，走山路一定要小心，当然，最好的办法是不租车，并避开路上的摩托车。

5. 避免夜晚独自搭乘摩的和出租车去偏僻地方，如果你必须搭车，可让旅馆、饭店的人帮你叫车；优先选择预付费的士而非路边拦车。

6. 尽量不要单独包车，如果不可避免，就记下车牌号、司机电话、与其合影，当着司机面把这些信息发给家人朋友。

7. 不要为了节省路费而搭便车。

住宿方面

8. 选择正规旅馆，事先上网查看游客对旅馆的点评，不要一味贪便宜，选择口碑好的，避开那些位置过于偏僻的旅馆。

9. 住多人间首选有个人保险柜的，相机和现金、信用卡锁在柜子里，或在睡觉时藏在枕头下、被窝里，以免被人趁你熟睡时顺手牵羊。

10. 陌生人来敲门时要谨慎，即使对方自称是旅馆经理或服务生，开门前先问他"有什么事"。

人身安全及性骚扰

11. 记下当地报警电话和驻外使领馆联络电话。

12. 参加山林徒步、漂流、骑马、潜水等户外运动时，选择口碑好的公司，听从领队的安全指引，但如果你感觉向导不够专业、没有安全意识，要向他提出异议，必要时放弃行程。

13. 被问及是否独自旅行时，回答"不是，我现在正准备去跟朋友会合"；被问及有没有男朋友时，除非你已经对对方芳心暗许，否则应回答"有"。

14. 不要随便向陌生人透露你住的旅馆和行程细节。

15. 避免与陌生男性远离人群独处，没有人的小巷、关起门的小店甚至是僻静寺庙和教堂，都是你应该警惕的地方。

16. 不要深夜独自在街上行走。

17. 不要独自去酒吧等娱乐场所，更不要喝到烂醉。

18. 谨慎接受陌生人赠送的饮料和食物。

19. 对带有骚扰意味的搭讪装聋作哑，无需担心会显得"不礼貌"；对盛情赞美保持清醒。

20. 与当地妇女、一家人结伴，能帮你挡去不少骚扰。

21. 携带小型报警器，或小瓶的薄荷口腔喷雾，用来保持口气清新之余，还能当辣椒水防身。

财物安全方面

22. 现在许多国家都可以用银联卡提现，绝大多数国家可以刷信用卡，没有必要携带大额现金；开通刷卡短信及微信通知，以防被盗刷。

23. 现金分开几个地方存放，大额钞票小心藏起，使用零钱包，放足够当天花的现金即可。

24. 在集市、公交车等人多拥挤的地方提高警惕，背包背前面或侧背并用手护着。

25. 护照和现金分开，如果你随身携带护照，就把护照和签证复印件放在大背包里，同时在手机和邮箱都保留一份电子版。

26. 行李上锁，带一条链子锁，坐火车时可以把行李锁在行李架上。

保险方面

27. 针对你的行程购买合适的旅游保险，比如说有些险种包含攀岩、潜水等户外运动，有些险种适用于少数相对"危险"国家。

28. 随身携带保单号码及 24 小时全球救援号码。

联络方面

29. 出门前把行程发给亲友，与他们保持联系，让他们知道你的行踪。如果要去手机没有网络信号的野外，提前让亲友知道，并告知你能恢复联络的时间。

直觉

30. 看了以上建议，是不是觉得世界很危险，还是待在家里为好？其实，没有绝对正确的安全指南，所有的建议都只是建议，最终要靠你自己作出判断，而判断的标准来自在经验基础上形成的直觉。你独自旅行的次数越多，见过的形形色色的人越多，对危险的嗅觉也就越敏锐。如果你感到不安全，相信自己的直觉，不要勉强。

[资料来源：http://www.safehoo.com/Live/Live/Tour/201503/387320.Sht ml]

第四节　海洋旅游目的地群体事件防范与应对

旅游群体事件主要发生在旅游景区，由于旅游景区的承载力是有限的，当游客流量超出景区最大承载量时，就有可能造成群体事件。2004 年 2 月 5 日，在北京密云县密虹公园举办的密云县第二届迎春灯展中，因一游人在公园桥上跌倒，引起身后游人拥挤，造成踩死、挤伤游人的特大恶性事件，事件造成 37 人被踩死，24 人受伤。这类群体事件引起社会各方面针对旅游景区和大型活动的强烈反响。

一、群体事件发生机制

旅游群体事件的发生通常是由于群集行为所聚集的人群如同危险的火药，而这火药是聚集在狭小的空间里，一旦有了导火索，就会引爆，酿成无可挽回的安全事件。

（一）群集行为

群集行为指的是游客的成群聚集。一般而言，游客在景区移动过程中的行进速度不是取决于个体的平均速度，而是取决于游客群体的密度。游客人群密度越大，游客群体的行进速度越低，当游客群体密度达到一定极限时，就会由于过度拥挤而不能前进。因此，当旅游景区游客过多涌入时，往往形成群集，疏散速度接近于零，容易出现游客之间的踩踏事件。而群体事件通常是由于对三种不同情况的群集行为没能得到及时发现和有效控制造成的。

1. 成拱现象

当群体游客从宽敞的空间涌向较为狭窄的出入口或楼梯口时，由于逃避心理的作用，会从两侧挤入，从而妨碍正常的人群流动。并且随着群集密度的增加会在出入口处形成拱形的人群，造成所有人挤在一起而无法通过。当构成拱形的各个方向力量不平衡时，就会出现"拱崩溃"，导致一部分人突然失去平衡被推倒，成为被踩踏的对象。如果在此时还没有及时有效的疏导，出入口处会反复出现成拱和拱崩溃，最终造成大量人员伤亡。

2. 异向群集

异向群集在景区的室内室外均可发生，而且通常是由于人群疏散路线设计不当造成的。当来自不同方向的人群相遇时会产生对抗的现象，特别是在紧急情况下，游客都是希望以最快的速度、最短的路径达到自己认为最安全的地方，如果此时疏散游客的行进路线发生交叉或冲突时，则会造成来自不同方向的游客相互冲突、相互拥挤与阻塞，形成对抗，造成伤亡事件的发生。

3. 异质群集

游客的类型是多样的。在旅游安全管理中，通常会将老年游客、儿童、部分体弱的女性游客以及那些由于物品失落停下来弯腰拾物的游客视为异质群体。异质群体在旅游景区游览行进的速度明显低于群体平均行进速度。在紧急情况下，游客们急于超越那些在自己前面的属于异质群体的游客，此时走得慢的游客就有可能被后面的游客推倒或绊倒，从而产生一系列连锁反应，造成踩踏事件。

（二）群体事件的诱发因素

旅游景区游客群体事件通常是有一些小事件引发的，这些小事件即为诱发群体事件的因素。一般而言，出现群体事件需要具备两个必要条件：首先是旅游景区客流规模超过了旅游景区管理人员和游客自身的控制能力；其次是产生的小事件其实际危害信息难以被身处其中的人群正确辨识，造成信息不对称，导致游客群体迅速恐慌。拥挤的旅游客流本身就是对游客群体的巨大考验，一旦有小事件出现，人们的恐慌心理极易造成连锁反应，出现常态下不可想象的事件后果。

（三）爆破效应

旅游景区在游客群集时，一旦出现事件群体事件，游客在逃避心理和恐慌心理作用下，一部分游客会先产生狂躁情绪并采取不理智的行为，其避难行为通常是自私、不合作、不合理的，并且会迅速感染给周边游客，造成群体情绪失控，形成爆炸式的反应，造成事件的升级和损失的成倍增加。例如，2006年2月4日，菲律宾首都马尼拉的一个体育馆外发生踩踏事故，至少造成66人死亡，另有多人受伤，而此次惨剧的主要原因是有人大喊"有炸弹"造成的。

二、旅游群体事件的防范与应对

对于旅游景区而言，旅游群体事件的防范关键是做好旅游客流的安全管理工作，而旅游客流的安全管理主要分为客流安全容量估算与预测、客流分布监控、客流安全引导、客流应急疏散四个方面。

（一）旅游客流安全容量的估算与预测

1. 旅游景区客流的特点

（1）客流分布不均。客流分布可分为时间分布和空间分布。根据相关统计，景区人群的日分布、时段分布不均匀现象明显，周末、节假日游客较多，单日游客主要集中在 10 点至 14 点。而景区的不同场所或区域，游客分布同样是不均匀的，主要集中于热门景点。

（2）客流高峰难测。由于各种不确定因素的影响，景区游客规模、游客流动难以预测，特别在游客客流高峰时段，人群密集现象突出，存在着事故隐患。

（3）客流管理困难。游客类型多样，素质水平参差不齐，行为松散，特别是众多自助游客，在其旅游活动中含有漫游的成分，这些都加大了安全管理的难度。

2. 旅游景区客流安全容量估算

（1）客流安全标准。一般地，景区到访人员中游客比例超过九成。因此，客流安全容量与游客基本安全空间标准相关。而游客基本安全空间标准指的是在保证安全的前提下，旅游活动主体和载体在旅游目的地所占用的空间规模大小和设施量。基本安全空间标准一般为：流动人群为 4 人/米^2，静止人群为 4.7 人/米^2。

（2）客流安全容量。客流安全容量是指景区容纳游客的安全空间承载力，通常量化为景区最大接待的游客人数。对于安全容量的估算是保证景区良好秩序、避免群体事故的重要手段。因此，要对旅游活动场所及相关设施的容量做好科学的、实事求是的测定和评估，并把它作为制订活动计划、确定活动规模，控制参与人数、协调活动进程的重要依据。

3. 旅游景区客流的预测

景区客流的预测同样是防范群体事故的重要环节，主要应包含三个方面的预测。

（1）客流规模预测。客流规模指的是参加活动的人员数量。而客流规模的预测可以通过人员数量的历史变化规律或比较同类型活动，并采用人工神经网络法、回归预测法等方法获得。旅游景区游客规模的影响因素复杂，涉及旅游活动的吸引力、时间的便利性等，预测时需要考虑全面，除了总规模的预测外，还应确定最大日容量、峰值容量等。

（2）客流构成预测。景区客流构成是影响景区人群稳定性的重要因素，也是需要重点关注的工作。而预测客流构成可以通过现场观测以及采用电子票务等方法进行统计分析。

（3）客流分布预测。景区客流分布预测包括时间分布预测和空间分布预测。时间分布的预测应在历史统计、数学计算的基础上考虑季节变动、活动特征、举办地文化特性等因素，且应包含对旅游活动周期内客流的变化规律、场所日人群分布规律等方面的预测。空间分布预测需结合旅游场所的空间布局、活动安排等确定客流可能的集中地点、覆盖面积及人群聚集持续时间等。

（二）旅游客流分布监控

旅游景区应建立客流分布监控系统，这将有利于提前发现景区游客集中数量超出负荷及产生拥挤不良状态的表征信息，以便相关部门及时采取相应的对策措施。

1. 确定客流安全阈值

旅游客流的安全阈值可以根据安全承载指数值的大小来确定。安全承载指数是指客流量与客流安全容量的比值。并可以根据安全承载指数划分人群密集程度（表7-1）。

表7-1　旅游安全承载指数分级

安全承载指数	≤0.8	0.8~1.0	1.0~1.2	>1.2
人群密集程度	稀疏	密集	拥挤	拥挤不堪

（来源：孔邦杰.旅游安全管理[M].上海：格致出版社，2015）

2. 监控游客的流动

对于客流分布的监控中一项十分重要的环节就是准确地获取游客流量和分布信息的数据，尤其是重点区域的相关数据。而针对游客数量和分布的实时监控可借助地理信息系统和现代化电子设备来完成。

3. 及时发布警戒信息，并现场决策处理

景区管理人员应时刻关注监控到的景区客流实况数据与预先制定的安全阈值进行比较，确定其警戒级别，一旦综合评价值跨越了安全临界点，应立即发布警示信息告知相关部门和游客，而相关部门的工作人员应迅速反应，根据应急预案进行应急处理。

（三）旅游客流的安全引导

景区应引导参与旅游活动的游客在时间和空间上的均匀分布，防止出现游客群体拥挤现象。

1. 时间分布引导

景区应采取差别票价、节假日期间票价上浮等营销、宣传方式，引导游客在时间上错峰游览，避免游客过度拥挤。

2. 空间分布引导

景区容易出现局部拥挤的区域包括主要出入口、通道、特色活动区、服务场所区域等，因此，应采取协调场馆活动、加强宣传引导、设置引导信息、局部优化设置等手段，避免部分区域的严重拥堵。

（四）旅游客流的应急疏散

应急疏散是避免发生旅游群体事件的重要措施，其最大特点是紧迫性，要求景区相关部门及时发现情况，迅速组织有效的人员疏散。

1. 制订疏散应急预案

景区应制订游客疏散预案，确定各类情况下可采取的游客疏散方式、游客疏散实施步骤、负责游客疏散的关键人员以及游客疏散指挥控制中心的行动方案。而在疏散预案中需要解决的关键问题是疏散游客范围、疏散目的地、疏散路线等。

2. 现场疏散应急管理

在组织游客疏散时，应注意方式方法，必须坚固速度和秩序，特别是在建筑物内部组织疏散时，应注意以下几点：应制订科学合理的疏散路线，并标示明确的疏散路线标志；应安排专门人员对游客进行引导，并负责疏散秩序的维护，避免出现拥挤现象；及时将准确的信息告知游客，避免不准确的消息在游客群体中传播，使游客保持稳定的心态。

三、群体事件的自我防范与应对

（一）尽量避免群集

到达旅游景点、游乐场后，应首先观察周围的环境，记住主要的出入口和紧急出口，记住警察、保安的所在位置。尽量避免在在人群拥挤的地方逗留，特别注意不要在拥挤的隧道、车站、电梯、观光景点、集市、节日庆典和城市边缘地区长时间停留。如果拥挤、慌乱的人群向自己涌来时，切勿逆着人流前进，应该马上从安全出口迅速逃离到安全地带。

（二）在人群聚集区域避免摔倒

当遇到大量人群聚集在一起，应保持清醒，不要盲目跟随人群逃离，不可奔跑，不可弯腰捡拾丢失的物品，特别注意避免摔倒。因为摔倒会引起更大的堵塞，还很可能被人群踩踏。一旦被推倒或绊倒，应立即爬起来，如果无法爬起来，应设法靠近墙壁，并将身体蜷缩成球状，双手十指交叉抱紧后颈，保护身体脆弱部位。

（三）在拥挤的人群中懂得自我保护的方法

在拥挤的人群中，除了避免与人群挤成一团，相互踩伤。压伤之外，还应特别注意远离玻璃窗，并且可双手交叉在胸部，形成一些空间，避免受人挤压导致呼吸困难。同时，在拥挤的人潮中，应随人流而动，靠边缓慢行走，如遇到有路灯柱子、树干等坚固物体，可紧紧抓牢。如果是在山路上，行走应靠着内侧，选择有台阶的地方行走，背包在上山时背在背上，下山时挂在胸前，避免因背包与石阶相撞，受其反作用影响而被推倒，甚至可能因此而跌入山谷。

第五节　海洋旅游目的地文化习俗冲突的防范与应对

人们在日常生活中要了解各种禁忌习俗，规范自己的思想道德和行为。旅游是一种特殊的文化交流活动，在跨文化交际中常常会发生文化习俗冲突，这大多是由于不同文化之间的差异造成的。受文化传统和生活习俗的影响，不同国家和地区产生了不同的宗教信仰、道德规范、审美标准和行为方式。了解、熟知旅游客源地和目的地迥然相异的习俗和禁忌，不仅有助于旅游目的地营造良好、安全的旅游环境，而且有助于旅游相关部门更好地开展旅游接待服务工作，同时，也是旅游者更好地适应环境，融入当地生活，在旅游活动中保障旅行安全的重要前提。

一、文化习俗差异

文化习俗冲突类安全事件主要是指在旅游活动过程中，旅游者与当地居民、从业人员等人由于文化习俗差异而导致的纠纷或冲突，主要表现形式有口角、谩骂甚至肢体冲突。虽然此类事件伤害性相对较小，但是此类事件的发生频率较高，如果不能足够重视，有些小事件很可能引发更加严重的冲突事件。由此，有必要对文化习俗差异的表现有全面的认知。在旅游环境中，不同文化背景的旅游者和当地人员之间所产生的文化习俗差异表现在各个层面，主要包括价值取向、思维模式、行为规范以及表层的物质文化等方面。

（一）价值取向

价值观是文化中最深层的部分，它决定了人们观念和行为的很多方面。交际中的不少规则就是由价值观决定的。同样，价值取向的差异也渗透在旅游者与东道主之间的交往中。中国文化的人伦本位（集体主义）表现为群体取向和他人取向，中国人凡事以集体利益为重，个人利益次之。他人取向是群体取向的延伸，表现在考虑别人的想法和卑己尊人的礼貌方式。这样的结果在交际中便是中国人谦虚、合作、集体观念强等，同时也形成了缺乏个人主见、人云亦云的特点；而西方价值观的核心是个人本位（个人主义），个人主义认为个人的利益是至高无上的，一切价值、权利和义务都来源于个人，在旅游交流中主要表现在个人隐私、个人思考、个人生命等方面。例如，在言语交谈中，中国作为东道主对西方游客的关心可能会被认为是冒犯个人隐私，招致反感。中国人攀谈起来，相互问年龄、工作、结婚没有甚至收入多少，十分自然。而这些问题被西方人称为"护照申请表格式的问题"。

（二）思维方式

思维方式是一种认识过程，是按一定的思维程序来进行思考的方式。不同文化背景的人们对外界的认知模式存在着差异，因此思维模式必然存在着差异，中西方文化在这方面的差异是显而易见的。中国人思维模式具有归纳性、模糊性、直觉性、意向性、整体性等特点，因此，中国人重视直觉，常常忽视个体事物的差别，注重认识过程中的经验和感觉，在交往中往往以这种经验和感觉去"以己度人"，笼统模糊，具有明显的感情色彩；而西方思维则具有演绎性、精确性、逻辑性、实证性、分析性等特征，因而，西方人注重逻辑、分析，在表达思想的时候，比较看重务实、精确和开门见山。不同民族的思维方式在表达时起着重要作用，包括在旅游交往中。例如，中国的许多旅游文本和导游介绍中频繁使用"大概、差不多"等模糊概念的字眼，随意使用"天下第一"等夸张的言语，并且喜欢大量使用形容词和各种修辞手法极力渲染美景。相比之下，西方人在旅游文本中注重实用性，注重景点地理环境、服务设施、优势与不足诸方面的全面信息传递，而风光景色的描述性文字所占篇幅很小。

（三）行为规范

从交际角度来讲，行为规范就是恰当得体的交际模式。而从文化角度对个体行为进行评判来说，行为规范就是被社会接受的道德标准和行为准绳。在一种文化中某一行为是合乎规范的，在另一种文化中可能就是被禁止的。

1. 语言方面

不同文化的旅游者与东道主交往时，首先在语言的表达和礼仪方面表现出较大的差异。在说话或跟对方面对面的时候，在中东、近东诸国有个习惯，就是不可以双手交叉，如果有人在交谈时双手交叉着，中东、近东地区的人们把这看得比较严重，那么会被认为是对对方的"侮辱"或是"挑战"。到以色列或阿拉伯诸国，切莫夸奖对方任何一国，否则会引起麻烦。再比如，中国人常常用沉默表达默认、含蓄、礼貌或者忍让等态度或情感。这种表达方式在美国是行不通的，在美国或者英语国家，一般是有问必答，沉默不语被认为是严重失礼。

2. 照相有讲究

拍照在有些国家、有些时候也会为旅游安全带来麻烦。沙特阿拉伯禁忌在公众场合拍摄别人，未经本人许可，不能对他人拍照，尤其是不能拍摄沙特的妇女，也不能在公共场合对某些公共建筑、政府部门大楼和军事设施拍照，在饭店店内也不能随意拍照，在客房内可以拍照，在大堂中拍照先要得到允许，饭店的其他部位一律不得拍照。在希腊，立三脚架拍摄，必须获得官方允许。在非洲乡间一些地方，人、房屋、家畜一律不准拍摄，旅游者如想拍摄，最好征得对方允许，以免被投石或挨打。日本忌讳三人合影。在东南亚的佛教国家，旅游者如果对寺庙、佛像、和尚等做出轻率的行动，会被视为为"罪恶滔天"，有些不了解情况的旅游者，曾经由于跨坐在佛像上拍纪念照而遭受刑罚。

3. 肢体动作方面

（1）头部。中国人轻拍小孩子的头部表示友好；而在泰国、印度或者西方一些国家，头是非常高贵的地方，任何人不得触摸；在印度、斯里兰卡、阿尔巴尼亚、尼泊尔等国，摇头表示同意，点头表示不同意。

（2）身体。在欧洲和北美，如法国、西班牙、意大利、葡萄牙和地中海国家，人们在初次见面的时候，常常拥抱对方以示友好；而在东方国家这是少有的现象，在日本和中国，人们在首次见面的时候只是握手或鞠躬表示友好；在中东地区，与异性进行身体接触是禁止的，但是男性之间的拥抱却是正常的事情。

（3）手势。在中国，竖起大拇指表示赞许，但在澳大利亚，却是很粗鲁的表现，在美国和欧洲表示责备。在日本，用手抓自己的头皮表示愤怒和不满。印度人几乎都用右手的拇指、食指和中指抓饭，忌讳使用左手。在非洲以及东南亚诸国，人们认为左手是不干净的，握手时若伸出左手或用左手递东西给对方，对方会认为你是蔑视他或是对他怀有恶意，因此握手或递交东西时，必须使用右手或是用双手。手势不同也会闹出误会。例如，一位导游在向一群美国人介绍秦始皇兵马俑时伸出右手拇指和食指，做出"8"的手势对美国游客说："秦始皇兵马俑堪称世界第八大奇迹"，而美国游客都露出了疑惑不解的表情，后来导游才知道，在美国这个手势是"手枪"的意思，而美国人"8"的手势应该是右手伸出一个巴掌，左手再伸出三个手指头，而且是拇指、食指和中指。

4. 人际空间利用方式

不同的文化对"个人空间"有不同的理解。每个民族都有自己所习惯的交际距离。打破人们的习惯距离。就意味着侵犯他人的"个人空间"，使人感到不自在。西方人把空间看作具有某些形式的"地盘性独立存在体"，含有与空间的占有性或隶属性相关的意义。在旅游活动中，西方人稍微碰触别人一下，就急忙说"对不起"；而中国人在这种情况下人挤人的现象很普通。要挤过人群，为了保持更大的个人领地，西方人用双手和肘部把别人挡开，而中国人则是用身体挤过人群。

二、避免文化习俗冲突的措施

旅游者常常会因为对目的地文化习俗了解不够而引起误解或纠纷。因而，无论是旅游目的地政府和企业，还是旅游者自身，都应该采取适当策略和措施有效避免这类冲突的出现。

（一）加强旅游目的地民族文化的宣传

在旅游环境下，文化习俗冲突的发生很大程度上是因为旅游者对目的地文化的陌生以及当地居民对旅游者不够宽容。因此，当地政府应该加大对本民族文化的宣传，一方面可以扩大本民族文化的影响力和知名度，另一方面也使外来游客增加对当地文化的了解。此外，当地政府还应该对当地居民进行素质教育，增加其对外来游客的宽容度，从而减少旅游者与当地居民之间的文化冲突。

（二）加强旅游从业人员的文化修养培训和心理训练

人们所具有的文化知识越丰富，对其他文化了解越深刻，也就越能够更好地预测他人的行为。熟悉对方的文化，才能预见并化解可能出现的文化冲突。因此，应加强针对旅游从业人员的相关培训，提升从业人员的文化修养，促使他们熟练掌握客源国的文化背景和交流禁忌，懂得运用各种技巧更好地与旅游者交流。另外，旅游交际中出现的意外冲突，直接后果必然造成游客不悦，这与旅游宗旨背道而驰，如果不注意消除文化交流冲突给旅游业带来的影响，势必妨碍旅游业的发展。

（三）旅游者应学习入乡随俗，增强自我保护意识

旅游者应该通过主动搜集资料、聆听导游讲解等方式增强对旅游目的地文化、风俗的了解和理解，尽量做到入乡随俗，这样一方面避免出现主客文化差异过大而引发矛盾、纠纷；另一方面也使旅游者增长见识、增强其对异域文化的包容和认同。此外，由于旅游者不可能在很短时间内准确领悟目的地的特殊文化，因此，旅游者在旅游过程中，尤其是在与目的地居民打交道时应小心谨慎，做好自我保护的工作，成为能安全自救的能动个体。

本章小结

由于海洋旅游目的地系统涉及社会生活的方方面面，致使其存在较大的不稳定性，突发性的社会文化安全事件会对旅游目的地系统产生一系列的连锁反应，造成旅游目的地系统的混乱。如何有效地对旅游目的地社会文化安全事件进行预警、处理、恢复是值得关注的课题。了解海洋旅游目的地社会文化安全事件的类型及特点，熟练掌握具体的社会文化安全事件的发生机理及防范措施，是海洋旅游目的地社会文化安全管理的基础，也是有效保障目的地旅游业良性持续发展的前提。

复习思考题

1. 简述海洋旅游目的地社会文化安全事件的类型、特点及对目的地带来的冲击。

2. 请思考并论述海洋旅游目的地社会文化安全管理的重要性及策略。

3. 政治社会安全事件主要有哪些？它们的防范方法是怎样的？

4. 请画出海洋旅游目的地刑事治安事件处理的流程简图。

5. 作为一名普通游客，该如何防范在旅途中可能出现的盗窃、行骗、抢劫、绑架劫持事件？

6. 简述旅游群体事件的防范措施。

7. 根据阅读材料 1 提供的信息，结合所学和具体的实践经验分析文化习俗差异的具体表现及原因。并总结论述有效避免文化习俗冲突事件发生的策略。

8. 阅读材料 2 中的十个国家为何能入选安全系数最高的国家之列？请你继续收

集相关资料，探究这些国家在旅游安全方面可供借鉴的经验。

文化差异对跨国旅游的影响

跨国旅游是一种社会文化活动，是不同文化背景的人们之间的交往及对异国文化的体验和感受，也是不同地域间文化沟通、往来的途径。在大众旅游兴起的今天，跨国旅游的蓬勃发展推动着不同国家或地区人们之间的文化交流和和社会交往。然而，由于文化背景和风俗习惯不同，旅游主、客地人们在交往过程中容易产生冲突和误解，进而影响到旅游活动的顺利进行。故此，笔者以跨文化交际理论为依据，阐述了跨文化旅游交际的属性及旅游与跨文化交际之间的关系，从价值观念、社会规范、人际交流行为等方面的文化差异，分析跨国旅游中产生交际冲突的原因，进而对消弭跨文化交际冲突的措施进行深入探讨。

一、旅游与跨文化交际

（一）旅游的交际性

旅游是一种文化交流活动。第一，多数旅游者在主观上打算与当地人交往，期望能够了解旅游目的地的文化。第二，旅游从业人员要为旅游者提供吃、住、行、游、购、娱的优质服务，以满足旅游者的需求，就必须增强与游客的交流。第三，旅游的普及性增加了主、客双方参与交流的人数和机遇，使旅游文化交流成为一种全球范围内的持续的交流现象。

（二）旅游的跨文化性

造成旅游的跨文化属性的主要原因是"求新，求奇，求异"的旅游属性。因为好奇，旅游者才愿意走出去，感受异国文化习俗。因为求异，旅游者总是选择与本国文化相异的目的地去旅游。赤道附近的人要去北欧滑雪，而北极地区的人却向往着地中海温暖的阳光。旅游，尤其是跨国旅游，作为不同文化背景人们之间的往来活动，是具有实际意义的跨文化活动，而旅游作为跨文化的活动也必然需要交流。可以说，探新求异的旅游需求必将带来跨文化旅游，而跨文化性是大众旅游的天然属性。

（三）旅游与跨文化交际的关系

旅游为各国间的文化交流提供了重要平台。自 1980 年起，世界旅游组织在每年的世界旅游日都会提出一个旅游主题，多次涉及文化交流和旅游发展。如，1980 年"旅游业的贡献：不同文化之间的相互理解"，1992 年"旅游是促进社会经济发展和增进各国人民了解的途径"，2001 年"旅游业——为和平与文明之间的对话而服务的工具"等。这些旅游主题的提出说明，旅游是不同国家和文化之间交流的理想工具和平台。旅游活动本身的性质决定了，旅游和文化交流，尤其是旅游和跨文化交流的关系是密不可分的。

旅游已成为各国文化传播的重要途径。随着跨国旅游的发展，越来越多的国家已把旅游作为国家对外宣传民族文化的重要途径。游客在旅途中与旅游目的地人们交谈，了解当地文化，再将异国的文化信息带回本国传播给国人。旅游的过程，就是旅游目的地和客源地人们之间文化交流的过程。

旅游能增强社会互动，促进国与国之间的交往，改善相互之间的关系。跨国旅游的普及为不同文化背景的人们之间的交流增加了一条有效、直接的途径。虽然这种交流有些短暂、仓促，却为进一步深入交流提供了一个预热过程。具有不同文化背景的旅游者和东道主交往，能够增强社会互动，增进双方的相互了解，改善对彼此的态度。

二、跨文化旅游交际中的冲突

在国际交流与互动中，不同文化背景的社会成员，由于各自思维方式、价值观念、习俗习惯和生活方式的差异，在很多场合容易发生文化冲突，相互之间难以理解与认同。在跨文化旅游交际中，文化差异造成的互动障碍主要来自价值观、社会规范及人际交流行为这三个方面。虽然普世价值观要求人们在社交时有礼貌、守规则、合理表达，但东西方文化对于交往的准则有着不同的理解。在交往时如果双方缺乏相互了解，这种交往准则的差异就会使交流出现问题，导致交际冲突。跨文化交际的冲突具体表现在以下几个方面。

1. 价值观差异导致的冲突

东西方文化的价值观念有着极大的差异。譬如个人隐私观念。西方人强调尊重个人隐私，在交往时不喜欢别人插手自己的事情。如私人信件不能随便拆阅，私人的事情不能随意打听。而中国人长期缺乏个人隐私意识，在与西方人交往时容易引起误解。如在日常言谈中，中国导游对西方游客的关心可能会被认为是冒犯个人隐私而招致反感，所以，在对外交流中不应以年龄、职业、婚姻状况、收入等为开场白。

2. 社会规范差异导致的冲突

社会规范的内容广泛，包括风俗习惯、道德规范、法律规范和宗教规范等。跨国旅游中，鉴于主客双方的临时关系和主方的服务性质，更需要特别注意旅游目的地的社会规范、交际礼俗差异，稍有疏忽，就会给旅游项目的实施带来困难。由于各国文化背景、法律制度和风俗习惯不同，在中国被认为是天经地义的事情，在国外也许是违法的或不可接受的。

3. 人际交流行为差异导致的冲突

人际交流行为是指体态语、环境语等不用语言表达的，为社会所共知的非语言交际行为，常为人所忽略。主要表现在仪容举止、基本礼节和其他一些常见的礼俗规范上。如，在空间距离上，西方人要求身体周围有一定的空间供自由活动，而中国人对空间不像西方人那样敏感，因而在实际交往中容易导致冲突。

三、应对跨文化旅游交际冲突的策略

跨国旅游主客双方必须意识到民族间文化差异的存在，努力增进沟通和了解。对彼此的文化了解越多，就越有利于交流。

第一，交流者要具备跨文化意识。顺畅的交流是建立在充分了解的基础上的，因此，旅游从业人员必须具备丰富的东西方文化知识。出境旅游前。要事先了解旅游目的地的风俗、禁忌，避免触犯目的地国的法律。只有熟悉对方的文化才能预见并化解可能出现的文化冲突。入乡随俗是避免文化冲突的有效方法。

第二，学会包容。要认识到文化差异必然存在，包容心态是化解文化冲突的重要途径。旅游者和东道主都应该意识到，冲突的出现是由于价值观不同，并非有意冒犯。主客双方都应当具有跨文化的意识和应对意外情况的能力。当文化冲突发生后，要站在对方的位置考虑和理解问题。采取灵活的方式，以包容的心态，消除文化差异引起的误解，方能促进交流，并为日后的进一步交流提供借鉴。

第三，加强在岗培训和行前说明。出境游领队人员应经常参加在岗培训，学习典型案例，模拟重要的跨文化旅游交际情境，以减少跨国旅游出现的文化冲突现象。这一过程可以引导受训者从不同文化的视角出发，去理解和评判旅游交际双方的行为。对于出境旅游者，也要开好行前说明会，使其了解旅游目的地国的习俗、禁忌，规范旅途中的行为举止，行文明路，做文明人，在旅途中尽可能避免与当地人发生交际冲突。

[资料来源：袁智敏. 文化差异对跨国旅游的影响[J]. 长江大学学报：社会科学版，2011，(11).]

国外旅游：安全系数最高的十个国家

近来，"马航"事件、菲律宾绑架、巴黎抢劫等事件让游客越来越关注旅游安全问题。对于旅行爱好者来说，选择一个安全度相对较高的旅游目的地是首要问题，其次再考虑出游费用。日前，海外媒体评选出了全球最安全国家，虽然安全度只是相对的，但也能为我们的出行提供一份参考。

NO.10 新加坡

连日以来东南亚国家的安全问题让不少中国游客感到担忧，如果说要找出一个东南亚安全度最高的国家，那么新加坡则当之无愧。新加坡虽然是个小国家，但是却在全球贸易和交通领域占据了十分重要的位置，新加坡的环境保护法律十分严格，即便随地吐口香糖也会被处以高额罚金；在街道的清洁保护方面可以说是全球之最。新加坡也是除日本以外，亚洲最安全的国家。该国家也有圣淘沙岛、裕廊飞禽公园、夜间野生动物园等开放式旅游景点。

NO.9 芬兰

芬兰的安定感名列世界前茅，雄厚的经济实力更为国家的安全增添了一道保障。该国北部地区自然景色十分优美，可以说是避暑胜地，安全性更是不在话下，许多国外人士甚至被吸引到此永久居住。芬兰是世界上森林覆盖率最高的国家，也是世界上纬度最高的国家之一。它的国境内有大大小小湖泊十多万个，素有"千湖之国"之称。到芬兰旅游的最佳季节是每年的6—9月。在这个季节芬兰有世界罕见的"极昼"奇观，还可以看到人们欢庆"仲夏节"的欢乐场面。

NO.8 加拿大

加拿大为北美洲最北的国家，作为北约成员国之一，该国的恐怖活动十分少见，为安全的奠定了基础，而且加拿大的沙滩风景十分迷人，在安全的沙滩欣赏景色，可谓是一种享受。早春时节，当加拿大的多数地区还沉浸在2月飘雪的寒冻之中，不列颠哥伦比亚省已冰雪初融、草长莺飞，人们栽花种树忙着扮靓自家庭院了。进入3月，整个不列颠哥伦比亚省就变成了花的海洋。明媚的花海闪耀在同样明媚的春日里，水仙、三色堇、杜鹃、樱花、郁金香……大街上、公园里、民居的庭前院后，一片斑斓芬芳。号称"枫叶王国"的加拿大，连国旗都有枫叶的标志，不用说，这里有着说不完的法式浪漫"枫"情。从魁北克，往西南经蒙特尔、渥太华、多伦多，最后抵达尼亚加拉瀑布。这些地区，在每年秋季总被枫叶的色彩染得绚丽无比，这就是最著名的"枫"叶大道。

NO.7 日本

日本是一个十分传统且具备浓厚文化气息的国家。尽管现在不断受到西方文化的影响，但是仍然保留着自己独特的文化传统，日本每年都吸引了大量的外国游客，足以说明其安全程度之高。对于暴力犯罪，日本制定了严格的法律，因此犯罪率十分低。提及日本，人们首先联想到的是什么呢？富士山、樱花、生鱼片……的确，日本有很多独到的魅力。现代日本，西化之风日趋浓烈，传统文化正受到空前的冲击、高精尖的技术、高消费的社会、高效率的产出把日本这个不大的岛国推向了世界经济强国的地位，使其更具影响力。

NO.6 瑞典

瑞典一词在瑞典语里的含义是"安宁的王国"，刑事犯罪率很低。国内交警很少，但车辆和行人自觉遵守交规，在没有指示灯的路口，司机总以行人为先。中国驾照在瑞典可暂用一年，之后须考取瑞典驾照才能行驶上路。瑞典公共服务使社会运行良好，能以英语流利沟通。由于拥有数量众多的森林与湖泊，瑞典还被称之为"森林王国"以及"湖泊王国"。瑞典气温常年偏低，加上山脉较多，即便是在夏季也可以体验滑冰，可以说是游客的旅行天国。瑞典是一个拥有怡人自然风光的国家，这里有辽阔的地貌、新鲜的空气、纯净的水源、美丽的自然风光以及丰富的原生态环境。瑞典还是个地广人稀的国家，每公顷土地上只有0.2位居民。优质的公路硬件设施也使得这里成为最适合自驾游的目的地之一。

NO.5 奥地利

奥地利是世界上最风光明媚的国家之一。该国一年四季都适合旅游，四季风景也是各不相同，冬季可以在山脉体验滑雪。世界著名电影《音乐之声》的拍摄地就在奥地利。奥地利旅游业发达，壮美的阿尔卑斯山脉是登山爱好者和冬季运动爱好者的理想去处；数百个秀美的湖泊，是夏季休闲和水上运动的好地方；超过四成的森林覆盖率和大面积草地牧场提亮了国家的绿色主色调；尊尚历史的人们，可以在首都维也纳缅怀奥匈帝国的盛世;热爱音乐的游客，则可探访音乐家的故居，聆听一场难以忘怀的音乐会。

NO.4 冰岛

冰岛是北欧五国成员之一，在该国可以领略到冰川、热泉、冰原、雪峰、活火山、火山岩荒漠、瀑布等千姿百态的自然风光。虽然在 2009 年陷入了债务危机，但是目前已经逐步得到恢复，治安状况也得到了改善。过去几年，冰岛的一系列事件频繁成为全球人的关注焦点，这包括火山上方的禁飞区，崩溃的银行系统、一鸣惊人的怪异歌手。大热美剧《权利游戏》里精彩的冬日场景也取景于此。2013 年 3 月冰岛打败其他 140 个国家，成为最受欢迎的国家。对于一个人口稀少、景色优美的国家来说，这是过多的曝光或者是人们对它满满的爱。

NO.3 挪威

挪威也是世界安全国家之一。挪威社会福利制度完善，人民普遍遵纪守法，治安状况良好，抢劫、凶杀等恶性案件较少。但外国游客财物失窃案时有发生，尤其是每年夏季 6—9 月旅游旺季期间。挪威被称为万岛国、半夜太阳国，位于北欧斯堪的纳维亚半岛西部。其北部延伸到欧洲最北端.首都奥斯陆是全国政治、经济、文化中心。港湾海景，极富特色的雕塑和建筑；悠闲的路人，洋溢着北欧人特有的直爽豪放。更有著名的海盗船博物馆，展有两艘世界上保护得最好的建于公元 9 世纪的木制海盗船……这一切，都是那么令人着迷。

NO.2 丹麦

丹麦是一个人口较少的国家，尽管曾经出现过犯罪、恐怖活动等问题，但经过逐步改善后成为了世界首屈一指的安全国家。国民拥有很高的生活水平，因此也被评为全球最幸福的国家之一。丹麦是欧洲最古老的王国之一，是欧洲大陆与斯堪的纳维亚半岛的桥梁。丹麦面积为 43094 平方千米（不包括格陵兰岛和法罗群岛），境内低平，最大的湖泊是阿勒湖。小城北隆市有个闻名遐迩的"乐高公园"，其占地面积 25 公顷，是一个用 3200 万块积木建成的"小人国"。公园以其新颖独特的积木艺术吸引了世界各地的游客。

NO.1 新西兰

世界最安全的国家，人民友善，各种族之间和睦相处。新西兰的刑事司法制度十分严格，犯罪发生率为全球最低。即使是还没有亲身到过新西兰的人，心中都对新西兰有着极其相似的印象:《指环王》中那壮观的草原冰川，数不清的牛羊，还有那 100% 纯净的空气……无疑，新西兰给人的第一印象是很好的，也自然令它成为不少人的向往之地。

[资料来源: http://bbs.gxsky.com/portal.php?mod=view&aid=383580]

参考文献

安辉，付蓉. 影响旅游者主观风险认知的因素及对旅游危机管理的启示[J]. 浙江学刊，2005（01）.

柴寿升，赵建春. 海洋旅游危机事件及其管理体系构建研究[[J]. 国土与自然资源研究，2011,（6）.

陈虹，李成日. 印尼 8.7 级地震海啸灾害及应急救援[J]. 国际地震动态，2005,（04）.

陈金华，何巧华. 基于旅游者感知的海岛旅游安全实证研究[J]. 中国海洋大学学报：社会科学版，2010,（02）.

陈景翊，姜春红. 中国旅游业危机管理对策分析[J]. 北华大学学报：社会科学版，2010,（04）.

陈思宇，王志强等. 台风风暴潮灾害主要承灾体的成灾机制浅析——以 2013 年"天兔"台风风暴潮为例[J]. 中国减灾，2014,（03）.

陈雪峰. 消防安全实用手册[M]. 北京：人民日报出版社，2008.

杜贵爱. 中国海洋旅游安全管理研究[D]. 青岛：中国海洋大学，2010.

《海洋里的动物》编写组. 海洋里的动物[M]. 北京：世界图书出版公司，2010.

洪文文,方百寿,等. 基于体验性的"海洋灾害"旅游开发初探[J]. 地理与地理信息科学，2008（06）.

湖南安全与防灾编辑部. 海边游泳要注意[J]. 湖南安全与防灾，2013,（06）.

黄蔚艳. 海洋旅游危机事件的预防机制研究——基于海洋旅游者视角[J]. 山东大学学报，2010,（04）.

黄蔚艳. 海洋旅游者危机认知实证研究——以舟山市旅游者为个案[J]. 经济地理，2010（05）.

黄燕娣. 国内外事故经济损失评估理论与方法[J]. 安全，2003,（01）.

金帛. 风暴潮防范与自救[M]. 石家庄：河北科学技术出版社，2013.

孔邦杰. 旅游安全管理[M]. 上海：上海人民出版社，2011.

李代忠. 生产制造企业安全生产意识研究[D]. 北京：北京交通大学，2011.

李锋. 目的地旅游危机管理：机制、评估与控制[D]. 西安：陕西师范大学，2008.

李杰，李岳. 恐怖的海洋灾害[M]. 北京：知识出版社，2012.

李隆华. 海洋旅游学导论[M]. 杭州：浙江大学出版社，2005.

李巧玲，彭淑贞. 旅游安全及其相关问题的初步研究[J]. 泰山学院学报，2006,（01）.

李树军等. 风云海洋：变化莫测的海洋水文与气象[M]. 北京：海潮出版社，2012.

李向东. 大型游乐设施安全技术[M]. 北京：中国计划出版社，2010.

李秀芳，于波. 印度洋海啸救援工作的经验和教训[J]. 社会观察，2005,（07）.

李宗品，于占国. 变态的海洋·赤潮[M]. 北京：海洋出版社，2007.

刘金平，周广亚，黄宏强. 风险认知的结构、因素及其研究方法[J]. 心理科学，2006，29（2）.

刘俊，滕军. 关注风暴潮·巨浪·潮汐[M]. 北京：军事科学出版社，2011.

刘晶. 恐怖主义对埃及旅游业的影响及政府的应对措施[J]. 内蒙古民族大学学报：社会科学版，2011，37（3）.

刘赵平. 旅游对目的地社会文化影响研究结构框架. 桂林旅游高等专科学校学报，1999（01）.

马艳. 浅谈紫外线对眼睛的伤害及防护[J]. 中外医疗，2011，（02）.

马志刚，郭小勇，等. 风暴潮灾害及防灾减灾策略[J]. 海洋技术，2011，（02）.

毛晓莉. 马来西亚旅游危机管理经验借鉴[[J]. 东南亚纵横，2006，（10）.

[美]布鲁斯·帕克. 海洋的力量[M]. 徐胜，张爱军，等译. 北京：海洋出版社，2014.

司冬歌. 危机事件对旅游业的影响机制研究[D]. 开封：河南大学，2010.

孙九霞. 社区参与旅游对民族传统文化保护的正效应［J］. 广西民族学院学报：哲学社会科学版，2005，27（4）.

施雅风. 中国海岸带灾害的加剧发展及其防御方略[J]. 自然灾害学报，1994，（03）.

史键辉，王名文，等. 风暴潮和风暴灾害分级问题的探讨[J]. 海洋预报，2000，（02）.

田原. 游乐设施安全事故分析及防范措施[J]. 中国新技术新产品，2012，（23）.

万灏. 消防安全技术与管理[M]. 南昌：江西科学技术出版社，2010.

汪兆椿. 形形色色的海洋灾害[M]. 北京：商务印书馆，2001.

王甲坤. 灾难中救护与防病[M]. 北京：中国三峡出版社，1999.

王健民. 聚集旅游安全[M]. 北京：旅游教育出版社，2007.

王洁平. 城市旅游业危机管理[J]. 中国城市经济，2008，（08）.

王宁. 世界海难事故现状分析及应对措施[J]. 世界海运，2010，（07）.

王喜年. 关于温带风暴潮[J]. 海洋预报，2005，（05）.

魏建功. 图说海洋生物[M]. 青岛：中国海洋大学出版社，2013.

伍颖,杨用君. 事故归因理论探讨[J]. 安全与环境工程，2007，（01）.

温德涌. "泰坦尼克"号海难事故引发的思考[J]. 武汉船舶职业技术学院学报，2006，（02）.

辛洪富. 咆哮的蛟龙——海啸[M]. 北京：海洋出版社，2007.

许纯玲，李志飞. 旅游安全实务[M]. 北京：科学出版社，2000.

许小峰，顾建峰，等. 海洋气象灾害[M]. 北京：气象出版社，2009.

王新建，郑向敏. 旅游社区安全认知［J］. 华侨大学学报：哲学社会科学版，2003，（04）.

阎梁，瞿昆. 社会危机事件处理的理论与实践[M]. 北京：中央党校出版社,2003.

杨晓安. 旅游安全管理实务[M]. 上海：上海交通大学出版社，2012.

叶林海. 海上游泳小常识[J]. 游泳，2009，（04）.

雨辰，龚常. 邮轮海难：漂浮的都市浪漫悲情[J]. 上海城市管理，2011，20（05）.

袁智敏. 文化差异对跨国旅游的影响[J]. 长江大学学报：社会科学版，2011，（11）.

翟崑. 印度洋海啸：纪灾难[J]. 世界知识，2005，（02）.

张丹宇，任敬，王艳红. 旅游企业安全管理与从业人员安全意识培育的研究[J]. 经济问题探索，2013，（02）.

张进福. 建立旅游安全救援系统的构想[J]. 旅游学刊，2006，21（6）.

张进福. 旅游安全理论与实践——福建省个案实证研究[D]. 泉州：华侨大学，2001.

张俊洋. 旅游社区安全：概念及研究述评［J］. 防灾科技学院学报，2016，（12）.

张丽伟. 滨海旅游区旅游安全质量与管理体系研究——以唐山乐亭滨海旅游区为例[D]. 石家庄：河北师范大学，2011.

张露娴. 建筑企业施工管理人员安全影响因素研究[D]. 西安：西安建筑科技大学，2011.

张世均. 恐怖主义是旅游业的"超级损友"——以恐怖袭击对印尼旅游业的危害为例[J]. 河南科技大学学报：社会科学版，2006，（03）.

张西林. 旅游安全事故成因机制初探[J]. 经济地理，2003，（03）.

张新东，张煜，等. 基于事故统计的大型游乐设施危险性分析和安全防范措施研究[J]. 中国特种设备安全，2015（2）.

张宣. 中西文化差异对旅游跨文化交际的影响[J]. 亚热带资源与环境学报，2006，（02）.

张一. 旅游安全认知:内涵、结构及相关变量[J]. 资源开发与市场，2011，（27）.

赵生. 吃海鲜的学问[M]. 天津：百花文艺出版社，2007.

郑家声，罗艳等. 话说中国海洋生物[M]. 广州：广东经济出版社，2014.

郑丽君. 从文化习俗的差异现象谈跨文化交流[J]. 海外英语，2012，（02）.

郑向敏，卢昌崇. 论我国旅游安全保障体系的构建[J]. 东北财经大学学报，2003，30（06）.

郑向敏. 旅游安全学[M]. 北京：中国旅游出版社，2003.

中华人民共和国国家旅游局. 旅游安全知识总论[M]. 北京：中国旅游出版社,2012.

中国现代国际关系研究所反恐怖中心. 国际恐怖主义与反恐怖斗争[M]. 北京：时事出版社，2001.

周超. 旅游行业安全管理法规读本[M]. 北京：中国劳动社会保障出版社，2001.

祝明霞，朱静符. 恐怖事件对旅游业的影响[J]. 商业时代杂志，2006（25）.

Andrea Giuliacci. Mario Giuliacci 等. 抵挡紫外线的灼伤[J]. 科学世界，2003，（10）.

De Albuquerque& Mcelroy K. Tourism and crime in the carib-bean[J]. Annals o f tourism research, 1999（26）.

Fujii, E.T., & Mark, J. Tourism and crime:implications for re-gional development policy[J]. Regional Studies, 1980（14）.

Reinhard Bachleitner, Andreas H. Zins. Cultural Tourismin Rural Communities: The Residents' Perspective[J]. Journal of Business Research, 1999（44）.